밝혀진
적그리스도의
정체

성경적 종말신앙을 확립할 옥고

박 아 론
〈전 총신대학 신학대학원장〉

　성경 예언 연구에 있어서 현재 일반적인 경향은 세대주의의 영향을 받는 것이며, 이 영향을 받은 종말론 서적들이 범람하고 있다. 한국 교회에 큰 문제가 되었던 시한부 종말론도 다름 아닌 세대주의 종말론이다.

　이런 상황에 본인의 문하생인 우리 주님의 사랑하는 종 유석근 목사가 성경적 원리에 입각한 옥고를 출간하게 됨을 진심으로 축하하는 바이다.

　이 책은 역사적 개혁주의 신앙 위에 확고히 서서 일찍이 종교개혁자들이 적용했던 예언 해석의 역사주의 해석법을 따라 다니엘서와 요한계시록의 중요한 본문들을 설득력 있게 해석하였다. 본서에는 저술자의 많은 자료 수집과 집요한 연구의 흔적이 역력하다.

　이 책이 오늘날 어지럽게 난무하고 있는 잘못된 종말론을 바로잡는 일을 할 수 있다고 믿기에 모든 교역자 및 성도님들의 일독을 쾌히 추천하는 바이다. 이 책이 한국 교회와 이 땅의 모든 교회 위에 성경적 종말신앙이 확립되는 일에 큰 보탬이 되기를 바란다.

적그리스도에 대한 모든 의문을
해소하기에 충분한 책

서 철 원
〈한영신대 석좌교수, 전 총신대학 부총장〉

이 책은 매우 흥미진지하게 기술되었습니다. 저자가 주장하는 내용에 사실적 증거들로 확증하여 의심할 수 없게 전개하고 있습니다. 그리고 해당 성경 본문을 바르게 주석하여 성경적 근거를 확실하게 합니다. 또 역사적 예증들로 저자는 자기의 주장을 착실하게 정립합니다.

교회역사의 시작점에서 네로를 적그리스도라고 지목한 이래 누가 적그리스도인지 많은 논의가 있었습니다. 종교개혁때는 루터, 멜란히톤, 칼빈, 부써 등 대종교개혁자들이 로마교회의 교황을 적그리스도로 지목하였습니다. 그러나 악한 교황들의 간교한 정치 형태 후에 근대에 이르러 목회하는 교황들이 나옴으로서 로마 교황을 적그리스도라고 지목하는 것을 주저하였습니다.

그러나 저자인 유석근 목사께서는 로마 교황이 적그리스도라는 주장을 성경적 증거, 역사적 예증, 로마교회에서 진행되어온 모든 관습들로 증명합니다. 의문을 제기할만한 곳에서는 성경적 증거와 역사적 예증을 들어 그의 주장을 거부할 수 없게 합니다.

이 책을 읽으면 적그리스도에 대해 가졌던 모든 의문들을 해소하게 됩니다. 그리고 본서의 저자는 적그리스도 증명과 함께 그릇된 세대론적 종말론 도식을 다 비평하고 공교회의 종말도식을 성경적인 종말론으로 확실하게 세웁니다. 이 책은 많은 유익을 줄 뿐 아니라 의구심을 해소하기에 충분한 책입니다. 널리 일독을 권합니다.

적그리스도에 대한 해설서로서는
가장 큰 객관적 설득력을 가진 책

유 재 원
〈총신대학 신학대학원 교수, 구약학〉

본서 『밝혀진 적그리스도의 정체』는 비성경적 사이비 종말론이 난무하는 오늘날 시대적 상황에 비추어 볼 때 매우 시의적절한 성경해설서라 생각한다.

이 책은 성경을 기초로 적그리스도가 누구인지를 밝혀내면서 성경의 종말론적 해석들과 과거와 현대의 역사를 매우 적절하게 연결시킨다. 그의 뛰어난 신학적 통찰력과 시대를 바라보는 선지자적 혜안은 독자를 감동시키기에 충분하며 성경적 종말신앙으로 든든히 무장시켜 준다.

적그리스도에 대한 난해한 예언들을 아주 명쾌하게 성경적으로 해설한 본서는 적그리스도의 정체에 대한 해설서로서는 가장 큰 객관적 설득력을 가진 책이라고 확언할 수 있다.

본서는 종말로 치닫는 혼돈의 시대를 살고 있는 오늘날의 모든 그리스도인들에게 영적 전쟁을 어떻게 수행하며 자신을 정결한 신부로 준비해야 할지를 도전하는 좋은 지침서가 될 것이다.

목회자는 물론 신학도들과 신도들 모두에게 이 시대를 깨우는 경종의 메시지가 될 것을 확신하며 일독을 권장하는 바이다.

집필하기 위해 성경을 깊이 연구하고 방대한 자료들을 열거하여 현대 교인들에게 매우 건강한 신앙적 교훈과 영혼의 양식을 제공해 주려 노력하신 본서의 저자 유석근 목사님께 심심한 사의와 큰 격려를 드리고 싶다.

　계시록의 '짐승' (The beast)은 누구인가? 또한 '짐승의 표'(The mark of the beast)란 어떤 것인가? 그리고 짐승의 이름이나 그 이름의 수인 666의 실제적인 의미는 무엇인가? 그리스도인 세계의 모든 곳에서 수천수만의 사람들이 이러한 문제들을 질문하고 있다.

　본서의 목적은 적그리스도에 관한 성경의 모든 예언들을 면밀히 관찰하고 탐구하여 이와 같은 의문에 대한 해답을 제시하는 것이다. 필자는 오랜 세월동안 End Time에 관련된 성경의 예언을 연구하였으며, 하나님은 지혜와 계시의 영을 주사 종말에 관한 핵심 난제들을 깨닫게 해주셨다. 뿐만 아니라 그것을 집필할 것을 성령의 음성으로 다음과 같이 말씀하셨다.

> "내가 능력과 지혜로 말미암아 서판에 쓸 수 있는 기술을 에스겔에게 준 것같이 잘 쓸 수 있는 기술을 너에게 허락하였다. 네 마음에 지혜를 주었고, 네 손으로 집필할 수 있게 하였다. 내가 너를 예언적 서기관으로 사용하노라. 내 영으로 네 심령에 준 말을 너는 집필하라. 내가 준 계시가 네 심령에 있다. 너는 그것을 기술하라. 내가 이 교계에 너를 통하여 많은 자원을 공급하려고 한다. …"

　하나님께서 집필하라고 지시하신 내 심령에 있는 계시란 '지식의 말씀'을 통해 받은 것도 있지만, 전체적으로는 기록된 계시인 성경으로부터 왔다. 그것은 특히 예언적인 것들로서 먼저 출간한 『또하나의 선민 알이랑 민족』이 그러한 계시들 가운데 하나이다. 본서도 마찬가지다. 나는 주님의 분부에 순종하여 이 책을 썼다.

　본서의 독자들은 예언이 지적하는 종말론적 적그리스도의 정체가 어디에 본거지를 두고 있는 누구인지를 명확히 보게 될 것이다. 그리하여 마침내 양날 선 검을 높이 들고 짐승과 그 추종자들을 대적해 싸우는 그리스도의 강한 용사로 주님을 위해 일어서게 될 것이다.

이 책은 사실상 End Time에 관련된 성경 예언의 주요 본문들을 모두 설명하고 있기 때문에, 적그리스도의 정체만이 아니라 어려운 성경종말론의 전체적 맥락을 이해하는 데도 유용할 것이다.

본서는 예언적인 책이다. 그리하여 더욱 기도의 후원이 필요했다. 이 책이 출간되기까지 기도로서 필자를 도운 알이랑 교회의 사랑하는 성도들에게 감사드린다. 본서를 탈고할 수 있도록 곁에서 전심으로 응원해준 아내와, 원고의 많은 분량을 컴퓨터로 작성해준 사랑하는 두 딸 수진, 수경에게 감사를 전한다. 사명감을 갖고 본서의 출판을 맡아주신 도서출판 예루살렘의 조현숙 사장님과 이 책을 심혈을 기울여 완벽하게 편집해주신 김대훈 형제에게 감사드린다. 아울러 필자로 하여금 본서와 같은 예언적 메시지를 담대히 선포할 수 있도록 언제나 지원과 격려를 아끼지 않는 「예수세계교회」의 이광섭 목사님, 「셈의 장막」의 손해석 목사님, 「양화진 24시간 기도의 집」의 장창근 목사님, 「마리산기도원」의 정규화 목사님께 감사드린다. 또한 흔쾌히 추천의 글을 써주신 신학자 박아론 박사님과 서철원 박사님, 그리고 유재원 박사님께 깊은 사의(謝意)를 표한다.

아무쪼록 하나님께서 이 책을 사용하사 이 땅 가운데 짐승의 세력이 소멸하고, 세계선교의 마지막 주자로 쓰실 한국교회가 신부의 영성을 지닌 거룩한 교회로 세워지길 소망한다.

우리 주 예수의 사랑 안에서

유 석 근

목 차

추천의 글 · 2

책 머리에 · 5

서언 · 9

제1장 성경이 예언한 세계 역사의 개요 · 11

제2장 작은 뿔의 출현 · 47

제3장 바다에서 나온 십각칠두(十角七頭)의 짐승 · 167

제4장 큰 음녀 바벨론 · 233

제5장 어린 양 같은 짐승 · 305

제6장　성전에 앉아 있는 불법의 사람 ·379

제7장　짐승의 멸망 ·407

제8장　하나님의 인과 인침 받은 무리 ·415

제9장　종교개혁자들이 밝힌 적그리스도 ·445

제10장　동방에 예비하신
　　　　영적 바벨론을 제압할 강한 백성 ·461

　　　　맺음말 ·472

부록1　「과거주의」 및 「미래주의」 예언해석 방식의 근원 ·479

부록2　태양 숭배를 위해 지은 바티칸 ·497

부록3　환난 · 진노 · 휴거 ·518

부록4　다니엘의 70이레 예언 해설 ·534

서 언

성경 예언은 장차 일어날 일을 비추어 주는 하나님의 거울이다. 하나님께서는 특히 다니엘서와 요한계시록에 유대민족과 교회에 대한 하나님의 계획을 기록하셨고, 장차 하나님의 백성들에게 어려움과 고통을 가져다줄 매우 악한 원수들에 대해서 경고하셨다.

그 악한 자의 활동은 예수님의 재림 때까지 계속될 것이다. 재림하신 주님은 모든 원수들을 멸망시키신다. 주님의 원수들 가운데 가장 큰 자가 신·구약 성경에 예언된 적그리스도(Anti-christ), 즉 대리 그리스도(Vice-christ)이다.

이 적그리스도와 거짓 교회의 부흥과 특성과 행동, 멸망에 관한 예언은 다니엘서와 사도 바울의 서신서와 요한계시록에 기록되어 있다. 선지자이며 바벨론 제국의 총리였던 다니엘은 당연히 주로 적그리스도의 정치적인 모습을 묘사한다. 사도 바울은 적그리스도의 종교적인 모습을, 계시록에서 사도 요한은 이 두 가지를 혼합한 모습을 제시한다.

성경은 적그리스도에 대하여 말할 때에, 비교적 길고 자세하게 말하여 주면서 신자들의 주의를 일으킨다. 그리스도를 따르는 자는 적그리스도를 분별하여 경계해야 한다.

과연 적그리스도는 누구인가? 그는 이미 왔는가, 아니면 장차 올 것인가? 본서는 다니엘서와 사도 바울의 서신서와 요한계시록에 기록되어 있는 적그리스도에 관한 예언의 말씀을 상세히 설명한 것이다. 이제 우리는 하나님께서 가장 혐오하는 존재인 적그리스도의 정체를 명확히 알게 될 것이다.

"적그리스도에 맞서 기도하는 것은 모든 크리스천이 짊어질 의무이다.
그리고 정신이 올바른 사람이라면 적그리스도의 정체에 대해 의문을 가져야 한다."

- 찰스 스펄전 -

나의 백성아

그녀에게서 나오라

그리하여 그녀의 죄들에 동참자가 되지 말고

그녀의 재앙들을 받지 말라

(계 18:4 KJV)

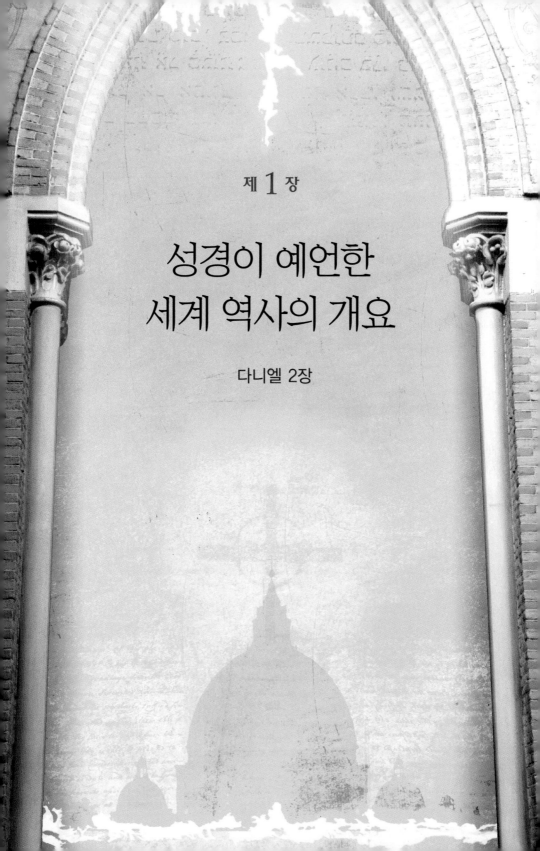

제 1 장

성경이 예언한
세계 역사의 개요

다니엘 2장

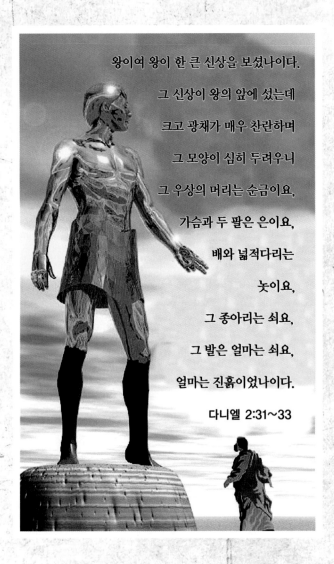

왕이여 왕이 한 큰 신상을 보셨나이다.

그 신상이 왕의 앞에 섰는데

크고 광채가 매우 찬란하며

그 모양이 심히 두려우니

그 우상의 머리는 순금이요,

가슴과 두 팔은 은이요,

배와 넓적다리는

놋이요,

그 종아리는 쇠요,

그 발은 얼마는 쇠요,

얼마는 진흙이었나이다.

다니엘 2:31~33

적그리스도의 정체를 인지하기 위해서는 다니엘서의 예언들을 이해하는 것이 필수적이다. 다니엘서에 기록된 예언들을 알지 못하면 적그리스도에 대한 계시록의 예언 역시 올바로 이해하지 못할 것이다. 다니엘서의 예언에 대한 역사적, 문법적 해석을 디딤돌로 하여 계시록의 예언으로 가야 한다. 이것은 기본적인 원칙이다.

다니엘 2장은 바벨론의 왕 느부갓네살의 꿈에 관한 기록이다. 이 꿈은 다니엘 당시인 B.C. 6세기로부터 예수 그리스도의 재림으로 하나님의 왕국이 건설 될 때까지의 세계 역사의 개요가 예언으로 계시된 것이다. 첫 절부터 짚어 가면서 읽어나가자.

1. 느부갓네살이 다스린 지 이 년이 되는 해에 느부갓네살이 꿈을 꾸고 그로 말미암아 마음이 번민하여 잠을 이루지 못한지라

2. 왕이 그의 꿈을 자기에게 알려 주도록 박수와 술객과 점쟁이와 갈대아 술사를 부르라 말하매 그들이 들어가서 왕의 앞에 선지라

3. 왕이 그들에게 이르되 내가 꿈을 꾸고
그 꿈을 알고자 하여 마음이 번민하도다 하니

4. 갈대아 술사들이 아람 말로 왕에게 말하되
왕이여 만수무강 하옵소서 왕께서 그 꿈을 종들에게 이르시면
우리가 해석하여 드리겠나이다 하는지라

5. 왕이 갈대아인들에게 대답하여 이르되 내가 명령을 내렸나니
너희가 만일 꿈과 그 해석을 내게 알게 하지 아니하면
너희 몸을 쪼갤 것이며 너희의 집을 거름더미로 만들 것이요

6. 너희가 만일 꿈과 그 해석을 보이면 너희가 선물과 상과 큰 영광을
내게서 얻으리라 그런즉 꿈과 그 해석을 내게 보이라 하니

느부갓네살은 왕위에 있은 지 2년째 되는 해(B.C. 603년 봄 ~ 602년 봄)에 매우 인상적인 꿈을 꾸었다. 그러나 깨어난 후 그 꿈의 내용을 하나도 기억할 수 없었다. 자신이 꾼 꿈과 그 꿈의 뜻을 너무나 알고 싶었던 느부갓네살 왕은 그의 왕국의 수많은 술사와 박수와 점쟁이들을 어전으로 호출하여 그 꿈의 뜻뿐만 아니라, 그가 꾼 꿈의 내용이 무엇이었는지 그 꿈 자체를 말할 수가 없다면 그들을 다 죽이겠다고 위협하였다.

꿈을 알아내어 해몽하라는 왕의 요구에 갈대아 술사들은 "육체와 함께 거하지 아니하는 신(神)들 외에는"(단 2:11) 누구도 그 요구를 응할 수가 없다고 대답하였다. 이 대답에 왕은 매우 진노하여 그들을 다 죽이라고 명령했다. 이제 12절 이하의 말씀을 상고해 보자.

12. 왕이 이로 말미암아 진노하고 통분하여
바벨론의 모든 지혜자들을 다 죽이라 명령하니라

13. 왕의 명령이 내리매 지혜자들은 죽게 되었고
다니엘과 그의 친구들도 죽이려고 찾았더라

14. 그 때에 왕의 근위대장 아리옥이 바벨론 지혜자들을
죽이러 나가매 다니엘이 명철하고 슬기로운 말로

15. 왕의 근위대장 아리옥에게 물어 이르되
왕의 명령이 어찌 그리 급하냐 하니 아리옥이 그 일을 다니엘에게 알리매

16. 다니엘이 들어가서 왕께 구하기를
시간을 주시면 왕에게 그 해석을 알려 드리리이다 하니라

17. 이에 다니엘이 자기 집으로 돌아가서
그 친구 하나냐와 미사엘과 아사랴에게 그 일을 알리고

18. 하늘에 계신 하나님이 이 은밀한 일에 대하여 불쌍히 여기사
다니엘과 친구들이 바벨론의 다른 지혜자들과 함께
죽임을 당하지 않게 하시기를 그들로 하여금 구하게 하니라

19. 이에 이 은밀한 것이 밤에 환상으로 다니엘에게 나타나 보이매
다니엘이 하늘에 계신 하나님을 찬송하니라

왕의 추상같은 명령을 따라 시위대 장관 아리옥이 군대를 거느리고 나갔다. 어전(御殿) 모임에는 참석하지 않았지만 바벨론 박사들의 일원이었던 다

니엘과 그의 세 친구 사드락, 메삭, 아벳느고의 운명도 풍전등화(風前燈火)가 되었다.

자기에게 닥쳐오는 위험을 알게 된 다니엘은, 아리옥이 박사들을 죽이러 나갔을 때 명철하고 슬기로운 말로써 그를 진정시킨 뒤, 곧장 왕을 배알하여 꿈과 해몽을 위해 시간을 요청했다. 느부갓네살은 다니엘의 요청을 승낙하였다. 서둘러 귀가한 다니엘은 그의 친구들과 더불어 종일토록 간절히 하나님께 간구하였다. 바로 그 날 밤에, 하나님께서는 당신이 왕에게 보여 주셨던 꿈과 똑같은 꿈을 다니엘에게 보여 주셨다. 뿐만 아니라 그 꿈의 해석까지 알려 주셨다.

다음날 아침, 다니엘은 서둘러 아리옥에게 달려가 박사들의 처형중지를 요청한 후 급히 왕 앞에 나아갔다. 꿈과 해석을 가지고 왕 앞에 선 다니엘은 꿈 내용을 말하기에 앞서, 왕의 침상에서 꿈을 꾸기 전에 장래 일(미래의 역사)에 대해서 골똘히 생각하다가 잠이 들었기 때문에 하나님께서 꿈을 통하여 장래 일을 왕에게 알게 하였다고 전제하였다.

29. 왕이여 왕이 침상에서 장래 일을 생각하실 때에
은밀한 것을 나타내시는 이가 장래 일을 왕에게 알게 하셨사오며

30. 내게 이 은밀한 것을 나타내심은 내 지혜가 모든 사람보다
낫기 때문이 아니라 오직 그 해석을 왕에게 알려서
왕이 마음으로 생각하던 것을 왕에게 알려 주려 하심이니이다

즉 그 꿈은 세계에 군림한 느부갓네살 왕이 밤에 침상에서 "이 후에 세계 역사는 어떻게 전개될 것인가?"를 골똘히 생각하였기 때문에 비밀을 알게 해주시는 하나님이 (왕에게) 장차 어떠한 일이 일어날 것인가를 알게 해주신 것이었다.

하나님께서 느부갓네살에게 주신 그 꿈은 실제로 마지막 때까지 일어날 세계사의 개요였다. 그것은 느부갓네살 때부터 세상 끝까지 전개될 사건들의 표상이었던 것이다. 마침내 다니엘은 31절에서 왕에게 지난밤 이상 중에 보았던 그 꿈을 증거하고 해석하기 시작한다.

31. 왕이여 왕이 한 큰 신상을 보셨나이다 그 신상이 왕의 앞에 섰는데
크고 광채가 매우 찬란하며 그 모양이 심히 두려우니

32. 그 우상의 머리는 순금이요 가슴과 두 팔은 은이요
배와 넓적다리는 놋이요

33. 그 종아리는 쇠요 그 발은 얼마는 쇠요 얼마는 진흙이었나이다

34. 또 왕이 보신즉 손대지 아니한 돌이 나와서
신상의 쇠와 진흙의 발을 쳐서 부서뜨리매

35. 그 때에 쇠와 진흙과 놋과 은과 금이 다 부서져
여름 타작 마당의 겨 같이 되어 바람에 불려 간 곳이 없었고
우상을 친 돌은 태산을 이루어 온 세계에 가득하였나이다

어좌에 앉아 다니엘의 말에 귀를 기울이고 있던 느부갓네살 왕은 아마 너무도 놀란 나머지 자리에서 벌떡 일어나서, "그래! 바로 그거야! 그것이 내가 꾼 꿈이다!"라고 소리쳤을 것이다.

느부갓네살 왕은 꿈속에서 우측의 이미지와 같은 큰 우상을 보았던 것이다. 그 우상은 금속으로 이루어져 있으므로 광채가 특심하였는데, 신상의 모양은 그 크기와 빛남으로 인해 매우 큰 두려움을 자아내게 하였다.

38절에서 다니엘은 하나님께서 느부갓네살에게 보이신 그 꿈이 무엇을 의미하는지 왕에게 고한다.

38. 왕은 곧 그 금 머리니이다

39. 왕을 뒤이어 왕보다 못한
다른 나라가 일어날 것이요
셋째로 또 놋 같은 나라가 일어나서
온 세계를 다스릴 것이며

40. 넷째 나라는 강하기가 쇠 같으리니 쇠는 모든 물건을 부서뜨리고
이기는 것이라 쇠가 모든 것을 부수는 것 같이
그 나라가 뭇 나라를 부서뜨리고 찧을 것이며

하나님께서 다니엘에게 보여준 해몽에 의하면, 각기 다른 금속으로 나누어진 신상의 네 부분은 세계사에서 연속적으로 등장하는 네 왕국(혹은 제국)을 상징하는 것이었다.

신상의 금머리는 느부갓네살 왕 자신을 뜻했다. "왕은 곧 그 금머리니이다." 즉, 첫째 나라(금머리)는 당시의 가장 부강하고 번영했던 바벨론 왕국(신바벨로니아)을 나타내고 있는 것이다. 그러면 나머지 나라들은 무슨 나라들인가?

다니엘 2장의 예언과 세상 역사

금

바벨론 / Babylon
B.C. 605 – B.C. 539

은

메데 페르시아
Medo-Persia
B.C. 539 – B.C. 331

동

그리스 / Greece
B.C. 331 – B.C. 168

철

로마 / Rome
B.C. 168 – A.D. 476

철과 진흙

열국시대
A.D. 476 – 세상 끝
(예수 그리스도의 재림)

돌나라
(하나님의 왕국)

하나님께서는 이 때 다른 나라들이 무슨 나라들이었는지 다니엘에게 말씀하시지 않았지만, 오늘날 우리는 고등학교 세계사 교과서 한 권만 있어도, 그 나라들이 어떤 나라들이었는지 바벨론 이후 이어지는 유럽 세계의 역사를 살펴보면 쉽게 알 수 있다.

바벨론은 B.C. 539년에 메데-파사(메디아-페르시아) 연합국에게 정복당하였고, 메데-파사는 B.C. 331년 알렉산더 대왕의 그리스(헬라)에게 멸망하였다. 그리스는 B.C.168년에 로마 제국에 의해 패망하였다.

즉 신상의 금머리는 느부갓네살 왕을 대표로 하는 바벨론 제국이며, 은의 가슴과 팔은 바벨론 제국을 멸망시키고 세계에 군림한 메데-파사 제국이며, 놋의 배는 파사 제국을 패망시키고 등장한 그리스 제국이며, 철의 종아리는 그리스를 패망시키고 세계를 지배한 로마 제국을 표상한 것이다.

느부갓네살의 꿈에 다른 금속으로 표상된 네 나라들은 각기 당대의 세계를 통치하였다.

다음의 지도들은 세계를 호령했던 그 네 나라들의 영토이다.

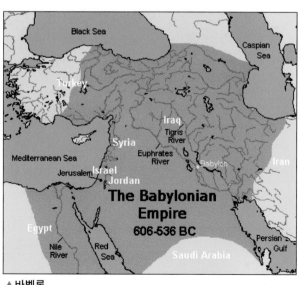

▲바벨론

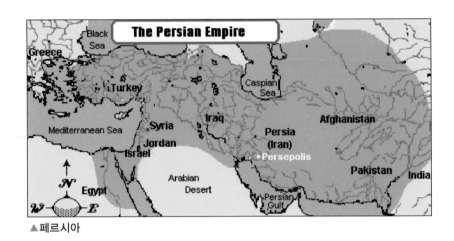

▲페르시아

▲그리스

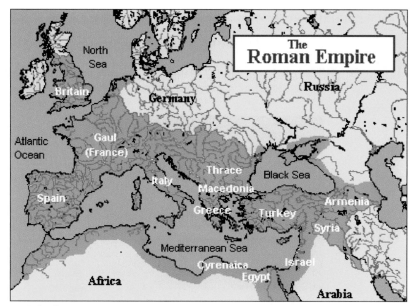

▲로마 제국

다시 계속하여 다니엘 2:41에 있는 다니엘의 꿈 해석을 보자.

> 41. 왕께서 그 발과 발가락이 얼마는 토기장이의 진흙이요
> 얼마는 쇠인 것을 보셨은즉 그 나라가 나누일 것이며 왕께서 쇠와 진흙이
> 섞인 것을 보셨은즉 그 나라가 쇠 같은 든든함이 있을 것이나

여기서 세대주의자들은 큰 오류를 범하고 있다. 그들은 이 신상의 종아리에서 발과 발가락 부분을 임의로 떼어내어 아주 먼 미래의 것으로 돌려 버린다. 그들은 열 발가락이 아직 성립되지 않은 '유럽의 연합국들' 즉 '유럽합중국(United States of Europe)' 혹은 '재생 로마 제국'을 상징한다고 말한다. 그들은 철의 다리 부분(A.D. 476년)과 발과 발가락의 시대(아직은 미래) 사이의 시간대를 대간격설(Big Gap Theory)이라고 부른다.

그러나 하나님은 이 계시에서 그와 같은 '대간격'을 전혀 의도하지 않으셨다. 신상의 발과 발가락 부분은 신상의 다리에 함께 붙어있고 조금도 분리되어 있지 않았다. 이에 관해 에버렛 카버(Everett I. Carver)는 다음과 같이 지적한다.

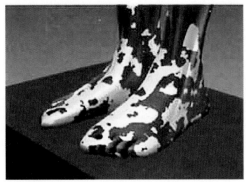

▲철과 진흙, 열 나라들 476 A.D.~

"다니엘서 2장은 로마 제국이 소멸되었다가 후에 10개국의 연방국 형태로 다시 부활할 것이라고 말하지 않는다. 그러한 견해는 타당한 근거도 없이 외부에서 유입된 내용이다. 다니엘은 발가락이라는 표현에 아무런 의미도 부여하지 않았다. 그는 그 신상이 발가락을 몇 개나 가지고 있는가에 대해서도 언급하지 않았다. 다니엘이 발가락이 발로부터 떨어져 있다고 말하는가? 전혀 그렇지 않았다. 발가락이 미래의 연방국을 의미하는 것으로 다니엘서 2장에 나오는 이상(異象)에 맞는 것이 되기 위해서는, 발가락이 발로부터 최소한 1천5백년은 떨어져 있어야 할 것이다. 그러나 다니엘서 2장에서 그러한 분리는 발견되지 않는다. 다니엘서 2장은 로마 제국의 부활에 대하여 가르치지 않고 있다. 그러나 2장이 로마 제국의 부활을 가르치고 있다고 주장하는 사람들은, 다른 사상을 본문에 삽입시켜 해석하는 잘못을 범하는 것이다."

(에버렛 카버, 「종말론대백과」, 채수범 역, 나침반, 1992, pp.587~588)

성경을 올바르게 이해한다면, 성경의 어떤 예언도 미래의 언젠가 로마 제국이 부활(再興)할 것이라고는 말하지 않는다는 사실을 알게 될 것이다. 본문이 의도하는 바는 무엇인가? 41절을 다시 주의해서 읽어보라. 다니엘은 "그 발과 발가락이 얼마는 토기장이의 진흙이요 얼마는 철인 것을 보셨은즉 그 나라가 나뉠 것이며"라고 말하였다. 이 말씀 가운데 특히 "그 나라가 나뉠 것이며"라는 말씀에 주목하라. 이 말의 의미는 로마가 나뉠 것이라는 뜻이다. 즉 로마 제국이 분열되리라는 것이다. 다니엘은 로마의 뒤를 이어 일어날 세계 제국을 전혀 예언하지 않았다. 대신에 "그 나라가 나뉠 것이며"라고 말했다.

과연 역사를 돌이켜 보면 로마 제국은 어떤 다섯 번째의 통일 제국에 항복한 것이 아니었다. 로마 제국은 오랜 기간에 걸쳐 점차 쇠락하여, 마침내 일개 부족 연맹 정도의 힘을 갖춘 세력 정도라면, 이 제국의 영토를 분할하여 독립할 야망을 품을 수 있을 정도가 되어 산산조각이 되어 버린 것이다. 어떻게?

강하고 거대한 라틴족의 로마 제국도 도덕적 타락, 정치적 부패, 중소 자영 농민층의 몰락 등으로 점차 쇠락하여 그 군건함과 힘을 잃어버리고 주후 375년부터 시작된 북유럽에 있던 게르만 민족의 침입을 받아 나라가 분열되기 시작하였으며, 주후 476년에 이르러서는 나라가 완전히 열 조각으로 나뉘어지고 말았던 것이다. 즉, 느부갓네살 왕이 꿈 가운데 본 신상의 발가락 시대가 시작된 것이다. 아래 기술한 나라들은 그 게르만 10종족의 이름들과 그것들에 해당하는 현대의 이름들이다.

1. 앵글로 색슨(Anglo Saxons)- 영국

2. 프랑크(Franks)- 프랑스

3. 알레마니(Alemanni)- 독일

4. 부르군드(Burgundians)- 스위스

5. 롬바르드(Lombards)- 이탈리아

6. 서고트(Visgoths)- 스페인

7. 수에비(Suevi)- 포르투갈

8. 동고트(Ostrogoths)- 멸망

9. 반달(Vandals)- 멸망

10. 헤룰리(Heruli)- 멸망

로마 제국 영내로 침입하여 로마 영토 각처에 왕국을 세우고, 마침내 로마를 10조각으로 나뉘게 한 그 게르만족들이 오늘날 유럽 국가들의 모체인 것이다. 현대 유럽 국가들은 게르만족의 침입으로 오랜 기간에 걸쳐 진행된 로마 제국의 해체 과정의 결과들인 것이다.

"서로마 제국이 망한 후, 그 영토 내에는 많은 게르만족의 국가들이 세워졌다. …결국 로마가 흥기한 본 고장인 이탈리아 반도를 중심으로 한 서로마 제국의 몰락은 로마라는 한 제국의 멸망이 아니라 그리스, 로마로 이어지는 고대가 끝나고 중세가 시작되는 시대적인 전환점이 되었다. 로마인으로부터 야만인이라고 멸시 당했던 알프스 북쪽의 민족들이 역사의 주인공으로 활약하게 된 것이다. 또한 지리적으로도 지중해 연안이 아니라 현재의 유럽이 역사의 중요한 무대가 되었다."

(김경묵 · 우종익 편저, 이야기 세계사, 청마 출판사, p.240~241)

서로마
제국의
분열

영국

앵글로색슨

독일

프랑스 프랑크 알레마니 롬바르드

동고트

부르군드

포르투갈

수에비

서고트

스위스

헤룰리

이탈리아

스페인

북아프리카

반달

⑤ 5세기 후반의 유럽

1 : 40,000,000   0   500km

⑥

다음은 고등학교 세계사 교과서(교학사) 97쪽에서 발췌한 로마의 분열 원인에 대한 서술 부분이다.

(1) 민족의 대이동과 유럽 세계의 성립

게르만 족의 이동

인도·유럽 어족의 한 갈래인 게르만 족은 원래 발트 해 연안에 살면서 수렵, 목축, 농경에 종사하고 있었다. 그러나 농경이 주업이 되면서 남쪽으로 이동하여, 로마 제정 초기에는 라인 강과 다뉴브 강을 사이에 두고 로마 인과 맞서게 되었다. 그들은 여러 부족으로 갈라져, 왕이나 수장의 통솔하에 있었지만, 중요 문제는 성년 남자 자유민의 모임에서 결정되었다. 제정 후기에 로마의 힘이 약해짐에 따라 그들 중 일부는 로마 령 안에 들어와 소작농이 되거나 로마의 용병이 되었다.

4세기 말엽에 훈족이 서진하여 동고트 족을 치자, 그 여파에
Huns(→p. 33, 70)　　　Ostro-goths
밀린 서고트 족이 로마 제국령 안에 들어와(375), 이를 계기로 게
Visi-goths
르만족의 이동이 시작되었다. 이후 약 200년 동안, 게르만의 여러 부족은 로마 령의 각지에 여러 왕국을 세웠다.

한편, 5세기 전반에 동 유럽에 대제국을 세운 훈족은 아틸라 왕
Attila(406~453?)
의 지휘하에 서진하여 중부 유럽까지 진출했으나, 그의 사후 미

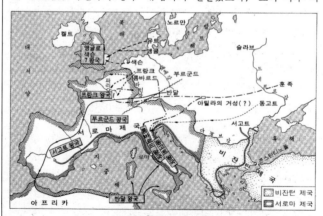

게르만 족의 이동

약해졌다. 이러한 민족 이동의 소용돌이 속에서 힘이 약해진 서로마 제국은 476년 게르만족 출신의 용병 대장 오도아케르에 의
Odoacer(434?~493)
하여 멸망당하였다.

신상의 열 발가락 시대는 A. D. 476년에 돌입되었다. 그리고 로마령의 각지에 세워진 이 나라들은 어떤 나라는 강한 나라(철)이고 어떤 나라는 약한 나라(흙)이다.

42. 그 발가락이 얼마는 쇠(철)요 얼마는 진흙인즉
그 나라가 얼마는 든든하고 얼마는 부숴질 만한 것이었으며

강대국과 약소국, 철나라와 진흙나라가 있다. 즉, 신상의 발과 발가락은 로마 제국의 판도 내에서 발생하여 "얼마는 든든하고 얼마는 부서질 만한" 과거와 현대의 유럽 열국들을 나타내고 있는 것이다.

신상의 발과 발가락은 로마 제국의 판도 내에서 발생할 "얼마는 든든하고 얼마는 부서질 만한" 나라들, 곧 강대국들과 약소국들이 뒤섞여 있는 과거와 현대의 유럽 열국들을 나타낸다. 그러나 철과 진흙이 섞인 발에 대한 다니엘의 예언 해석에는 그 이상의 것이 있다. 그것은 21세기에 살고 있는 우리들에게 아주 중요한 것이다.

철과 진흙   열 나라들 476 - A.D.

43. 왕께서 쇠(철)와 진흙이 섞인 것을 보셨은즉
그들이 다른 인종과 서로 섞일 것이나 피차에 합하지 아니함이
쇠(철)와 진흙이 합하지 않음과 같으리이다

"철과 진흙이 섞인 것을 보셨은즉 그들이 다른 인종과 서로 섞일 것"이라는 말씀은 로마령의 각지에 세워진 그 나라들이 잡혼에 의하여 서로 섞일 것이라는 뜻이다.

그러나 그들은 "철과 진흙이 서로 합하지 않음과 같이", "피차에 합하지 아니한다"고 말씀하고 있다. 이 구절에 특히 주목하라. 이것은 무슨 뜻인가?

로마 제국 대신에 들어선 열국들이 어떤 단일의 통치 제국으로 통합되지 못할 것이라는 것이다! 즉 로마 제국 붕괴 이후 생겨난 유럽 열국(列國)들은, 하나의 머리 아래서 영구히 연합될 수 없다는 예언인 것이다.

앞서 지적했듯이 신상의 발과 발가락은 로마 제국의 판도 내에서 발생하여, "얼마는 강하고 얼마는 약한" 과거와 현대의 유럽 국가들을 표상하고 있는 것이다. 그런데 이 나라들이 정치적으로 결코 통일을 하지 못할 것이라고 예언하고 있는 것이다! "유럽은 절대로 단일국가로 통합되지 못한다!" 바로 이것이 성경의 예언이다.

이와 같은 성경의 예언은 역사가 증명하는 것이다. 하나님의 말씀에 유럽은 정치적으로 결코 통일을 하지 못할 것이라고 예언되어 있음에도 불구하고, 유럽을 통합하여 고대의 통일 세계(로마 제국)를 재현하려는 여러 시도들이 과거에 있었다. 그러나 어느 하나도 성공하지 못했던 것이다.

비근한 예로서, 다니엘은 말하기를 그들이 "다른 인종과 서로 섞일 것"(잡혼으로 섞일 것)이라고 하였다. 실로, 유럽의 왕실들은 정략결혼의 수단에 의하여 유럽의 영속적인 평화를 보장하려는 노력을 여러 해에 걸쳐서 의도적으로 했었다. 그 결과 제1차 세계 대전 발발 당시, 유럽의 거의 모든 왕실들은 인척 관계가 되어 있었다. 그러나 1차 세계대전이 발발했던 것이다. 이 이상 더 어떻게 그들이 '피차에 합하지 아니' 하리라는 이 예언의 진실을 증명할 것인가. 하나님은 예언하셨던 것이다. "그들은 서로 합하지 못할 것이다"라고!

한편 야망에 불타는 여러 통치자들 또한 유럽의 통일을 위해 많은 노력을 기울였었다. 아래 열거한 인물들은 유럽 통일을 시도한 사람들이다. 물론 그들의 계획은 실패했다.

샤를마뉴(프랑크)- 8세기
찰스 5세 (스페인)- 16세기
루이 14세 (프랑스)- 18세기
나폴레옹 (프랑스)- 19세기
카이젤 빌헬름 2세 (독일)- 20세기
히틀러 (독일)- 20세기

　아직도 수백만의 세계인들은 "독일을 만인 위에(Deutschland uber alles)"라는 나치(Nazi)의 목표를 외쳐대던 히틀러의 찢는 듯한 음성을 기억할 것이다. 그러나 이때에도, 유럽 열국은 '그들이 피차에 합하지 못할 것'이라는 다섯 마디의 진실만을 입증시켰을 뿐이다.

　당시 히틀러의 세력이 절정에 달했을 때, 그리하여 미래에 대한 전망이 극히 어두웠던 때임에도 불구하고, 히틀러는 조만간 연합군에 의해 패망할 것이라고 확신하고 있었던 일단의 사람들이 있었다. 그들은 바로 다니엘 2장의 교훈을 올바로 이해하고 있었던 그리스도인들이었던 것이다. 하나님께서는 유럽의 통일이 결코 일어나지 않을 것이라고 말씀하셨음을 그들은 다니엘 2장의 교훈을 통해 너무도 잘 알고 있었으며, 또한 그 예언을 확고히 신뢰하고 있었던 것이다.

유럽을 합치려는 시도가 과거에도 있었고 현재에도 있고 미래에도 있을 것이다. 그러나 어떤 인물, 어떤 인간 단체, 어떤 협의 기구, 어떤 비밀 조직, 어떤 연합 세력도 결코 유럽을 통일할 수 없다. 왜? 하나님께서 "피차에 합하지 아니하리라"고 말씀하셨기 때문이다.

무력에 의해서든, 어떤 비밀 조직의 음모에 의해서든, EU 회원국들의 평화적 합의에 의해서든 유럽은 절대로 단일국가로 통합되지 않는다.

물론 유럽이 오늘날 세계적 추세인 역내 국가들의 블록화 경향에 따라, 공동의 경제, 외교, 안보, 사회정책을 수립, 시행하는 경제 및 정치 공동체로서 역사의 전면에 등장할 수는 얼마든지 있다. 그러나 유럽인들의 꿈이었으며 제2차 대전 후 50여년 추진되어 온 '유럽 통합'이 아무리 획기적인 전진을 이룬다 할지라도, 정치통합에 있어서는 단순한 "외교 안보 문제에 대한 역내 국가의 긴밀한 협조"의 차원을 넘어 하나의 단일국가, 즉 "유럽 합중국(United States of Europe)"을 창출하는 단계로까지는 절대로 진전될 수 없는 것이다. 하나님께서 그들은 "합하지 아니하리라"고 선언하셨기 때문이다. 철과 진흙은 섞여질 수는 있어도 합해질 수는 없다.

오늘날 하나의 유럽을 구현하려는 유럽 국가들의 노력은 다니엘의 예언에 의하면 반드시 한계가 있는 것이다. 유럽 열국이 옛 로마 제국처럼 하나의 머리 아래서 연합하여 단일 국가로 탄생하는 일, 즉 완전한 유럽 연방의 창출은 하나님의 말씀에 의하면 영구히 실패할 수밖에 없다.

2007년 12월에 포르투갈 리스본에서는 유럽연합(European Union) 27개 회원국 정상들이 모여 보다 강력한 EU를 지향하기 위한 조항을 담은 "리스본 조약 (The Lisbon Treaty)"에 공식 서명했다. 이 조약은 6개월마다 EU 회원국이 번갈아 맡던 순회의장국 제도를 없애고 상임의장인 유럽이사회 의장 자리를 신설 하였다. 의장의 임기는 2년 6개월이고 1회 연임(延任)이 가능하다. 그리고 5년 임기의 외교안보정책 고위대표직도 새로 마련했다.

리스본 조약은 27개 회원국의 의회 비준을 2009년 11월 체코를 끝으로 모 두 마치고 같은 해 12월 1일 정식으로 발효하게 되었다. 이에 따라 27개 회 원국은 리스본 조약을 근거로 "정상회의 상임의장"과 "외교안보정책 고위 대표"를 선출하는 데 속도를 낼 수 있게 됐다.

유럽이사회 의장 직위는 종종 EU대통령이라고 번역되기도 하나 이는 오 역(誤譯)이다. 정치통합체가 아닌 EU는 대통령을 둘 수 없기 때문이다. 마찬가 지 의미로, 역시 5년 임기로 신설되는 외교안보정책 고위대표직도 정확히 는 '외무장관'이라고 부를 수 없다. 그러나 일부 언론이 빠르면 2010년에는 EU대통령 선출될 것이라고 보도해 혼란을 일으켰다.

이 기사를 접하면 유럽이 결국 단일국가가 되는 양 착각하게 된다. 전혀 그렇지 않다. 독자들의 이해를 돕기 위해 인터넷 언론 매체인 '프레시안' (Pressian)에 채형복 경북대 법학전문대학원 교수가 기고한 글을 소개하겠다 (2009년 10월 8일).

2010년 EU가 대통령을 뽑는다고?
리스본 조약 비준에 관한 한국 언론의 오해

우리나라에서는 추석 연휴 기간이던 지난 2일 아일랜드에서는 리스본조약 비준을 위한 제2차 국민투표가 실시됐다. 이튿날인 3일 발표된 최종 투표 결과에 따르면 찬성 67.13%, 반대 32.87%로 아일랜드 국민 대다수가 리스본조약에 찬성했다. 이 결과는 국민의 53.4%가 반대하여 부결시킨 작년 6월의 제1차 국민투표와는 상당히 대조적이다.

추석 연휴가 끝난 지난 5일자 주요 일간지들은 앞다투어 이 사실을 보도하고 있다. 이 가운데 가장 적극적인 태도를 취하고 있는 모 일간지는 1면에서 "유럽 내년 정치통합……EU대통령 뽑는다"는 제목 아래 아래와 같은 내용, 즉 '유럽연합(EU)이 거대한 정치적 통합체로 거듭난다', '… 경제통합으로 첫 발을 뗀 지 52년 만에 EU는 정치·경제 통합체로 발전하게 됐다', 'EU는 리스본조약에 따라 회원국을 대표하는 대통령과 외무장관을 선출해 내부 결속을 강화하고…' 등을 제시하고 있다.

이 기사를 읽어보면 마치 EU가 '하나의 국가'인 듯한 오해를 하게 된다. 더욱이 그 국가를 이끌 국가원수인 '대통령'과 외무관계를 총괄하는 '외무장관'까지 뽑는다고 하지 않는가? 이 기사에서 말하는 것처럼 EU는 '하나의 국가'에 준하는 정치공동체인가? 또한 EU는 대통령과 외무장관을 뽑는 것일까? 결론부터 말하자면, 이는 '반쪽의 진실'이다.

첫째, 위 기사의 제목에서 제시하는 바와 같이 내년 EU는 정치통합, 즉 일종의 '연방국가'를 이룰 수 있을 것인가? 지역공동체는 일반적으로 [자유무역지대(FTA)]-[관세동맹]-[공동시장]-[경제통합]-[정치통합]의 단계의 거쳐 발전한다. EU의 경우, 2002년 단일통화인 '유로(Euro)'를 채택함으로써 사실상 '경제통합'을 달성했다. 일부 국가들과 FTA협정을 체결하기 시작한 우리나라와 비교해보면 EU의 지역통합 수준을 가늠해볼 수 있다.

문제는 리스본조약이 발효하게 되면 과연 EU가 정치통합을 이룰 수 있느냐 여부이다. 답은 '아니오'이다. 정치통합이 이뤄지기 위해서는 EU 차원의 법규범의 통일, 즉 일종의 '연방헌법'이 제정되어야 한다. EU도 이와 같은 시도를 하지 않은 것은 아니다.

2003년 10월 EU 회원국의 정상들은 '유럽헌법조약(European Constitutional Treaty)'(일명 '유럽헌법')에 서명하고, 비준 절차를 진행했으나 프랑스와 네덜란드에서 실시된 국민투표에서 비준이 부결됨으로써 유럽헌법은 폐기되고 말았다.

그 명칭에서 보는 바와 같이, 유럽헌법은 EU 차원의 '헌법전'을 제정하려는 시도였다. 그러나 유럽헌법과 달리 리스본조약은 '헌법적 성질을 가지는 어떠한 조항도 둘 수 없다'는 대전제 위에서 제정되었다. 그 결과, 리스본조약은 기존의 기본조약을 폐지하거나 새로운 법제도를 창설할 수 없고, '유럽연합조약과 유럽공동체설립조약을 개정하는' 조약에 불과할 뿐이다. 결국 현재로서는 리스본조약이 발효한다고 할지라도 'EU의 정치통합'은 미완의 과제로 남겨진 셈이다.

둘째, 내년 리스본조약이 발효하게 되면, EU는 대통령과 외무장관을 뽑는 것일까? 위에서 말한 근거에 비추어 보면 대답은 '아니오'이다.

리스본조약에 의해 개정된 EU조약 제15조 5항은 "유럽이사회는 2년 6개월 임기의 의장을 가중다수결로 선출한다"고 규정하고 있다. 문제가 되는 용어는 영문의 'president'인데, 이를 단순히 '대통령'이라고 잘못 번역한 것이다. 이는 '의장'이라고 번역해야 옳다. EU는 정치통합체가 아니므로 국가도 아니다. 국가도 아닌 EU가 대통령을 둘 수 있는가?

이와 같은 오역은 '외무장관'이란 표현에서도 발견할 수 있다. 단적으로 말해서 리스본조약은 '외무장관'을 둘 수 없다. 왜? 외무장관은 헌법기관이므로 리스본조약 제정 작업의 대전제에 배치되는 것이다. 그래서 리스본조약은 유럽헌법이 도입하려던 외무장관 대신 '외교안보정책 고위대표자'(소위 'EU 고위대표자')를 두게 된다.

이와 같은 오역은 EU의 법제도와 그 체계를 제대로 이해하지 못한데서 오는 것이다. 언론인의 글쓰기가 얼마나 중요한 것인가를 다시 한 번 상기시키는 대목이다. 특히 비중 있는 중앙일간지의 잘못된 기사 내용으로 인하여 독자들은 EU의 실체에 대한 왜곡된 지식을 갖게 된다. 그 책임은 누가 져야 할 것이며, 또 어떻게 질 것인가?

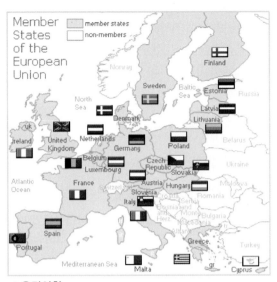

▲유럽연합

　보도 매체들은 리스본 조약이 발효됨에 따라 유럽의 정치 통합이 본격적으로 가시화됐다고 일제히 보도했다. 하지만 유럽통합 운동은 한계가 있다. 결코 "유럽합중국"이 되는 단계까지는 발전하지 못할 것이다. 다니엘은 유럽의 통합이 영구히 불가능하다고 예언했기 때문이다. 그러므로 소위 '단일유럽대통령'과 같은 인물도 영원히 등장할 수 없는 것이다.

　리스본 조약에 의해 EU는 "정상회의 상임의장"을 선출할 것이다. 그는 어디까지나 유럽연합(European Union)의 상임의장이지, 유럽합중국(United States of Europe)의 대통령이 아니라는 사실을 명심하라. 즉 단일유럽대통령이 아니라는 얘기다. 유럽 각국은 자국의 총리나 대통령이 예수님이 재림하실 때까지 계속 자기 나라를 통치할 것이다. 다니엘은 예수님이 "한 왕"이 아닌 "이 여러 왕들의 시대에" 재림하신다고 예언했기 때문이다(단 2:44). 형제자매여, 더 이상 거짓 교훈의 희생자가 되지 말라!

그러나 세대주의자들은 본문이 목적하는 바와는 전혀 다른 엉뚱한 설명을 하고 있다. 그들은 신상의 발과 발가락 부분을 신상의 다리로부터 떼어 내어서 아주 먼 미래의 것으로 돌려 버린다. 그리고는 하는 말이 열 발가락은 말세에 출현할 '유럽 합중국' 혹은 '재생 로마 제국'을 표상한다고 설명한다. 게다가 적그리스도는 말세에 성립될 그 재생 로마 제국의 총통 혹은 단일 대통령이라고 가르친다.

그러나 지금까지 자세히 살펴보았거니와 다니엘이 어디에서 유럽이 통합된다고 말하고 있는가? 43절을 다시 큰 소리로 읽어 보라. "왕께서 철과 진흙이 섞인 것을 보셨은즉 그들이 다른 인종과 서로 섞일 것이나 피차에 합하지 아니함이 철과 진흙이 합하지 않음과 같으리이다." 오히려 다니엘은 유럽 열국은 절대로 단일국가로 통합되지 못한다고 예언했을 뿐이다. "내 사랑하는 형제들아, 속지 말라!"(약 1:16).

그들이 신상의 발과 발가락 부분을 신상의 종아리로 부터 임의로 분리시켜 먼 미래의 것으로 돌려 버리는 것부터가 이미 그릇된 것이다. 그러나 그것이 말세에 성립될 '유럽 합중국' 혹은 '재생 로마 제국'이라고 해 석하는 것은 더더욱 큰 오류인 것이다. 다니엘은 "피차 에 합하지 아니하리라"고 말하고 있기 때문이다(43절).

유럽이 로마 제국처럼 하나의 머리 아래 연합되어 '재생 로마 제국'이 된다는 가르침은 하나님의 말씀에 정면으로 상충하는 완전한 거짓이다. 이른바 '유럽 합중국' 혹은 '재생 로마 제국'이라는 개념은 성경에서 나온 사상이 아니다. 그것은 속이는 영인 마귀의 거짓말이다. 미혹의 영이 바로 그러한 거짓 교훈의 영적 근원인 것이다.

그런데 세대주의 종말론자들은 한 걸음 더 나아가 장차 출현할 통합 유럽(유럽 합중국 혹은 재생 로마 제국)은 세계통합과 세계정부 출현의 전주곡이라고까지 말한다. 이 같은 이론 역시 성경이 전혀 지지하지 않는 억설이다.

우리는 유럽이 결코 통합되지 못할 것이라는 사실을 다니엘의 예언을 통해 분명히 확인했다. 역사적, 공간적, 문화적, 종교적으로 같은 배경을 공유하고 있는 유럽인들은, 유럽이라는 말 자체에서 마력과 같은 구심력과 일체감을 느낀다.

그러한 유럽조차 하나의 통일국가로 통합이 될 수 없겠거든, 하물며 어찌 세계통합과 세계정부의 출현이 가능하겠는가? 세계가 단일제국이 된다는 말인가? 천만에 말씀이다.

예수님은 말세의 징조를 묻는 제자들의 질문에 답변하시면서, 세상 끝의 징조의 한 예로서 민족주의와 국가주의의 범세계적 발흥을 예언하셨다(마 24:7). 주님의 말씀대로 세계는 종말이 가까울수록 민족주의와 자국이기주의 풍조가 더욱 고조될 뿐이다. 그런데 어떻게 세계가 하나의 제국이 된다는 말인가?

이제 다시 본문으로 돌아가 다니엘이 증거하는 거대한 신상 해석의 결정적인 부분을 살펴보자.

44. 이 여러 왕들의 시대에 하늘의 하나님이 한 나라를 세우시리니
이것은 영원히 망하지도 아니할 것이요
그 국권이 다른 백성에게로 돌아가지도 아니할 것이요
도리어 이 모든 나라를 쳐서 멸망시키고 영원히 설 것이라

45. 손대지 아니한 돌이 산에서 나와서 쇠와 놋과 진흙과 은과 금을
부서뜨린 것을 왕께서 보신 것은 크신 하나님이 장래 일을
왕께 알게 하신 것이라 이 꿈은 참되고 이 해석은 확실하니이다 하니

뜨인 돌이 날아와 신상의 발을 내려치니 신상은 다 부서져 겨같이 되어 바람에 날아가 간 곳이 없고 돌은 태산을 이루어 온 세계에 가득했다(단 2:35). 신상의 발을 쳐서 부서뜨려 세상 나라를 끝장내는 "돌"(단 2:35,44)은 바로 예수님의 재림을 표상하는 것이다. 성경은 예수님을 자주 바위나 돌로 언급한다 (고전 10:4; 눅 20:17,18; 벧전 2:4).

다니엘의 예언에서 열국 다음에 소개되는 제국은 재림과 더불어 예수 그리스도에 의해 건설되는 글자 그대로의 세계 왕국이다. 예수님께서 재림하실 때 악인과 사단은 심판을 받고 마침내 하나님의 나라가 충만하고 완전하게 이 땅에 임하는 것이다(계 11:15).

예수님이 언제 오실 것인가? "이 여러 왕들의 시대에"(44절). 즉, 예수님은 로마 제국의 몰락 후 그 영토 내에 세워진 유럽 열국들이 단일 국가로 합쳐지지 않은 채 역사의 끝까지 독립 주권국가들로서 계속 존속하고 있을 때에 재림하시는 것이다.

만약 세대주의자들의 주장처럼 예수님의 재림 전에 유럽이 단일국가로 통합되고 (유럽 합중국 혹은 재생 로마 제국), 이른바 '유럽 총통' 혹은 '단일 유럽 대통령'이 선출되면 그것은 더 이상 '여러 왕들의 시대'가 아니고 '한 왕의 시대'가 되는 것이다. 다니엘은 "한 왕"(단 9:26 하반절)과 "여러 왕들"(단 2:44)을 구분하고 있다.

본문 어디에 유럽이 하나로 통합되고 나서 뜨인 돌이 날아온다고 말씀하고 있는가? 통합 이라는 개념은 전혀 발견할 수 없다. 만일 유럽이 통합이 되면 그것은 '여러 왕

들의 시대'가 아니고 '한 왕의 시대'가 되는 것이다. 그러나 본문은 하나로 통합되지 않은 "여러 왕들의 시대"에 뜨인 돌이 날아온다고 말씀하고 있다. 우리는 이 열왕(列王)의 마지막 시대에 살고 있는 것이다.

이제 다음에 전개될 영광스러운 대사건은 결코 사라지지 않을 영원한 하나님의 왕국을 세우시기 위해 예수 그리스도께서 능력과 영광중에 재림하시는 것이다. 주님의 재림과 더불어 세워지는 그 하나님의 왕국을 "사람의 손으로 아니하고 산에서 뜨인 돌"이라고 상징했다. 인간 세상의 마지막에는 영원히 망하지 아니할 하나님의 나라가 사람의 손으로가 아니라 하나님의 손에 의해서 이루어지는 것이다. 할렐루야!

뜬인 돌의 나라
예수님의 재림으로 실현될 하나님의 왕국을 의미한다.

오늘날 상당수의 종말론 연구가들이 세대주의자들의 그릇된 종말론을 분별없이 수용하여 EU 회원국 국가들의 유럽통합 운동을 다니엘이 2600년 전에 예언한 '유럽 합중국' 혹은 '재생 로마 제국'의 성취라고 주장하고 있다. 그러나 유럽통합운동은 종말론적 의미를 부여할 사건이 전혀 아니다. 다니엘은 유럽의 통합을 결코 예언하지 않았기 때문이다. 다니엘은 정반대로 로마 제국의 붕괴 후 성립된 유럽 나라들은 세상 끝까지 영구히 통합되지 않을 것이라고 예언했다. 그들은 성경을 곡해, 왜곡하고 있는 것이다.

과거에도 그랬듯이 앞으로도 유럽은 절대로 단일국가로 통일되지 않는다. 바로 이것이 성경의 예언이다. 그러므로 이른바 '유럽합중국' (United States of Europe)을 통치하는 '유럽 총통' 혹은 '단일 유럽 대통령' 따위도 실제 역사에서 절대로 출현할 수 없는 인물이며, 그가 바로 적그리스도라는 공식도 전혀 성립할 수 없는 허구이다. 현재의 '유럽 연합' (European Union)은 '유럽합중국'(United States of Europe)이 아니다. 유럽의 모든 나라들은 각기 자기 나라를 통치하는 대통령과 수상이 있다. 그리고 이것은 예수님이 재림하실 때까지 변함없이 그럴 것이다.

그러면 도대체 적그리스도는 '재생 로마 제국' 혹은 '유럽 합중국'의 총통 또는 단일 대통령이라는 널리 퍼진 이론은 어떻게 나온 것인가? 그것은 다니엘 2장의 예언과 함께 다니엘 7장에 대한 세대주의자들의 그릇된 해석에서 기인한 것이다.

다니엘 7장은 요한계시록을 해석하는데 있어서 다니엘 2장과 함께 매우 긴요한 부분으로서, 적그리스도의 정체를 이해하는 데 필수적인 것이다. 다니엘 2장뿐만 아니라 7장에 대한 이해를 확고히 해놓고서 요한계시록으로 들어가야 한다.

* 성경 주석가들 중에 신상을 쳐부순 돌을 예수님의 재림이 아니라 초림에 대한 표상이라고 해석하는 자들이 있다. 그러나 1900여 년 전, 그분이 지상에 계실 때, 예수님이 지상의 나라들을 쳐서 가루로 만들어 멸하였는가?(단 2:44). 전혀 그렇지 않았다. 예수님의 초림 때는 로마 제국의 시대였다. 그 로마 제국은 신상에서 철 종아리로 표상되고 있는데, 철 종아리로 표상된 로마 제국은 예수님의 승천 이후에도 수백 년 동안이나 더 계속되었고, 그 다음에는 철과 진흙이 섞인 발과 발가락으로 표상된 유럽의 여러 나라들로 이어졌다. 이 이상을 정확히 이해하기 위해서는, 그 돌이 바벨론을 표상하는 황금 머리나, 메데-파사를 표상하는 은빛 가슴이나, 그리스를 표상하는 놋배와 넓적다리, 또는 로마를 표상하는 철 종아리를 치지 않았다는 사실을 기억해야 한다. 성경에는 그 돌이 발과 발가락을 쳤다고 했으며, 또 하늘의 하나님이 영원히 망하지 아니할 왕국을 세우실 때는 '여러 왕들의 시대'라고 되어 있다(단 2:44). 예수님의 초림은 철 종아리로 표상된 로마 제국의 시대였으므로 '여러 왕들의 시대'가 아니라 '한 왕의 시대'였다. 그러므로 예수님이 자신의 초림 때에 신상을 쳤다고 하는 일부 주석가들의 생각은 아주 그릇된 것이다. 신상을 쳐부순 돌은 예수님의 초림에 대한 표상이 아니라 분명히 재림에 대한 표상이다.

제 2 장

작은 뿔의 출현

다니엘 7장

　　다니엘 2장의 예언은 다니엘 당시부터 예수 그리스도의 재림으로 하나님의 나라가 건설될 때까지의 세계사의 대요가 예언으로 계시된 것이었다.

　　다니엘 7장은 다니엘 2장의 예언과 같은 내용이 다른 방식으로 계시된 것이다.

　　다니엘 2장의 꿈은 느부갓네살 왕을 통해 나타난 것이었지만 다니엘 7장의 이상(異象)은 다니엘이 직접 받은 것으로서, 느부갓네살은 세상 종말까지 연속적으로 일어날 세계 제국을 사람의 '신상'으로 보았으나 다니엘은 '짐승'으로 보았다. 1절부터 함께 읽어 내려가 보자.

> 1. 바벨론 왕 벨사살 원년에 다니엘이 그의 침상에서 꿈을 꾸며
> 머리 속으로 환상을 받고 그 꿈을 기록하며 그 일의 대략을 진술하니라
>
> 2. 다니엘이 진술하여 이르되 내가 밤에 환상을 보았는데
> 하늘의 네 바람이 큰 바다로 몰려 불더니
>
> 3. 큰 짐승 넷이 바다에서 나왔는데 그 모양이 각각 다르더라

4. 첫째는 사자와 같은데 독수리의 날개가 있더니
내가 보는 중에 그 날개가 뽑혔고 또 땅에서 들려서
사람처럼 두 발로 서게 함을 받았으며 또 사람의 마음을 받았더라

5. 다른 짐승 곧 둘째는 곰과 같은데 그것이 몸 한쪽을 들었고
그 입의 잇사이에는 세 갈빗대가 물렸는데 그것에게 말하는 자들이 있어
이르기를 일어나서 많은 고기를 먹으라 하였더라

6. 그 후에 내가 또 본즉 다른 짐승 곧
표범과 같은 것이 있는데 그 등에는 새의 날개 넷이 있고
그 짐승에게 또 머리 넷이 있으며 또 권세를 받았더라

7. 내가 밤 환상 가운데
그 다음에 본 넷째 짐승은
무섭고 놀라우며 또 매우 강하며
또 쇠로 된 큰 이가 있어서
먹고 부서뜨리고
그 나머지를 발로 밟았으며
이 짐승은 전의 모든 짐승과 다르고
또 열 뿔이 있더라

다니엘은 벨사살 왕 원년(B.C. 553년)의 어느 날 깊은 밤에 한 꿈을 꾸었는데, 바다로부터 올라오는 네 짐승을 보았다. 날개 달린 사자, 몸 한쪽이 기울어진 곰, 머리가 넷이고 날개가 넷 달린 표범, 그리고 동물학적인 분류가 도저히 불가능한 아주 무섭고 사나운 짐승이 그것들이다.

이 네 짐승은 바로 다니엘 2장에서 읽은 네 나라를 상징하는 것이다. 어째서 그것들이 네 나라를 상징하는 것인가? 17절에 다음과 같이 기록되어 있기 때문이다.

17. 그 네 큰 짐승은 세상에 일어날 네 왕이라

고대에 있어서 왕은 곧 나라와 동일시되는 개념이었다. 그러므로 세상에 일어날 네 왕이라는 것은 네 나라(왕국)를 뜻한다. 그러나 이 네 나라가 다니엘 2장에서 각기 다른 금속으로 표상된 바로 그 네 나라와 같은 나라인 것은 무엇으로 알 수 있는가? 그와 같은 의문에 대한 해답은 23절이 주고 있다.

23. 모신 자가 이처럼 이르되 넷째 짐승은 곧 땅의 넷째 나라인데

넷째 짐승은 넷째 나라라고 말한다. 그런데 이 넷째 짐승에 대한 다니엘 7장의 묘사와 다니엘 2장의 넷째 나라에 대한 묘사가 서로 일치한다. 이제 다니엘 2장과 7장에서 이 넷째 나라에 대한 기사를 읽어 보자.

다니엘 2:40 "넷째 나라는 강하기가 쇠 같으리니 쇠는 모든 물건을 부서뜨리고 이기는 것이라 쇠가 모든 것을 부수는 것 같이 그 나라가 뭇 나라를 부서뜨리고 찧을 것이며"

다니엘 7:7 "내가 밤 환상 가운데에 그 다음에 본 넷째 짐승은 무섭고 놀라우며 또 매우 강하며 또 쇠로 된 큰 이가 있어서 먹고 부서뜨리고 그 나머지를 발로 밟았으며…."

이 두 환상 사이의 공통점들에 주의해 보라. 다니엘 7장의 넷째 짐승은 의문의 여지없이 다니엘 2장의 넷째 나라인 것이다. 그리고 이렇게 넷째 짐승이 넷째 나라임을 알게 되는 순간, 우리는 다니엘 7장이 다니엘 2장에서 취급된 세상 권세의 시리즈 즉 바벨론, 메데-파사, 그리스, 로마 제국을 언급하고 있다는 사실을 깨닫게 되는 것이다. 즉 다니엘이 꿈에 본 네 짐승은 다니엘 2장에 계시된 바로 그 네 나라를 다른 모양으로 반복하여 보여 주고 있는 것이다.

첫째 짐승, 즉 4절의 '사자 같고 독수리의 날개를 가진 짐승'은 바벨론으로, 2장의 신상에서는 황금의 머리였다.

바벨론은 그 당시 실제로 독수리 날개를 가진 사자를 제국의 상징으로 하였다는 사실이 고고학에 의하여 밝혀졌다. 바벨론을 발굴한 결과 성벽의 부조와 조각에서 독수리 날개를 가진 사자가 발견되었다.

바벨론을 방문하는 방문객들은 벽돌담에 새겨진 사자 모양의 양각(陽刻)들과, 2400년이 지난 지금에도 넘어져 있는 석상 위에 웅크리고 앉아 있는 거대한 돌사자를 볼 수 있다. 성경에서도 실제로 바벨론을 사자로 직접 표현했으며(렘 4:7; 49:19; 50:17,44), 독수리로도 묘사했다(애 4:19; 겔 17:3,12).

다니엘 2장에서 금속 가운데 왕인 금(金)으로 상징된 바벨론을 여기 7장에서 다시 동물의 왕인 사자로 혹은 새들의 왕인 독수리로 표상한 것은 적합하다. 그러나 그 짐승이 "날개가 뽑혔고 또 땅에서 들려서 사람처럼 두 발로 서게 함을 입었으며 또 사람의 마음을 받았으며"라고 한 것은, 바벨론의 국력이 쇠퇴하여지고 사람같이 약해져서 적에게 정복당할 것을 상징으로 보여준 것이다.

둘째 짐승, 즉 5절의 '곰과 같은 짐승'은 바벨론을 정복하고 일어나는 메대-파사 연합국으로, 2장의 신상에서는 은의 가슴과 양팔에 해당한다.

'몸 한편을 들었다' 고 하는 것은 메대-파사는 연합국으로 시작되었으나 한 나라가 더 강할 것을 보여주고 있는 것이다. 실제로 처음에는 메대(메디아)가 주도권을 행사했으나 나중엔 파사(페르시아)가 세력을 장악하였다. 또한 '잇 사이에 세 갈빗대를 물었다' 는 것은 이 제국이 정복할 세 나라를 표상한 것으로 바벨론, 리디아, 애굽이었다. 다음에 '많은 고기를 먹으라' 는 것은 이 제국이 수많은 근동(近東)의 나라들을 정복하여 바벨론보다 훨씬 더 넓은 영토를 지배할 것을 보여 주는 것이다. 사실 파사의 정복은 대단하였다. 파사는 전성시대에 동편에 인도, 서편에 헬라, 북쪽에 다뉴브 강 및 흑해 그리고 남으로는 아라비아 사막까지 뻗어나갔다. 그 나라의 길이는 거의 3000마일, 폭은 1500마일이 되었으며 면적이 200만 평방킬로미터나 되었다(Westminster, Historical Atlas to the Bible, 1945, p.91).

셋째 짐승, 즉 '새의 날개 넷과 머리 넷을 가진 표범' 같은 짐승은 알렉산더 대왕의 그리스로서, 2장의 신상에서는 동의 배와 넙적 다리에 해당한다.

표범의 특징은 동작이 민첩한 데 있다. 그런데 등에는 새의 날개를 넷이나 달았다. 이것은 이 짐승의 비할 데 없는 행동의 신속성을 나타낸다. 이러한 기민성은 마케도니아-그리스 군대의 신속한 세계 정복의 역사를 보여 주는 것이다.

그리스의 조그만 변방인 마케도니아에서 일어난 알렉산더는 24세에 왕이 되어 8년이라는 짧은 기간 동안에 마케도니아로부터 인도까지 한국 리수로 거의 2만 리나 되는 먼 거리의 민족과 나라들을 정복하였다. 이와 같은 알렉산더의 그리스 연합군의 기민하고 신속한 돌진은 아직까지도 세계의 찬탄의 대상이 되고 있는 것으로서 역사상 전무후무한 일이다. 실로 그의 정복 속도는 날개 돋친 표범과 같았던 것이다.

▲알렉산더의 마케도니아 군대

이 표범이 지닌 네 머리는 세 번째 나라인 그리스가 4분 될 것을 가리키는 것인데, 역사적으로 그리스는 알렉산더 사후에 부하 장군들의 세력 다툼으로 전 국토가 정확히 넷으로 분할되고 말았다. 다음은 그 네 장수가 차지한 영토들이다.

▲알렉산더

1. 프톨레미(Ptolemy)- 애굽, 팔레스틴, 시리아 일부

2. 카산데르(Cassander)- 마케도니아, 그리스

3. 리시마쿠스(Lysimachus)- 트리키야, 소아시아 대부분

4. 셀류쿠스(Seleucus)- 파사 제국의 대부분, 소아시아 일부, 시리아 북부,

   메소포타미아 동방 지역

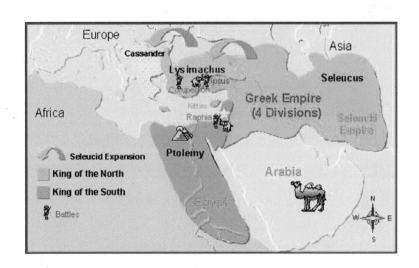

넷째 짐승, 즉 '무섭고 놀라우며 극히 강한 짐승'은 로마 제국으로, 2장의 신상에서는 철 종아리에 해당한다.

이탈리아 반도에서 일어난 로마 제국의 주인공인 라틴족은 그리스에 이어서 대단히 강하고 무서운 세력으로 유럽을 장악하기 시작하여 1세기에는 이미 당대의 모든 문명 세계, 즉 지금의 남부 유럽과 프랑스, 잉글랜드, 네덜란드의 대부분, 스위스, 그리고 남부 독일과 헝가리, 터키, 그리스, 소아시아 전역과 아프리카를 정복했다.

"무섭고 놀랍고 매우 강한 것으로서 철 이빨이 있고 먹고 부수고 그 남은 것을 발로 밟았다"라고 한 것은, 로마가 그만큼 강력한 병기와 잔인한 군대를 이용하여 침략을 감행할 것을 이르는 말이다. 사실상 로마 제국처럼 강력한 정치, 군사 조직을 가지고 그토록 넓은 영토를 부수고 빨은 나라는 없다.

예수님께서 이 세상에 오셨을 때에도 유대 나라는 로마의 속국이었기 때문에, 예수님은 로마법을 따라서 로마법에 의해서 로마의 사형법으로 돌아가셨다. 예수님의 제자들도 이 로마 제국 아래서 모두 순교 당했으며, 초대 교회의 성도들 역시 이 로마 제국의 황제들로부터 모진 박해와 환난을 겼었다.

이렇게 다니엘이 꿈에 본 네 짐승은 다니엘 2장에 게시된 바로 그 네 나라를 다른 모양으로 좀 더 상세하게 보여 주고 있는 것이다.

	상 징	의 미	성 경
1.	사 자	바 벨 론	다니엘 7:4
2.	곰	메데 · 바사	다니엘 7:5
3.	표 범	그 리 스	다니엘 7:6
4.	무섭고 놀라우며 매우 강하고 열 뿔 달린 짐승.	로 마	다니엘 7:7

금

바벨론 / Babylon
B.C. 605 – B.C. 539

사자

바벨론

은

메데 파사 / Medo-Persia
B.C. 539 – B.C. 331

곰

메데 파사

동

그리스 / Greece
B.C. 331 – B.C. 168

표범

그리스

철

로마제국 / Rome
B.C. 168 – A.D. 476

무섭고
놀라운 짐승

로마제국

철과 진흙

열국시대
A.D. 476 – 세상 끝

열국시대

작은 뿔

돌나라

하나님의 왕국
예수님의 재림

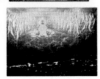

그런데 넷째 짐승, 즉 로마 제국을 상징한 무섭고 놀라우며 극히 강한 짐승은 '열 뿔'을 갖고 있다고 했다.

7. 내가 밤 환상 가운데에 그 다음에 본 넷째 짐승은
무섭고 놀라우며 또 매우 강하며 또 쇠(철)로 된 큰 이가 있어서
먹고 부서뜨리고 그 나머지를 발로 밟았으며,
이 짐승은 전의 짐승과 다르고 또 열 뿔이 있으므로

넷째 짐승의 머리 위에 솟은 이 '열 뿔'은 무엇을 뜻하는 표상인가? 여러분은 다니엘 2장의 신상에서 10국으로 분열된 로마 제국이 어떻게 상징되어 있는지 기억하는가? 그것은 철과 진흙이 섞인 '발과 발가락'(열 발가락)으로 상징되어 있었다. 바로 그 분열된 똑같은 열 나라들이 여기 다니엘 7:7 끝부분에서는 '열 뿔'로 상징되어 있는 것이다. 24절은 '열 뿔'에 대해 다음과 같이 설명한다.

24. 그 열 뿔은 그 나라에서 일어날 열 왕이요

이는 분명히 로마 제국의 붕괴에 대한 말인 것이다. 다니엘 2장의 신상에서 로마 제국을 상징한 철로 만들어진 종아리에 열 발가락이 이어졌듯이, 7장에서는 로마 제국을 상징한 넷째 짐승에게 열 뿔이 있는데, 2장의 열 발가락과 7장의 열 뿔은 모두 로마 제국의 분열을 상징하고 있는 것이다.

다니엘 2장에서 설명한 바처럼 강력한 조직과 세력을 가지고 세계를 호령하던 로마도 A.D. 4세기에 접어들면서 차츰 약화되어 가다가, A.D. 375년 게르만 민족의 이동과 함께 나라가 분열되기 시작하여 476년에 가서는 그 나라가 10등분으로 나누어져 버렸던 것이다. 에버렛 카버(Everett I. Carver)는 그의 저서 「종말론 대백과」에서 이에 관해 다음과 같이 설명한다:

"다니엘은 로마 제국이 열 개로 분열될 것이라는 사실을 암시하고 있는데, 중세시대의 역사를 살펴보면 거의 모두가 로마 제국이 실제로 여러 부분으로 분열되었다는 사실을 지적한다. 유럽의 지도가 언제나 변하고 있다는 단순한 이유 때문에, 어느 시대의 분열을 다니엘이 말하는 열 개로의 분열로 볼 것인가에 대해서는 약간의 문제가 있을 수 있다. 그러나 주후 476년에 로마 제국이 해체된 이후에 로마 제국이 열 개로 분열된 적이 있었다는 것은 부인할 수 없는 사실이다."

(에버렛 카버, 「종말론 대백과」, 서울: 나침반사, 1992, p.285)

A.D. 476년 로마 제국 붕괴 후 10뿔이 나타났다.

▲로마의 몰락　1962년 내셔널 지오그래픽(National Geographic) 그림

　　"그 열 뿔은 그 나라에서 일어날 열 왕이요…"(단 7:24). 이 구절이 말하는 "그 나라에서 일어날 열 왕"이란 주후 476년 로마 제국 붕괴 후 시간적 간격이 없이 그 영토 내에서 곧바로 일어날 열 나라를 의미하는 것이다. 왜냐하면 다니엘이 본 네 짐승은 바벨론으로부터 시작하는 연속적인 네 나라를 의미했다. 그렇다면 넷째 짐승의 머리에 있는 열 뿔도 네 번째 나라인 로마 제국 해체 후에 연달아 일어날 열 나라로 해석해야 타당한 것이다. 열 개의 분

열은 긴 공백기 후에 역사의 마지막 때에 발생하는 것이 아니다. 로마 제국의 영내로 침입하여 로마 영토 각처에 왕국을 세웠던 그 게르만족의 당시 이름들은 다음과 같다.

1. 앵글로 색슨 (Anglo Saxon)

2. 프랑크 (Franks)

3. 알레마니 (Alemanni)

4. 부르군드 (Burgundians)

5. 롬바르드 (Lombards)

6. 서고트 (Visigoths)

7. 수에비 (Suavi)

8. 동고트 (Ostrogoths)

9. 반달 (Vandals)

10. 헤룰리 (Heruli)

바로 이 나라들이 근대 유럽 국가들의 기초가 되었다. 현대 유럽 국가들은 로마 제국이 분열되어 생긴 이들 왕국들로부터 발전한 것이다. 그들의 현대에 해당하는 나라 이름들을 다시 확인해 보자.

앵글로 색슨 → **영국**　　　　프랑크 → **프랑스**

알레마니 → **독일**　　　　부르군드 → **스위스**

롬바르드 → **이탈리아**　　서고트 → **스페인**

수에비 → **포르투갈**　　　동고트 → **멸망**

반달 → **멸망**　　　　　　헤룰리 → **멸망**

이리하여 성경의 예언이 너무나 정확하게 성취되었음을 우리는 다니엘 7장에서 다시 한 번 확인하게 되는 것이다.*

네 짐승의 의미

짐 승	나라 / 연대	특 징 설 명
	바 벨 론 B.C. 605 ~ 539	- 독수리 날개 : 신속하게 세계를 정복함
	메데 · 바사 B.C. 539 ~ 331	- 몸 한편을 들었고 : 메데·바사 두 나라가 연합했으나 세력 균형이 맞지 않아 처음에 메데가, 나중에 바사가 강성함. - 잇사이에 물린 세 갈빗대 : 세 나라를 정복함. 1. 바벨론 (B.C.539)　2. 리디아 (B.C.547)　3. 애굽 (B.C.525)
	헬라(그리스) B.C. 331 ~ 168	- 네 날개, 네 머리 : 알렉산더가 죽은 후 헬라가 네 나라로 나뉘어짐. 1. 카산드로스　2. 리시마큐스　3. 셀레우쿠스　4.프톨레마이오스
	로 마 B.C. 168 ~ A.D. 476	- 철로된 이 : 철같이 강한 로마제국 - 열 뿔 : 로마가 열국으로 분열됨.

그러나 8절에서 무슨 일이 일어나는지 보자. 8절에는 다니엘 2장에서는 계시되지 않은 굉장히 중요한 예언이 주어져 있다. 그것은 바로 계시록 13장의 짐승(The Beast), 곧 적그리스도에 대한 예언이다. 여기에 적그리스도의 출현 지역과 그 역사적 배경이 예언되어 있는 것이다.

---

* 세대주의자들은 여기서도 다니엘 2장과 동일한 오류를 범하고 있다. 즉 그들은 넷째 짐승과 열 뿔 사이에 큰 괄호시대(The Great Parenthesis)가 있다고 주장한다. 그들에 의하면 넷째 짐승은 역사상의 로마 제국을 묘사하는 것이고, 열 뿔은 아직 성립 되지 않은 '유럽의 연합국들' 즉 '유럽 합중국' 혹은 '재생 로마 제국'을 묘사한다는 것이다. 그러나 열 뿔은 짐승의 머리에서 분리되어 공중에 떠 있지 않고 함께 붙어 있다. 그러므로 그렇게 막연한 대기간을 임의로 개입시키지 않고, 한 시대에서 다른 시대로 직접 들어가는 것으로 보는 것이 자연스럽다. 그리고 실제로 하나님은 이 계시에서 그와 같은 '대간격'을 전혀 의도하지 않으셨다. 본문의 상징은 로마 제국이 멸망하고 그 나라가 수백 년 후에 다시 재생된다는 사상을 결코 지원해 주지 않는다.

**8. 내가 그 뿔을 유심히 보는 중에 다른 작은 뿔이 그 사이에서 나더니
첫 번째 뿔 중의 셋이 그 앞에서 뿌리까지 뽑혔으며 이 작은 뿔에는
사람의 눈 같은 눈들이 있고 또 입이 있어 큰 말을 하였더라**

세대주의자들은 다니엘 2장의 열 발가락과 다니엘 7장의 열 뿔 부분을 다른 부분에서 분리시켜 재림 직전의 먼 미래의 것으로 돌려놓았기 때문에, 여기 나오는 작은 뿔(The Little Horn)을 원래의 뜻과 판이하게 다른 인물로 해석하는 심각한 오류를 저지르고 있다.

2장의 열 발가락과 7장의 열 뿔을 아직 성립되지 않은 유럽의 연합국들, 즉 '유럽 합중국' 혹은 '재생 로마제국' 이라고 잘못 이해하는 그들은, 여기 나오는 작은 뿔이 바로 그 재생 로마제국의 총통 또는 단일 대통령이 될 자로서, 종말에 등장하여 3년 반 동안 세계를 지배하며 하나님을 모독하고 성도를 박해할 적그리스도라고 해석하고 있는 것이다.

'재생 로마 제국' 의 총통 혹은 단일 대통령이 적그리스도라는 세대주의자들의 이론은 '열 뿔' 에 대한 잘못된 이해와 함께 바로 여기 나오는 '작은 뿔' 에 대한 그릇된 해석이 맞물려 생겨난 것이다. 열 뿔이 미래에 성립될 재생 로마제국을 표상한다는 이론은 성경에 근거가 전혀 없는 억지 해석이다. 에버렛 카버(Everett I. Carver)는 열 뿔에 대해 다음과 같이 설명한다.

"다니엘서 7장에는 10개국에 대해서 묘사되어 있다. 그러나 이들 국가가 로마 제국의 부활을 구성하는 것은 아니다. 오히려 이 열 나라는 주후 476년의 로마 제국의 분열 이후에 나온 분열 국가 혹은 정부를 의미한다. 그렇게 분열되어 나타난 나라들이 언제나 열 개 국가로 되어 있던 것은 아니지만, 때때로 여러 역사학자들은 실지로 열 개의 국가가 존재했다는 사실을 인정한다. 다니엘서 7장에 관한 한, 이 열 나라는 각각 분리된 독립적인 나라이다. 이들 열 나라로 하나의 제국이 형성되리라는 것에 대해서는 언급된 바가 전혀 없다. 이 나라들은 하나의 제국으로가 아니라 독립된 나라들로 보아야 한다."

(「종말론 대백과」, 588쪽)

다니엘은 연방국가에 대해서는 언급하지 않는다. 그러한 이론은 성경 밖에서 들어온 것이다. 다니엘 7장의 '작은 뿔' 이 계시록 13장의 첫째 짐승과 동일한 세력인 적그리스도라는 것은 모든 학자들의 공통된 견해로서 문제될 것이 조금도 없다. 그러나 이 '작은 뿔' 이 말세에 등장할 '재생 로마 제국' 의 총통 혹은 단일 대통령이라는 세대주의자들의 주장은 성도들을 오도하기에 심각한 문제가 아닐 수 없다.

우리가 다니엘 2장에서 확고히 이해했듯이 다니엘은 분명히 유럽 열국들의 통합은 영구히 일어나지 않을 것이라고 예언하였다. 다니엘은 '재생 로마제국' 이나 '유럽 합중국' 따위는 결코 성립될 수 없다고 예언했던 것이다. 그런데 어떻게 재생 로마제국의 총통 혹은 단일 통치자가 존재할 수 있겠는가? 그러한 인물은 절대로 출현할 수 없다. 유럽 각국은 자국의 통치자가 계속 다스릴 것이다.

따라서 앞서 지적한 바처럼 '단일 유럽 대통령' 혹은 '유럽 총통' 이 적그리스도라는 등식은 결코 성립될 수 없는 허구인 것이다. 그러나 세대주의자들은 다니엘 7장의 '작은 뿔' 을 말세에 등장할 재생 로마 제국의 총통 혹은 단일 대통령이라고 해석하는 바 이는 매우 심각한 문제를 야기한다. 왜냐하면 그와 같은 이론이 오늘날 수많은 그리스도인들을 잘못된 방향으로 바라보게 함으로서 진짜 적그리스도의 실체를 인지하지 못하도록 하는 독약으로 작용하고 있기 때문이다.

단 2장		단 7장	
금		바벨론	사자
은		바 사 (페르시아)	곰
동		헬 라 (그리이스)	표범
철		로 마	사나운 짐승
철과 진흙		분열된 왕국	작은 뿔
돌이 내리침		그리스도의 왕국	심판

▲다니엘서에 나오는 표상적 예언의 대조표

이제 작은 뿔의 권력자가 참으로 누구인지 찾아보자. 24절, 25절로 내려가 보자.

24. 그 열 뿔은 그 나라에서 일어날 열 왕이요 그 후에 또 하나가 일어나리니 그는 먼저 있던 자들과 다르고 또 세 왕을 복종시킬 것이며

25. 그가 장차 지극히 높으신 이를 말로 대적하며 또 지극히 높으신 이의 성도를 괴롭게 할 것이며 그가 또 때와 법을 고치고자 할 것이며 성도들은 그의 손에 붙인 바 되어 한 때와 두 때와 반 때를 지내리라

여기 24절, 25절에는 '작은 뿔'이 누구인가를 이해하는 데 열쇠가 되는 여덟 가지 특성이 나타나 있다. 24절에 4가지, 25절에 4가지가 있다. 그것들은 다음과 같다.

◆ 작은 뿔의 신원을 밝히는 여덟 가지 특징들 ◆

1. 그것은 '넷째 짐승'에게서 나왔다(24절).

2. 그것은 '열 뿔'이 나타난 이후에 생겼다(24절).

3. 그것은 '먼저 있던 자들'과 다르다(24절).

4. 그것은 '세 왕'을 복종시킨다(24절).

5. 그것은 '말로 지극히 높으신 자를 대적'한다(25절).

6. 그것은 '지극히 높으신 자의 성도를 괴롭게'한다(25절).

7. 그것은 '때와 법을 고치고자'한다(25절).

8. 그것은 '한 때, 두 때, 반 때'의 기간에 특별한 권세를 누린다(25절).

우리가 이 특성에 맞는 인물이나 세력을 찾아낼 수 있다면 누가 그 '작은 뿔'인지를 알게 된다. 어떤 사람은 이것이 매우 거창한 작업일 것이라고 생각하겠지만 사실은 그렇지 않다. 아주 쉽다.

오직 하나의 실체만이 위의 여덟 가지 특징을 그대로 지니고 있다. 즉, 로마 제국이 쇠락한 후 커다란 종교-정치의 세력으로 등장하게 되었으며, 6세기에서 18세기에 이르는 기간에 사람들의 마음에 특별한 영향력을 행사했던 로마 교회, 곧 바티칸의 교황권이 바로 그 실체이다.

참으로 그런지 다니엘 7:24-25에서 발견되는 '작은 뿔'의 8가지 특성들을 하나하나 살펴보면서 확인해 보자.

작은 뿔의 신원

1. 그것은 '넷째 짐승'에게서 나왔다(24절, 8절)

"그 열 뿔은 그 나라에서 일어날 열 왕이요
그 후에 또 하나가 일어나리니…"(단 7:24)

열 뿔은 넷째 짐승의 머리에 솟아난 것으로서 넷째 짐승은 당신이 기억하다시피 이교(異敎) 로마이다. 이는 '작은 뿔'이 열 뿔처럼 로마 제국과 연결된 세력임을 보여 주는 것이다. 다음의 자료들이 이것을 아주 명백히 할 것이다.

"정치적 로마의 폐허로부터 로마 교회의 형태로 거대한 도덕적 왕국이 일어났다."

(A.C. Flick, The rise of the medieval church, 1900, p.15).

"교황은 그들의 권력과 위신과 칭호들을 이교로부터 상속받음으로서 공석이 된 로마 황제의 자리를 차지하였다… 콘스탄틴 황제는 이 모든 것을 로마 주교에 넘겨주고 갔다… 교황권은 몰락한 로마 제국의 무덤 위에 왕관을 쓰고 앉아 있는 로마의 유령이다."

(Stanley's History, p.40).

"로마 교회는 이러한 방법으로 슬며시 로마의 세계적인 제국의 자리로 밀고 들어왔는데, 실제로 로마 교회는 로마 제국의 계속인 것으로, 로마 제국은 망한 것이 아니라 단지 모양을 바꾼 것이다… 교황권은 정치적 피조물로서 세계적인 제국처럼 위풍이 당당한데, 이는 그것이 로마 제국의 계속이기 때문이다. 그 자신을 '왕' 혹은 '폰티펙스 막시무스'(주-고대 이교의 대제사장의 칭호)라고 자칭하는 교황은 시저의 후계자이다."

(Adolf Harnack, What is Christianity?, New York: G.P.Putnam' s sons, 1903, pp.263, 270).

실제로 교황 로마(Papal Rome)는 이교 로마(Pagan Rome)의 정치 조직을 그대로 따르면서 세워진 나라이다. 이러한 사실을 아래와 같이 도해할 수 있다.

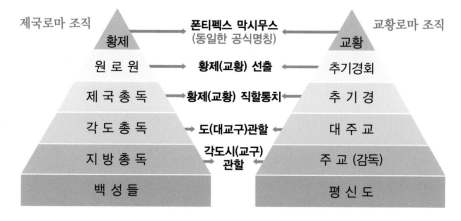

로마교회의 행정조직과 로마제국의 행정조직

제국로마 조직		교황로마 조직
황제	폰티펙스 막시무스 (동일한 공식명칭)	교황
원 로 원	황제(교황) 선출	추기경회
제 국 총 독	황제(교황) 직할통치	추 기 경
각 도 총 독	도(대교구)관할	대 주 교
지 방 총 독	각도시(교구) 관할	주 교 (감독)
백 성 들		평 신 도

▲로마의 폰티펙스 막시무스, 즉 신관장(제사장)의 칭호는
교황의 지위에도 사용되었다
(한국일보사, 인간세계사 − 로마제국편 p.172)

교황의 로마가 이교 로마의 자리를 취하였기 때문에, 교황권은 쉽게 '작은 뿔' 의 첫째 특성에 잘 맞는다. 이제 두 번째 특성을 살펴보자.

2. 그것은 '열 뿔' 이 나타난 이후에 생겼다(24절)

> **"그 열 뿔은 그 나라에서 일어날 열 왕이요**
> **그 후에 또 하나가 일어나리니···"(단 7:24)**

당신은 '열 뿔' 이란 로마 제국에서 분열된 10나라를 표상한 것임을 기억할 것이다. 그러므로 '작은 뿔' 은 로마가 열국으로 분열된 후 유럽에서 출현한 세력이어야 한다. 바로 이것이 '작은 뿔' 곧 적그리스도의 지정학적 위치이다. 그는 아시아나 아메리카, 아프리카에서 등장하지 않는다.

기독교를 공인했던 로마 황제 콘스탄틴(306-337)은 엄청난 인플레이션, 무거운 과세 부담, 국민의 사기 저하, 만성적인 국경 분쟁 등의 요인을 해소시키는 방안의 하나로 330년에 수도를 콘스탄티노플로 천도하였다. 이로 인해 로마에 권력의 공백이 생겼고, 그 결과 로마 주교의 세력이 크게 신장하게 되었다.

"콘스탄틴 황제는 동방(東方)에 위치한 비잔틴이라는 도시를 로마 대신 제국의 수도로 삼고 비잔틴이라는 도시를 콘스탄티노플(Constantinople: City of Constantine)로 바꾸었다. 오늘날 그 도시는 이스탄블(Istanbul)이라고 불린다. 콘스탄틴 황제가 로마를 떠난 후, 그 곳에 그냥 남아 있던 로마 교회의 감독은 서방(西方)에서 가장 우월한 존재가 되었는데, 이것은 곧 그에게 대단한 권한이 주어졌음을 의미하며, 그 권한은 시간이 지날수록 점점 더 확장되어 갔다."

(A.E. 호오튼, 「간추린 교회사」, 유지훈 역, 서울: 전도출판사, 1989, p.33)

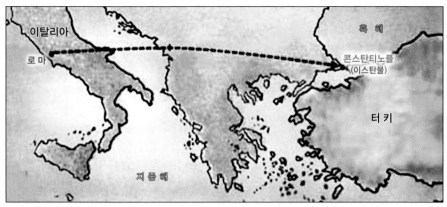

▲콘스탄틴의 수도 천도(A.D.330)

▲오늘날 그 도시는 이스탄불이라고 불린다

이러한 양상이 형성된 가운데 375년 게르만 민족의 침입과 함께 로마는 분열되기 시작하여 476년에 가서는 완전히 10조각이 나고 말았다. 바로 이 열 나라들이 '열 뿔'로 표상된 것이다. 그러자 로마 제국의 기세가 기울어져 게르만 민족의 침입에 시달리던 시기에 '헤롤리'에 자리를 두고서 꾸준히 신장되어 오던 로마 교회 감독(교황)의 세력이 급속히 부상하였다.

"로마의 난국은 교황에게 있어서 교황권 신장의 기회였다. 게르만 민족의 침입으로써 로마 제국 멸망은 교황 권세에 놀라운 힘의 보탬이 되었다. 로마에는 이 감독을 능가할 황제는 더 이상 없었다. 로마의 감독은 전 서부의 가장 중요한 직책이었다."

(B.K. 카이퍼, 「세계기독교회사」, 김해연 역, 서울:성광문화사, 1990, p.93)

"서로마의 황제가 없어진 후에 로마 사람들은 교회를 중심으로 하는 정치 조직을 유일한 국가 조직으로 알고, 로마 주교를 전 카톨릭 교회의 교황으로 섬기게 되었으며, 또 사실상 대교황 레오(Leo I)는 훈족 왕 아틸라(Attila)의 로마 침입을 막아내고(452년), 대교황 그레고리(Gregory I, 560-604)는 롬바르드(Lombard)족의 침입을 막으면서 실제로 로마 국왕의 일을 맡아 보았다."

(이해남, 「세계사」, 탐구당, p.79)

▲교황 레오 1세와 아틸라의 만남(라파엘)

이렇듯 제국 로마가 그 전성기를 지난 뒤, A.D. 330년 수도를 서방의 로마로부터 동방의 콘스탄티노플로 옮김으로서 그 권좌를 로마 교회의 감독에게 양도했으며, 476년 서로마가 망한 후에는 로마 교회의 교황이 명실공이 이전 로마 황제의 위치에 서게 되었다.

그런 의미에서 제국 로마는 망한 것이 아니라, 교황 로마로 그 형태를 바꾸어, 중세기 1천여 년 이상을 또다시 로마 제국 이상의 영역에서, 정치와 종교 전반에 걸쳐 통치권을 행사한 것이다. 즉 A.D. 476년 서로마 제국이 망한 후 같은 자리(로마)에서 정치적 로마 제국을 계승한 종교적 로마 제국인 로마 교황권이 탄생한 것이다.

의심할 여지없이 교황권은 '작은 뿔'의 두 번째 특성에 잘 들어맞는다. 이제 세 번째 특성을 확인해 보자.

3. 그것은 '먼저 있던 자들'과 다르다(24절)

"…그는 먼저 있던 자들과 다르고…"(단 7:24)

'먼저 있던 자들'이란 로마 제국의 붕괴 이후 성립된 열 나라(열 뿔)를 말한다. 즉, 로마가 열국(列國)으로 분열된 후 유럽에서 나온 교황권(작은 뿔)은 그 열국과는 다르다는 것이다. 무엇이 다른가?

이전의 나라들은 모두 정치적 군주 국가였으나, 교황 로마(Papal Rome)는 정

치적 군주 국가이면서도 종교적 군주 국가라는 점에서 크게 다르다. 이전의
왕국들은 사람의 몸을 다스렸으나 교황은 사람의 영혼까지 다스린다.

또한 다른 나라들은 자국의 영토 내에 있는 백성들만 다스리지만 교황 로
마는 영토와 민족에 관계없이 '각 족속과 방언과 나라를 다스리는' 범세계
적 국가라는 점에서도 다르다(계 17:15).

Sir Isaac Newton
1642 - 1727

우리가 잘 아는 만유인력의 법칙으로 유명한 이삭
뉴턴 경(1642-1727)은 작가이자 수학자, 철학자였고 성
경 예언을 연구한 성경 연구가이기도 했는데, 그는
다니엘 7장에 나오는 '작은 뿔'을 로마 교황권으로
간주하여 다음과 같이 설명했다.

"로마 교황은 로마 제국이 멸망하여 분리된 10개 제국 가운데서 생겨
난 적그리스도이다. 그러나 로마 교황청은 그 존재 의미에 있어서 이들
10개 제국과는 판이하게 다르다. 로마 교회는 전 세계적인 하나의 주교관
구를 다스린다. 교황은 스스로 아무런 죄가 없는 것처럼 말하면서 전 세
계를 잘못된 길로 인도하고 있다."

의심의 여지없이 교황권은 '작은 뿔'의 세 번째 특징에도 잘 들어맞는다.
물론 네 번째 특성도 로마의 바티칸과 정확히 부합한다.

4. 그것은 '세 왕'을 복종시킨다(24절, 8절)

"…또 세 왕을 복종시킬 것이며"(단 7:24)

열 뿔이 로마 제국의 분열 이후에 나타난 것이라는 사실을 받아들인다면, 이 열한 번째 뿔이 뽑아 버린 나머지 세 뿔들의 정체를 규명하는 것도 그렇게 큰 문제가 되지 않는다.

로마 제국을 침범하여 로마 영토 각처에 왕국을 세운 열 종족(열 뿔) 중에 이미 기독교화된 부족들도 있었다. 그들은 헤룰리, 반달, 동고트족이었다. 그러나 그들의 기독교는 아리우스파(Arianism) 기독교였다. 즉, 이 부족들은 로마 교회와는 달리 예수님을 피조물로 믿는 신앙을 가졌다는 것이다. 이러한 신조상의 차이 때문에, 로마 교권과 아리우스파 부족들은 서로 적대했다. 그러나 동로마 제국의 카톨릭 황제들은 교황을 후원하기 위하여 세 개의 아리우스파 부족을 제거했다.

그리하여 '작은 뿔' 앞에서 '세 뿔'이 뿌리째 뽑히리라는 예언이 성취된 것이다. 교회가 정치적인 권력을 행사한 것은 이보다는 오래 전의 일이었지만, 이때부터 교회는 정확하게 정치 종교적인 실세로 등장하게 된다.

① 헤룰리족이 493년에 멸절하였다

로마를 처음으로 유린한 족속은 헤룰리(Heruli)족인데, 그들의 대장 오도아케르(Odoacer, 434-493)가 476년에 로마의 마지막 황제 로물루스 아우구스투스

(Romulus Augustus)를 폐위시키고 스스로를 이탈리아 왕이라고 칭하였다. 이리하여 1천2백여 년의 장구한 역사를 자랑하던 제국 로마는 멸망하고 말았다.

▲오도아케르 동전

그런데 아리우스파 기독교인들인 헤룰리족이 교황이 정치적 왕노릇을 하고 있는 로마를 점령하였으니 로마 교권이 평안할 수가 없었다. 그래서 교황권은 이 세력의 축출을 요구할 수밖에 없었다.

그리하여 카톨릭 신도인 동로마의 제노(Zeno, 474-491) 황제는, 서로마를 구한다는 명목으로 또 다른 게르만족인 동고트족의 지도자 데오드릭(Theodoric)을 충동하여 헤룰리를 치게 한 결과, 493년 아리우스주의를 신봉하는 헤룰리 왕국이 망하여 사라졌다. 이래서 '세 뿔' 중 하나가 뽑혔던 것이다.

② 반달족이 534년에 멸절하였다

반달족(Vandals)은 또 하나의 게르만 민족인데, 그들의 장군 겐세릭(Genseric)의 지도 아래 고올(현 프랑스) 지방을 지나서 북아프리카로 건너가 카르타고를 점령하고 그곳에 반달 왕국을 세우고서 지중해 일대를 위협하였다. 이들이 나라를 세운 때가 439년이었다. 그들은 445년 지중해상으로 로마를 침입하여 무서운 약탈을 감행하기도 하였다.

카톨릭 신도인 동로마의 유스티니아누스(Justinianus, 527-565) 황제는 533년 로마의 교황을 '모든 거룩한 교회들의 머리'라고 공식적으로 선언함과 동시에 그 칙령에 반대하는 반로마 교회 세력인 아리우스파의 반달족과 동고트족을 박멸키 위한 성전(聖戰)을 개시하였다. 유스티니아누스는 명장 벨리사리우스(Belisarius)로 하여금 반달족을 쳐부수게 하였다. 반달족은 534년에 트리카마룸(Tricamarum)의 전투를 끝으로 역사에서 안개같이 사라지고 말았다. 이래서 또 뿔 하나가 뽑혔다.

▲동고트족의 투구

③ 동고트족이 538년에 멸절하였다

반달족을 완전히 정복시킨 벨리사리우스 장군은 황제의 지시에 따라 군대의 작전 행로를 남은 반로마 교회 세력인 이탈리아의 동고트족에게로 돌려 로마 시를 장악하고 있는 동고트족을 쳤다. 536년 12월 9일에 그는 단 5000명의 군사를 이끌고 로마 시를 점령하고 있던 동고트족을 축출시키려고 로마에 입성하였다.

그러나 로마 주둔군이 적은 것을 안 동고트 왕 위티기스(Witigis)는 15만 명의 병정으로 로마 시를 에워싸고 반격해 왔다. 동고트족은 당시 어리석게도 벨리사리우스로 하여금 식수가 끊겨 항복케 할 요량으로 로마로 들어가는 14개의 도수관(導水管)을 끊었다. 그러나 끊긴 도수관에서 쏟아져 나온 물은 성 밖 일대를 진구렁으로 만들어 말라리아 모기떼를 서식하게 하였고, 결국은 말라리아 전염병이 창궐케 되었다. 거대하던 동고트족의 군대는 전염병으로 거의 쓰러졌고, 드디어 538년 3월 중순에 벨리사리우스는 적은 병력을 가지고도 동고트족의 군대를 쉽게 물리칠 수가 있었다(프로코피우스 procopius 「전쟁의 역사 History of the wars」, 3권, 235~237쪽).

그리하여 마침내 로마 교회의 감독이 전 세계 교회의 머리라는 유스티니아누스 황제의 칙령은 반대 없이 실시될 수 있게 되었고, 로마 교회의 지상권은 확립되었다.

이같이 하여, 다니엘서의 세 뿔 즉 헤룰리족, 반달족, 동고트족이 뿌리까지 뽑혔던 것이다. '먼저 있던 뿔 중에 셋이 뿌리까지 뽑히고' 작은 뿔이 그 나머지들보다 더욱 강성해질 것이라는 다니엘 7장의 예언은 이렇게 성취된 것이다.* 부인할 수 없이 교황권은 '작은 뿔' 의 네 번째 특성에 아주 잘 들어맞는다.

---

* '작은 뿔' 때문에 세 뿔이 뽑힌 역사적 내력은 백과사전이나 서양 중세사(中世史) 책들을 보면 잘 나타나 있다. 밀맨(Milman)은 「라틴 기독교사 History of Latin Christianity」 3권 4장 마지막 부분에서, "그들의 멸망으로 교황청의 숙명적인 정치가 시작되었다"고 하였다. 이탈리아로부터 동고트를 몰아냄으로서 로마 주교가 단지 종교계뿐만 아니라 세속적으로도 모든 지상권을 행사하기 시작할 수 있었던 것이다. 그러므로 이탈리아 정복, 로마의 구출, 동고트의 패망의 해인 A.D. 538년은 로마 교권이 세계적 속권을 수립한 바로 그 해가 된다.

지금까지 살펴본 '작은 뿔'에 대한 네 가지 특성들은 24절에서 발견되는 것들로서, '작은 뿔'이 로마의 바티칸, 곧 교황권임을 분명히 알게 한다. 그러나 아직 살펴보지 않은 25절에서 발견되는 나머지 네 가지 특성들은 '작은 뿔'이 참으로 교황권임을 더욱 명백히 알도록 해준다. 그리고 '작은 뿔'이 계시록 13장의 첫째 짐승, 곧 적그리스도와 동일한 세력임을 아주 확실히 드러내 준다. 이제 나머지 네 가지 특성들을 고찰해 보자.

바벨론　　메데-파사　　그리스　　이교로마　로마의 분열　작은 뿔
　　　　　　　　　　　　　　　　(Pagan Rome)　　　　　(Papal Rome)

5. 그것은 '말로 지극히 높으신 자를 대적' 한다(25절, 8절)

"그가 장차 지극히 높으신 이를 말로 대적하며…"(단 7:25)
"…이 작은 뿔에는…입이 있어 큰 말을 하였더라"(단 7:8)

교황들은 공공연히 자기 자신을 하나님이라고 부르기를 주저하지 않았다. 그리고 로마의 궤변자들은 교황에 대하여 "그리스도가 하나님인 것처럼 교황도 하나님으로서 존경받아야 한다"고 주장했다. 그것은 하나님께 대한 모독으로서, 벼락 맞을 행동이다. 그런데 넷째 나라인 이교 로마의 자리를 취한 '작은 뿔'로 표상된 교황권은 이와 같은 주장을 했다.

하나님을 대적하는 교황권의 말

① 훼라리스(Ferraris) 카톨릭 교회 사전에 이르기를

"교황은 대단히 존엄하시고 지극히 높임을 받으셨으므로(so great dignity and so exalted) 그는 단순한 하나의 사람이 아니라, 말하자면 하나님이시며, 또 하나님의 대리자(the Vicar of God)이시다." ("pope", Ferraris' Eccl. Dictionary).

② 뉴욕 교리 문답(New York Catechism)에 이르기를

"교황은 땅에서 예수 그리스도의 위치에 있다… 신적 권능을 가진 교황은 신앙과 도덕과 모든 목자와 양무리들에 있어서도 지고하며 충만한 권능이 있다. 그는 참으로 그리스도의 대리자요, 모든 교회의 머리요, 모든 기독교도들의 아버지요, 교사이다. 그는 무오한 통치자요, 교회의 기초자이며, 공의회의 심판권을 지닌 권위자이다. 또 진리에 있어 우주적 통치자이며, 세계의 중재자요, 하늘과 땅의 최고의 사법권을 가진 바로 땅에 있는 하나님 자신이다."

③ 카톨릭 내셔널(Catholique National)지에 이르기를

"교황은 예수 그리스도를 대신할 뿐만 아니라, 육신의 휘장 속에 가려진 예수 그리스도이다. 교황이 말하는 것은 바로 예수 그리스도가 말하는 것이다." (1895. 7. 13)

④ 교황 요한 바오로 6세 대관식에서 그의 머리에 삼중관을 얹으며 한 말

"당신은 군주들과 제왕들의 아버지이며, 세계의 주교(主教)요, 구세주 예수 그리스도의 지상 대리자임을 잊지 마시고 세 관으로 꾸며진 이 삼중관을 받으소서."

(주-교황이 쓰는 삼중관은 하늘과 땅과 지하의 주권자라는 참람한 뜻임)

⑤ 교황 율리우스 2세(Julius II)에게 부여한 제5차 라테란 공의회(1512년)의 말

▲삼중관(Triple Crown)을 쓰고 어좌에 앉아 있는 교황 요한 23세(1958~1963). 이 삼중관에는 "하나님의 대리자(VICARIVS FILII DEI)"라는 문구가 장식되어 있다.

"그대는 목자이시오 의원이시오 주권자이시오 농부이시오 마침내 그대는 이 땅에 계시는 또 한 분의 하나님이시다(Thou art another God on earth)."

(tu enim paster…tu denigue alter Deus in terris)

⑥ 교황 이노센트 10세(Innocont X)의 대관식에서 이르기를

"가장 성스럽고 축복스런 아버지시여, 교회의 머리시고 세계의 통치자이며 하늘의 모든 열쇠를 가지고 있는 자시며, 천사들이 하늘에서 숭배하고 두려운 지옥의 문들과 모든 세상들이 경배하고 특별히 저희들이 당신을 존경하고 숭배하나이다."

⑦ 교황 보니페이스(Boniface)가 호언하기를

"로마 교황은 모든 사람을 심판할 수 있다. 그러나 그는 누구에게도 판단받지 않는다.… '모든 만물이 그의 발 앞에 순종하리라' 는 예수 그리스도에 대한 말씀은 나에게도 똑같이 해당된다. 나도 그리스도처럼 왕 중 왕의 권세를 가지고 있다. 나는 지존자이며 모든 것 위에 있는 자이다. 또한 하나님의 교회가 하나이듯 이 신의 대리자인 나도 단 하나의 교회를 가지고 있다. 나는 하나님이 하시는 거의 모든 일을 할 수 있는 능력이 있다. 그러므로 너희는 나를 하나님이 아닌 다른 무엇으로 만들려는가?"(교황청의 공식 기록문서 보관소에 있는 보니페이스 8세에 관한 문서에서 발췌함. 기록 연도는 1302년 11월 18일. 리베라 박사의 「하늘의 아버지들」 p.32에서 재인용)

⑧ 교황 이노센트 3세(Innocent Ⅲ)의 말

"나는 그리스도보다 더욱 자비롭다. 왜냐하면 내가 영혼들을 연옥에서 건져내는 데 견주어, 그리스도는 영혼들을 연옥에다 버려뒀기 때문이다."

⑨ 교황 비오 10세(Pius X)의 말

"내가 길이요 진리요 생명이다."

⑩ 교황 레오 13세(Leo XIII)의 말(1894. 1. 20)

"우리(즉 교황들)는 전능하신 하나님을 대신하여 이 지구를 붙들고 있다."(교황 레오 13세의 회칙, 304쪽).

⑪ 교황 그레고리 7세(Gregory Ⅶ)의 말

"로마 교회만이 하나님에 의해 세워졌다. 로마 교황만이 세계적이라고 불리울 수 있는 권리를 가졌다. 교황만이 제국의 기장(旗章)을 사용할 수 있고, 그의 발만이 모든 군주들의 입맞춤을 받을 수 있다. 그는 황제들을 폐위시킬 수 있으며, 교황 자신은 아무에게도 판단받지 않는다. 로마 교회는 결코 오류를 범한 일이 없으며, 영원히 잘못을 저지르지 않는다."

⑫ 교황 그레고리 11세(Gregory XI)의 말

"교황은 하늘의 능력을 가졌으며 자연의 모든 것을 변화시킬 수 있고 무(無)에서 유(有)를 만들어 낼 수 있으며 부정의를 정의로 바꿀 수 있고 그는 모든 능력으로 가득 차 있다."

⑬ 베이룬(Bayloone) 추기경이 교황을 두고 이르기를

"하나님의 영이 볼 수 있도록 변한 인간이다."

▲카노사의 굴욕(Penance at Canossa) 신성로마 황제 하인리히 4세가 교황권에 맞서다가 교황 그레고리 7세에게 파문 당하자 교황을 지지하는 반(反) 황제파 제후들은 황제 폐위를 결의하였다. 이에 궁지에 몰린 황제가 파문의 해제를 위하여 알프스 산을 넘어 북이탈리아로 가서 교황이 체재하는 카노사의 성문 앞에서 3일간(1월 25~27일) 눈 위에서 맨 발로 삼베옷만 걸치고 참회자로서 무릎을 꿇고 사죄하는 공개적인 굴욕을 당하였다(1077년).

⑭ 존 카피토(John Capito)가 교황 레오 10세(Leo X)에 대해 한 말

"하나님의 신민이고자 하는 자는 교황 레오의 통치를 받아야 한다. 왜냐하면 교황 레오가 지상의 하나님이기 때문이다."

⑮ 1949년 아일랜드의 카톨릭 성직자들이 교황 레오 12세를 두고 한 말

"하나님과 사람 사이의 중재자이신 다른 예수이다."

⑯ 데시우스의 말

"교황은 하나님이 할 수 있는 모든 것을 할 수 있다."

⑰ 교황 인노센트 3세(Innocent III)는 이르기를

"우리는 법 위에 군림하는 충만한 권력에 의지하여, 법의 손길로부터 벗어날 수 있다." ("Decret, Greg. IX")

⑱ 예수회(Jesuits) 기관지 「월(The Month)」(1879, 18권 p.20)에 이르기를

"교황이 어떤 경우에도 국왕의 주권을 폐할 수 없다고 말하는 것은 잘못된 것이다. 우리는 그들이 그런 힘을 가지고 있지 않다고 말할 수 없다."

⑲ 토마스 아퀴나스(Thomas Aquinas-34판, 파리. 549-580)는 이르기를

"교황과 예수 그리스도 사이에는 아무 차이도 없다."

⑳ 현 교황 베네딕토(Benedict) 16세가 이르기를

"개신교 등 종교개혁으로 생겨난 기독교 공동체들은 교황의 존재를 시인하기를 거부하기 때문에 올바른 의미에서의 교회라고 볼 수 없다." (2007년 7월 10일)

"하나님 자신도 그분의 사제들의 심판 및 그들의 면죄를 거절하느냐 허락하느냐에 따라서 죄를 용서하시느냐 안 하시냐를 결정해야 할 의무가 있으시다… 사제들의 심판이 우선하고 그 후에 하나님께서 동의하신다."

(사제의 존엄과 의무, 12권 2쪽)

"하늘이나 땅 어디든 네가 원하는 곳에서 찾아보라. 너는 죄인을 용서하고 죄인을 지옥의 사슬로부터 해방시킬 수 있는 단 하나의 피조물을 발견하게 될 것이다. 그 비범한 존재는 사제, 즉 천주교의 사제이다."

(The Catholic priest, p.78, 79)

▲죄를 용서받기 위해 사제를 찾아가 고해성사를 하는 천주교도들.

문 2: 고해성사란 무엇인가?

답 : 고해성사란 사제가 하나님을 대신하여 죄들을 사해주는 성례(聖禮)이다.

문 3: 사제는 참으로 죄들을 사하는가, 아니면 죄들이 사해졌다고 선언하는 것뿐인가?

답 : 사제는 그리스도에 의하여 그에게 부여된 권세로서 죄들을 실제로 참으로 사한다.

문 5: 고해성사에서 누가 죄를 사하는 권세를 가졌는가?

답 : 카톨릭 교회의 감독(주교)들과 사제들에게 위임되었다.

(Joseph Haharbe, A Full Catechism of Catholic Religion, pp.275, 150)

지극히 신성모독적인 말들이다. 이 얼마나 대단한 말들인가! 교황과 사죄권에 대한 이러한 사상은 전 세기적인 것이 아니요 지금도 여전히 그러하다.

▲교황이 가마를 타고 바티칸에서 성 베드로 성당으로 들어가고 있다.

불법의 사람

'작은 뿔'로 표상된 교황권은 신성을 모독하는 '큰 말(great words)'을 하였다. 사도 바울도 이 참월한 말들을 할 '작은 뿔'이 하나님의 교회 안에 등장할 것을 예언했다. 그는 데살로니가인들에게 보낸 편지에서 선언하기를 그리스도의 날은 "먼저 배교하는 일이 있고 저 불법의 사람 곧 멸망의 아들이 나타나기 전에는 이르지 아니하리니 그는 대적하는 자라 신이라고 불리는 모든 것과 숭배함을 받는 것에 대항하여 그 위에 자기를 높이고 하나님의 성전에 앉아 자기를 하나님이라" 할 것이라 하고, "불법의 비밀이 이미 활동하였음"을 형제들에게 경고했다(살후 2:3-4, 7). 바울은 다니엘 7장의 '작은 뿔'을 '불법의 사람'이라고 칭했다.

현대 신학계의 저명한 학자인 팔머 로벗슨(O. Palmer Robertson) 박사는 여기서 바울이 언급한 '불법의 사람'이 로마 교황으로서 다니엘 7장의 '작은 뿔'과 일치한다고 설명한다:

"이 작은 뿔은 누구인가? 다니엘의 시각으로 볼 때, 그는 네 번째 제국에서 늦게 출현하는 정부 권력이다. 만약 네 왕국들의 순서가 옳게 규정된다면, 그는 지상 권력을 가진 로마교회적 출현으로 볼 수 있으며, 하나님의 왕국에 반대하는 인간 세력을 전형적으로 대표한다. … 신약의 관점에서 볼 때, 다니엘 7장의 네 번째 짐승에게 달려 있는 그 작은 뿔은 바울의 묘사하는 '불법의 사람'과 일치한다. 사도 바울은 그를 다음과 같이 묘사하였다. '그는 대적하는 자라. 신이라고 불리는 모든 것과 숭배함을 받는 것에 대항하여 그 위에 자기를 높이고 하나님의 성전에 앉아 자기를 하나님이라고 내세우느니라.' (살후 2:4)."

(팔머 로벗슨, 「선지자와 그리스도」, 한정건 역, 서울: 개혁주의신학사, 2007, p.351)

예언이 목적하는 바를 바로 이해한 정확한 해석이다. 바울은 데살로니가 인들에게 보낸 두 번째 편지에서 큰 배교가 일어나 그것이 교황 세력으로 발전할 것을 예언했던 것이다.

그가 앉아 있는 위치에 주목하라. "그는 하나님 성전에 앉아 있다." 이것은 예루살렘에 있는 성전이 아니다. 그 이유는 로마 제국이 그 성전을 파괴하였으며, 로마 제국의 멸망으로 적그리스도가 나타났기 때문이다. 신약 성경의 가르침에서 '성전' 이란 말은 그리스도인 각자의 몸을 뜻한다. "너희가 하나님의 성전인 것과 하나님의 성령이 너희 안에 계시는 것을 알지 못하느냐"(고전 3:16). 또는 신앙고백을 한 그리스도인으로 이루어지는 한 몸을 말한다. "너희는 사도들과 선지자들의 터 위에 세우심을 입은 자라 그리스도 예수께서 친히 모퉁잇돌이 되셨느니라"(엡 2:20).

적그리스도가 앉아 있는 성전은 교회를 상징하지만, 이 교회는 완전히 배도한 교회이다. 성경 예언은 불법의 사람이 나타나기 전에 배도가 있다고 분명하게 밝힌다. 적그리스도는 실로 배도의 결과이자 큰 배도 그룹의 지도자이다.

성경의 예언에 따르면, 적그리스도는 그 다음에 외양뿐인 그리스도 교회 안에서 자신을 현저하게 나타내려 할 것이다. 이것이 정확하게 교황들이 취하여 온 행동이다.

로마 교황은 하나님께만 돌려지는 칭호들을 자신에게 적용시켜 하나님을 모독해 왔다. 그들(교황들)은 하나님께만 속한 무류설을 스스로 취한다. 그들은 하나님께서만 하실 수 있는 죄의 사유(赦宥)를 공언한다. 그들은 하나님께만 속한 하늘을 열고 닫을 수 있는 권세를 주장한다. 그들은 만왕의 왕이신 예수님께서만 주장하실 수 있는 지상의 모든 제왕, 군주, 왕들보다 높은 자임을 참칭(僭稱)한다. 그들은 성경이 그리스도께서 교회의 머리가 되신다고 말하고 있는데 반하여 자신을 교회의 머리로 사칭(詐稱)하여 높인다.

확실히 작은 뿔로 표상된 교황권은 하나님을 거스려 '큰 말(great words)' 을 하였다. 그리하여 루터는 "이 작은 뿔에는… 입이 있어 큰 말을 하였느니라"(단 7:8)는 구절 안에 있는 '입' 을 "주둥이(Maul)"로 번역했다(독어에서 입에 해당하는 점잖은 표현은 "Mund" 이다). 교황권은 참으로 '작은 뿔' 의 다섯 번째 특성에 명확히 들어맞는다. 이제 여섯 번째 특성을 살펴보자.

▲교황 레오 13세
"전능하신 하나님의 자비를 차지하고 있다."

6. 그것은 '지극히 높으신 자의 성도를 괴롭게' 한다(25절)

"지극히 높으신 이의 성도를 괴롭게 할 것이며…"(단 7:25)

▲수천만을 죽인 교리 화체설
사제가 축성하면 성찬식의 빵과 포도주가 실제로 예수의
살과 피로 변한다는 교리.

정치와 종교에 있어 절대 권력을 가진 교황(작은 뿔)의 치하에서 진실한 그
리스도인들(로마 교회의 비성경적 교리와 행습들을 반대하는 신앙인들)은 온갖 박해와 환난을
겪게 된다. 아래 기사는 최덕성 교수(고신대학)의 저서 「종교개혁전야」란 책에
서 발췌한 것으로서 교황권이 종교의 이름으로 무슨 일을 자행했는지에 관
해 약간의 느낌을 얻도록 하는 데 일단 도움이 될 것이다.

"교황은 이단을 제거하고 정통신앙을 수호해야 할 필요가 있는 교구마다 종교재판소를 설치하라고 명했다. 공의회의 결정이 내려지면 세속군주들은 무력을 사용하여 이단자를 처단했다. 1179년에 모인 제3차 라테란공의회를 비롯한 몇몇 공의회들은 세속군주들이 무력을 동원하여 이단을 탄압하도록 결정했다.

교회의 종교재판법은 1184년 교황 루시우스 3세가 제정했다. 모든 교구가 최소한 1년에 한번 이상 교인들을 조사하여 위험한 사상을 가진 자를 색출하도록 했다. 이단자를 보호하는 사람은 불고지죄(不告知罪)의 책임을 물어 이단자와 동일한 처벌을 받게 했다. 제4차 라테란공의회(1215)는 이단들을 진멸하도록 결정했다. 수도사들도 감독의 법정에서 심문을 받도록 했다.

그 무렵에 로마 카톨릭 교회의 교인이 된다는 것은 교회의 권력을 인정하고 그것의 철저한 통제를 받아들이며, 교황의 정책을 영적인 면에서만 아니라 정치적인 측면에서조차 수용한다는 것을 의미했다. 성직주의와 교황권력에 항거하는 사람은 생존이 불가능했다.

서방교회는 이단자를 징벌하는 십자군을 일으켰다. 팔레스틴으로 쳐들어간 십자군이 이교도를 진멸하는 것처럼, 새로운 발상이나 신앙을 가진 자국 백성들을 징치했다. 교수형, 화형에 처하거나 팔다리를 찢고 불태우고 물에 빠뜨려 죽였다. 교회는 새로운 사상의 씨까지도 말리려고 했다. 이단색출 정책을 강경하게 지지하던 버나드조차 '이단자들은 칼에 의해서가 아니라 설복(說服)에 의해 개종시켜야 한다'고 외칠 정도였다."

(최덕성, 「종교개혁전야」, 서울: 본문과비평사이, 2003, pp.59~61)

한 가지 더 살펴보자. 아래의 기사는 「아메리카나 백과사전」(Encyclopedia Americana)에서 발췌한 것이다.

"종교 재판소– 중세기에 카톨릭 교회가 이단을 진압하기 위해 설립한 무한한 권력을 가진 재판소에서 이단자들은 인류의 적으로 재판을 받게 했다.

12세기 말까지의 이단에 대한 광범위한 형벌들이 있었다. 벌금, 투옥, 노예 봉사, 유배, 재산 압수, 공민권 박탈, 교수형, 화형… 고문은 중세기의 민사 재판소가 행하였다. 그리고 1252년에 교황 이노센트 4세는 종교 재판소에 의한 고문의 집행을 공인하였다….

…이단자는 영적 반역죄를 범했다(그들은 카톨릭 교인들이 갖고 있는 신념과 다른 종교적 신념을 가졌다). 민사 반역죄가 사형 받을 만하다면, 교회의 머리 되시는 예수 그리스도께 대한 반역죄는 얼마나 더 클 것인가 하는 논거로부터 한 걸음 더 나아간 것에 지나지 않는다.

…그들의 죄악을 뉘우치고 유죄 선고를 받은 이단자들을 위한 통례적 징벌은 무기 징역이었다. 유죄 선고를 받고도 뉘우치지 않은 자들과, 또는 이전의 과오들을 다시 범한 사람들을 위한 형벌은 그들이 불구가 되든지 전사하는 일이 없도록 빌면서 장기간의 전투에 보내는 것이었다…. 그 의식이 끝난 후 이 불행한 사람들은 사형 집행을 위해 마련된 장소에서 화형을 당했다. 화형 집행소에서 이단주의를 버린 사람은 때로는 불이 붙기 전에 목 졸라 죽였다. 인간에 대한 한 작은 양보였다.

…그 재판소의 권력은 무덤에까지 다다랐다. 이단으로 유죄 선고된 자들의 시체들은 사후에도 파헤쳐 불살랐다. 그 후손들의 재산은 몰수당했다.

…종교 재판관들은 야만에 가까운 가혹한 집행을 행하였다."

(University of Western Ontario, J.G.로우, 「아메리카나 백과사전 Encyclopedia Americana」 15권, pp.191~194)

▲**종교재판소의 지하 심문실**(피카르트 Picart 1673-1733)
종교재판관들은 개신교도들을 강제로 개종시키려고 고문하고 학살했다.

▲종교재판소

▲종교재판 직전의 한 여성.
종교재판관이 십자가를 손에 들고 있다.

로마 교회의 손에 의해 순교한 그리스도인들의 수가 5천만에서 8천만 사이에 달한다고 역사가들은 말한다. 교황의 거짓 주장들을 반대하고 구원과 진리를 위해 예수 그리스도를 바라본 고귀한 영혼들은 이단자라는 낙인이 찍혀 로마 교회에 의해 소름끼치는 박해와 환난을 당했던 것이다. 그러면 로마 교회가 어떻게 성도들을 박해했는가? 그 몇 가지 단면들을 추적해 보자.

"1252년 교황 이노센트 4세가 발표한 비인도적인 '박멸에 관하여(Ad Exstirpanda)'는 그러한 박해들을 명령한 문서 중 하나였다. 이 문서에는 이단자들을 '독 있는 뱀처럼 박살내 버리라'고 기록되어 있다. 이 문서에서는 고문 사용을 정식으로 인정했다. 세속 권력으로 이단자들을 화형 시키라고 명령하였다. 전술한 교서 '박멸에 관하여'는 그 이후 종교 재판소의 기초 문서로 전수되어 몇몇 교황들, 즉 알렉산더 4세(1254~61), 클레멘스 4세(1265~68), 니콜라오 4세(1288~92), 보니파시오 8세(1294~1303) 등이 쇄신 또는 강화시켰다."

(랄프 우드로우, 「로마 카톨릭주의의 정체」, 안금영 역, 서울: 할렐루야서원, 1989, p.195)

1) 그리스도인들을 박해하는 고문 방법

교황으로부터 이단자로 처리된 성도는 이단에 감염된 자에게 행하는 모든 형벌들을 받아야 했다. 극심한 고통을 줄 수 있는 방법들이 연구되어 성도들을 고문하는 데 사용되었다.

(1) 긴 평판의 고문대(rack)

사람을 긴 평판에 뒤로 눕히고 손발을 양쪽에서 묶어 밧줄로 죄어 당기며 고문하는 기계로 고문 과정에서 관절이 탈골되어 극심한 고통을 당하였다. 사지를 결박한 상태에서 끈을 잡아당겨 늘어뜨리면 가혹하게는 사지가 뜯겨나가게 되는 고문기구이다.

(2) 손톱 뽑기와 불로 지지기

무거운 집게로 손톱을 뽑아내거나 신체의 민감한 부분을 불로 지져대는 고문법을 사용하여 성도들을 박해하였다.

(3) 로울러 고문

날카로운 칼날과 송곳들이 쭈뻣쭈뻣하게 나온 로울러로 성도들 위에 앞뒤로 굴려 고통을 주는 고문법을 사용하였다.

(4) 손가락 및 다리와 발가락 고문

손가락 관절을 탈골시키는 도구인 엄지손가락을 비틀어 죄는 기구를 사용했고, 다리와 발가락을 짓이기는 데 사용하는 '스페인 구두' 로 고문하였다.

(5) 철갑처녀 고문기

중세시대 고문 기구를 대표하는 것이다. 사람 몸에 딱 맞는 크기로 제작된 관에 그 내부는 철침으로 가득 박혀 있다. 움직일 수도 없으며 문이 닫히는 순간 온몸에 침이 박히며, 출혈 과다로 서서히 죽게 된다. 처음에는 관에 여인의 형상이 붙은 게 아닌 단순 캐비닛의 형태였다. 그러다 후일 마리아(예수의 어머니)의 형상으로 의인화 되면서 마리아의 이름을 차용하여 'iron maiden' 이

라는 명칭이 붙게 되었다(이 고문 장치에다 이른바 '성수(聖水)' 를 뿌렸고 "하나님께만 영광 돌릴지어다" 라는 라틴말도 적어 두었다).

(6) 도르레 고문

손을 등 뒤로 묶은 후 그 손을 다시 밧줄로 매달아 위로 들어 올려 도르레를 작동시켜 몸뚱이를 공중에 매달리게 하거나, 혹은 떨어뜨리기도 하고, 갑자기 줄을 당겨 버려서 어깨의 관절을 골절케 하거나 신체의 다른 관절들을 탈골시키는 고문법을 사용하였다. 이러한 고문이 가해지고 있는 동안 사제들은 십자가를 들고서 성교회와 예수 그리스도의 이름으로 "이래도 신앙을 철회하지 않겠느냐"고 다그치며 그들의 신조를 취소시키려고 발버둥치곤 했다(앞의 책, p.196-197).

▲도르레 고문

◀종교재판에 사용되었던 3가지 주요 고문 방법을 보여
주는 종교재판 고문실.
〈도르레(풀리), 물고문, 불고문〉- 버나드 피카르트의 그림

▲중세 암흑시대 종교재판소 지하 고문실. 로마 카톨릭 고문관의 고문 현장

▲마녀로 몰린 여성에게 고문을 가하는 종교재판소 광경.
사제가 턱을 괴고 발가벗은 여체를 응시하고 있다. 탁자 위에 십자가가
놓여 있다.

(7) 유다 요람(Judas Cradle)

피라미드 모양의 꼭대기 뾰족한 부분에 끈으로 묶인 대상자의 항문, 혹
은 질이 위치하도록 앉힌 다음 줄을 천천히 풀어서 체중에 의해 서서히 파
고들게 하여 극심한 고통을 가하는 "유다 요람"이라는 기구로 고문하였다.

종교 재판소에서 자행된 개신교 성도들에게 가해진 잔혹 행위는 이것뿐
만이 아니다.

"로마 교회의 가르침을 반대한 사람들의 귀와 입 속에 끓는 납을 부어 넣기도 했다. 눈알을 도려내는 일을 당한 사람도 있었고, 채찍으로 혹독하게 맞는 사람들도 있었다. 긴 못들이 쭈뼛쭈뼛 박혀 있는 낭떠러지 아래로 밀어제쳐 떨어져 거기서 말 못할 고통으로 덜덜 떨다가 서서히 죽어 간 사람들도 있었다. 또 다른 사람들은 자기 자신의 신체에서 난도질 된 살조각들과 소변과 배설물로 질식사를 당하기도 했다. 종교 재판소의 희생자들은 밤중에는 마룻바닥

▲네덜란드의 종교재판소 고문실
(Babylon Mystery Religion p.10).
프로테스탄트가 고문대에 발이 낀 채 거꾸로 매달려 있고, 밑에 있는 화로에는 그의 눈을 지지기 위한 쇠막대기가 달구어지고 있다.

이나 벽에 꽁꽁 묶여 있어, 거기서 무력하게도 피에 젖은 고문실들 안에 들끓고 있는 쥐들과 해충의 먹이가 되어 버리기도 했다."(앞의 책, p.199).

이 모든 비인도적인 행위는 교황의 지시에 의해 사제들이 십자가를 들고 왔다 갔다 하면서 행한 것이다.

2) 교황의 명령에 의한 그리스도인 학살

"역사를 바로 아는 프로테스탄트라면 로마 교회가 인류 사회에 존재했던 어떤 단체보다도 무고한 자를 많이 죽였음을 의심하지 않을 것이다... 로마 교회에 의해 희생된 자의 수를 완전히 파악하는 것은 불가능할 것이다."

(W.E.H. Lecky, History of the Rise and influence the Spirit of Rationalism in Europe, vol. 2, p.32, 1920 ed)

"교황권이 존재한 기간 중 해마다 평균 4만 명의 종교적 살인이 자행된 것으로 추산된다."

(John Dowling, History of Romanism, pages 541~542)

예수님은 제자들에게 다음과 같이 말씀하셨다: "나는 너희에게 이르노니 너희 원수를 사랑하며 너희를 핍박하는 자를 위하여 기도하라"(마 5:44). 그런데 예수님의 대리자를 자처하는 교황에 의해서 참혹한 대학살이 성(聖) 교회와 예수 그리스도의 이름으로 도처에서 자행되었다.

"1209년 베지에르즈(Beziers) 도시는 이단자들을 소탕하는 군대에 종사하므로, 그들이 사망시 연옥을 걸쳐서 곧바로 하늘에 들어갈 것이라고 한 약속을 교황으로부터 받았던 사람들에 의해서 점령당하였다. 기록된 바에 의하면 이 도시에서 6,000명이 칼에 도륙되어 그 피가 흥건하게 거리로 흘러내렸다.

박해자들은 1211년 라바우르(lavaur)에서 총독을 교수대에 처형하였고, 그의 아내를 우물에 쳐 넣어서 돌로 뭉개버렸다. 이 고을에서 400명의 신자가 산채로 화형 당했다. 박해의 칼잡이들은 아침에 대미사에 참석하고, 그 후 다른 고을들을 점령하러 나갔다. 이 포위 공격으로 100,000명의 알비젠스(Albigenses) 교도들(개혁교도들)이 하루 동안 죽임을 당하였다. 저들은 이 시체들을 한데 쌓아 올려놓고 불태워 버렸다.

1544년 롬바르드 사람 개신교도 프란시스 감바(Francis Gamba)가 밀라노에서 사형 선고를 받았다. 처형 장소에서 한 수도승이 그에게 십자가를 제시했는데, 감바는 그에게 '나의 마음은 그리스도의 참 공로와 선하심으로 가득 차있기 때문에 그 분을 내 마음 속에 모시기 위해 무의미한 나무 조각이 필요치 않습니다'라고 말하였다. 이 말 때문에 그의 혓바닥을 도려냈으며 그 후 화형 시켰다.

메린돌(Merindol)의 대학살 때에는 5000명의 여자들을 창고에 가두어 놓고 불을 질렀다. 안에서 창문으로 누가 뛰어나온 때는 뾰족한 창끝으로 그들을 찔렀다. 여자들은 불쌍하게도 공개적으로 난행 당했다. 자녀들은 보호할 힘이 없는 부모들 앞에서 살육 당하였다. 어떤 사람들은 절벽에서 내팽개쳐지거나, 옷이 벗겨진 채로 거리에 질질 끌려 다녔다.

1562년 오랜지(Orange)의 대학살 때도 비슷한 방법들이 사용되었다. 교황 비오 4세는 이탈리아 군대를 보내 남자, 여자, 아이 가릴 것 없이 도살하라고 명령하였다. 이 명령은 가공할 만한 잔인한 방법으로 실행되어져 온갖 종류의 수치와 고문을 당하였다.

1572년 파리에서 '성 바돌로메 축제일'에 100,000명의 유그노 교도들(칼빈의 영향을 받은 프랑스의 개신교도)이 피의 대학살을 당하였다. 이 때 프랑스 왕은 많은 이단자들을 소탕한 것에 대해 정중한 감사를 드리고자 미사를 드렸다. 교황청에서는 이 소식에 크게 기뻐했고, 교황 그레고리 13세는 장렬한 행렬로 성 루이스 교회에 감사드리러 갔다. 그는 교황 조폐국에 이 사건을 기념하는 동전을 만들라고 명령했다. 동전에는 한 손에 칼을, 다른 한 손에는 십자가를 들고 있는 천사와, 그 앞에서 한 무리의 유그노 교도들이 두려워 떠는 얼굴로 도망하는 그림이 들어있다. 동전 위에는 '1572년 유그노 교도들 살육'을 의미하는 'Ugnottorum Stranges, 1572'란 말이 새겨져 있다."(앞의 책, pp.199-200)

▲유그노(Huguenots)교도 대학살
1572년 8월의 프랑스 개신교도들의 성 바돌로메의 날 대학살을 경축하는 교황 그레고리 13세의 메달(이 동전은 대영 박물관에 소장되어 있다).

▲성 바돌로메의 날 대학살

　"1641년 영국의 울스터(Ulster) 지방에서는 프랑스의 '성 바돌로메 축제일'의 대학살에 상당하는 대학살이 자행되었다. 로마 교회에 의해 자극된 에이레의 천주교도들이 울스터 지방의 개신교 주민들을 살해하려고 공격해 왔는데, 이 때 3,000명 이상의 무죄한 성도들이 잔혹하게 학살당했다. 그 때 가련한 성도들은 그들의 귀, 손가락과 손을 잘리고, 눈을 뽑히고, 어린 자녀들은 그 손들이 그들의 어머니의 얼굴 앞에서 삶아졌으며, 여인들은 알몸으로 벗겨진 채 신체가 찢김을 당했다. 포터다운(portadown)의 읍에서는 강이 희생자들의 피로 붉게 물들어 흘렸으며, 마침내 죄 없는 성도들의 몸에 의해 막힐 정도였는데, 그들은 천주교도 군인들에 의해 도심을 벗겨진 채 행진하여 와서 그들에 의해 그 물속에 빠져 죽었던 것이다."

(「The Scarlet Woman of the Apocalypse」, p.19 Alan Campbell)

1400년 알프스 프라겔라(Pragela) 골짜기에 은신했던 왈덴스인들이 로마 교회가 보낸 토벌군에 의해 기습을 받아 짓밟히고 살해당한 뒤, 피하여 도망친 사람들은 엄동설한에 심산유곡(深山幽谷)에서 수도 없이 얼어 죽었다. 1488년 교황 인노센트 8세의 왈덴스인 박멸령에 따라, 프랑스 군대들이 알프스의 로이스(Loyse) 골짜기에 덮치자 왈덴스인들은 동굴로 피신했으나, 입구에 불을 놓아 3000여명이 질식해 죽기도 했다. 아래의 시 속에는 당시 순교의 제물로 삶을 마감한 왈덴스인들의 상황이 여실히 묘사되어 있다.

알프스여 증언하라!

알프스 계곡들을 살펴보라!
그리고 그 계곡들의 전설을 읽지 말고 그들의 역사를 읽으라.
지금은 달빛에 비쳐 은빛으로 눈부신 백설(白雪)의 계곡,
그 아름다운 색조 위에 뿌려졌던 죄 없는 어린 아기들의 검붉은 핏방울들.
자유를 울부짖으며 계곡을 뛰어넘는 폭포들,
그것들은 지금 로마 교회의 칼날에 스러져 간 젊은이들의
한 많은 시체를 넘어 포효하느니,
물길도 영롱하게 계곡을 내리달리는 강들이여,
그것들은 바티칸이 죽인 순교자들의 재를 실어 나르며,
그 시체 더미 위를 소리치며 흐르거라.
바위틈과 계곡을 편답(遍踏)하라.
그것들이 위대한 영웅들의 행적을 증언하리라.
로마 교회가 여러 세기 동안 겨루어 왔던 진리의 요람,
그 장엄한 골짜기들,
너, 알프스야!
심판의 날에 목소리를 높이거라.
산들아, 삼림아, 거기 있는 나무들아,
영원한 언덕들아,
잠잠치 말고,
저주받은 도시의 피 흘린 죄악을 심판 날 하나님께 증언하거라.

Maria van Beckum, en Urſel, haers Broeders Wijf. 1544.

　유럽 전역에서 수백만의 그리스도인들이 그들의 믿음 때문에 학살을 당했다. 스페인에서만 해도 종교재판에 의하여 고난당한 사람들은 산채로 화형당한 사람이 31,912명으로 헤아려졌고, 소위 복종하도록 강요된 참회자가 291,450명으로 계산되었다. 알비젠스인들의 대학살에서는 백만 명이 죽임을 당했다. 제수이트 제도가 확립된 지 30년 동안에 900,000명의 신실한 그리스도인들이 살해당하였다. 네덜란드에서는 알바공의 지시에 따라 36,000명이 보통 집행자들에 의해 신속히 사형에 처해졌다는데, 알바공은 이러한 행위를 자랑했다. 찰스 5세의 치하에서는 50,000명의 프랑드르인들 (Flanders)과 독일 사람들이 교수형과 화형과 산채로 매장 당했다.

▲잔 다르크(1412~1431)의 화형
프랑스의 애국 소녀. 13세기경 '프랑스를 구하라'는 신탁을 받고 출전하여 오를레앙을 해방시켜 샤를 7세를 대관시켰다. 백년 전쟁을 승리로 이끌었지만 후에 종교재판에서 이단으로 선고받아 화형당했다.(*Histoire de jeanne d'Arch*, Eglise du Pantheon, 파리, Jules Lenepveu, 1800년대 후반)

▲나무에 목메달려 순교한 네덜란드 개신교도들.
사제가 사다리로 순교자들 가까이 올라가 십자가를 내밀며 저주하고
있다.

실로 현세적 통치자로서 전 세계의 독재 군주가 된 로마 교황 치하의 대낮
은 바로 세상의 깊은 밤중이었다. J. M. 캐롤 목사는 교황권이 그리스도인들
에게 자행한 그 소름끼치는 박해에 대해 그의 책《피흘린 발자취》(The trail of
blood)에서 이렇게 기술하고 있다.

"나는 또다시 잔악한 박해의 손길이 닥친 사람들에게 여러분의 주의
를 환기코자 한다. 만약 암흑시대라 불리었던 1200년 동안에 5000만 명
의 사람들이 박해를 받아 죽었다고 하면 ─역사는 확실히 이렇게 가르치
고 있는 것으로 보인다─ 이는 100년마다 평균 400만 명 이상의 비율로
죽은 셈인데, 이는 인간의 머리로서는 감히 상상도 할 수 없는 일이라 생
각된다. 전에도 말한 바와 같이 이 잔악한 핍박의 쇠망치는 순교의 피바
다를 이루면서 바울파, 아놀드파, 헨릭파, 베드로-부르시안파, 알비젠스
파, 왈덴스파, 그리고 재침례파의 사람들 위에 가해졌다─물론 박해의 잔

악한 정도는 일정하지 않았으나 우리는 이 이야기의 무서운 부분을 바삐 지나가 버리기로 하자."

(J. M. 캐롤, 「피흘린 발자취」 서울:혜남사, 1988, p.52)

"…외길로 되어 있는 구라파의 일등 도로가에 30마일(120리: 인용자 주)의 거리를 두고 이 신작로를 따라 두서너 자의 간격으로 화형의 말뚝이 하나씩 세워지고, 그 뾰족한 말뚝 끝마다 순교당한 재침례교도들의 피 묻은 머리가 달렸던 것도 바로 이 시대에 일어난 일이었다. 인간의 상상으로서 이렇게 무서운 광경을 그려낸다는 것은 거의 불가능한 일이 아니겠는가! 더욱이 믿을 만한 역사에 의하면 이러한 일을 행한 이들은 온유하고 겸손하신 예수 그리스도의 충성된 제자라 자칭하는 사람들이었다는 것이다."

(앞의 책, p.69-70)

◀아일랜드에서 10만여 명의 개신교도들이 로마 카톨릭으로부터 잔혹하게 학살됐다. 1641년.

"이단자(Heretic)란 카톨릭 교회가 하나님께서 계시하신 것으로 가르치는 특정한 진리를 믿지 않으려고 고집스럽게 버티는 침례 받은 신자이다… 예를 들면 다양한 개신교 분파들이다… 개혁주의인 프로테스탄티즘은 그 이전부터 존재했던 이단들의 총집합이다. 물론 그 이후에 일어났던 그리고 지금까지도 영혼들을 파괴할 수 있는 이단들의 본산이다."

(M. 뮤럴, 카톨릭 교회의 정통적 해설, 4권, 1885년판, p.170)

"공공연히 이단임을 공언하고 말이나 본보기로 다른 사람들을 그릇되게 인도하려고 시도하는 자들은 절대적으로 말하노니, 출교뿐만 아니라 마땅히 사형에 처해야 할 것이다."

(Lepicier, De Stailitate et progressu Dogmatis, p.194)

"교황은 하나님의 영광을 위하여 그리고 프랑스의 선을 위하여 위그노교도가 마땅히 처형될 것을 원했다."

(교황 그레고리 1세)

"지난 1200년 동안에 침례교도들이 칼로 끊어버림을 당하는 처절한 고통을 당하지 아니하였더라면, 아마도 그들은 모든 개혁자들보다 더 많은 수효로 가득 차 있을 것이다."

(트렌트 공의회 의장 호시우스 추기경. 1524년)

"옛날 무서운 알비젠스 이단을 몰아내신 거룩하신 동정녀께서는 우리들의 간청에 감명되시어 오늘의 오류도 없이 하실 것입니다."

(교황 비오 11세의 회칙. 1937년)

"교회는 신성한 권위에 의하여 이단자들의 재산을 몰수하고 그들을 감금하고 화형을 선고할 수 있다…이 시대에 가장 무서운 형벌들과 사형까지도 내릴 권리가 교회에 있다…그러므로 이는 근절되어야 한다."

(교회 공범 2권, p.142)

▲커다란 무리가 화형당하는 '이단자들'을 지켜보기 위해 워터프론트(waterfront) 궁전 앞에 모였다(1476년).

▲예수회의 본당인 로마의 Jesu성당 내부의 조각상

교황권을 적그리스도로 이해했던 루터와 쯔빙글리 같은 교회의 이단자들을 어머니 교회(십자가를 든 여자, 로마 카톨릭 교회를 상징)가 제거하는 것을 보여주는 조각상. 작은 천사는 조각에서 개혁자들 책의 페이지를 찢어내는 것으로 묘사되었다. 여인의 발에 밟혀 있는 예수회의 적들은 성경대로 믿는 그리스도인들, 곧 모든 개신교도들이다.

교황이 세속권을 쥐고 있는 동안 로마 교회에 의해 수천만의 성도들이 온 갖 잔인한 방식으로 학살되었다. 예수님께서는 이 같은 살육이 교회 안에서 발생할 것을 분명하게 예언하셨다.

> "사람들이 너희를 출교할 뿐 아니라 때가 이르면 무릇 너희를 죽이는 자가
> 생각하기를 이것이 하나님을 섬기는 일이라 하리라"(요 16:2).

또한 그 이유까지도 말씀하셨다.

> "또 그들이 이런 일들을 너희에게 행하리니 이는 그들이 아버지도 모르며
> 또 나도 모르기 때문이라"(요 16:3 새성경)

▲이단자로 정죄되어 순교당하는 성도들. 1573년 스페인

그렇다! 로마 교회가 참으로 하나님을 알고 예수 그리스도를 아는 참된 그리스도의 교회라면 지극히 높으신 자의 성도를 그렇게 잔혹히 살육하고 괴롭게 하지 않았으리라.

로마 교회 측도 그들의 교회가 저지른 박해 사실을 부인하지 못한다. 예를 들면《새 카톨릭 백과사전》은 "현대의 기준으로 판단할 때, 종교 재판 특히 중세의 막바지에 스페인에서 자행했던 종교 재판은 교회 역사에 있어서

가장 어두운 기록의 하나로 분류될 수 있다"고 간략히 기술하고 있다(New Catholic Encyclopedia, arts. 'Inquisition').

의심할 여지없이 교황권은 '작은 뿔' 의 여섯 번째 특성에 아주 잘 들어맞는다.

7. 그것은 '때와 법을 고치고자' 한다(25절)

"그가 또 때와 법을 고치고자 할 것이며…"(단 7:25)

"때와 법(times and law)"이란 무엇인가? '때'라는 말은 유태력의 종교적 절기(festival times)를 뜻하고, '법'이란 말은 하나님의 율법(law of God)을 가리킨다. 이것을 변개한다는 것은 이제껏 간직해온 거룩한 전통들과 종교적 관습들을 포기하고 하나님의 요구 사항들을 인간의 이론과 전통들로 대체할 것을 의미한다.

일례를 들면 마태복음 23:9에는 "땅에 있는 사람을 너희 아버지라 부르지 말라"(call no man your father upon the earth, KJV)고 했는데, 교황과 사제들은 자신들을 '아버지'라 부르게 한다. 그것은 성직자들에 대한 예수 그리스도의 경고를 파괴시킨 것이다. 그들은 이렇게 인간의 이론과 전통을 교리로 가르친다.

또 한 가지 예로서 로마 교회의 성직자 독신 제도를 들 수 있다. 성경은 성직자가 한 아내의 남편이어야 한다고 가르치며(딤전 3:2), 결혼을 금하는 것은 마귀의 교리(doctrines of devils, KJV)라고 말씀한다(딤전 4:1~3). 구약의 제사장이나 선지자들도  다 결혼을 했다. 물론 예수님의 제자인 사도들도 아내가 있었다. 바울은 "가르침을 받은 전통을 지키라"고 썼다(살후 2:15). 그러나 적그리스도는 당연히 지켜야 할 바른 전통들을 묵살하고 인간의 이론과 전통들로 대체한다. 바로 이것이 그가 '불법의 사람'(살후 2:3~4)이라고 칭함을 받는 이유이다.

♣ 바울은 결혼하였는가? ♣

성경은 바울의 결혼 여부에 관하여 분명하게 선을 그어 밝히지는 않았다. 그러나 이에 관하여 알 수 있는 일련의 실마리들은 제공해 준다.

바울이 독신으로서 선교 활동을 한 것은 틀림없다. "나는 모든 사람이 나와 같기를 원하노라 그러나 각각 하나님께 받은 자기의 은사가 있으니 하나는 이러하고 하나는 저러하니라 내가 혼인하지 아니한 자들과 및 과부들에게 이르노니 이와 같이 그냥 지내는 것이 좋으니라"(고전 7:7,8). 이 점에서 그는 부인을 동반하고 다녔던 다른 사도들과는 달랐다(고전 9:5).

우리는 사도행전이나 바울 서신에서 그의 부인이나 자녀들에 대한 어떠한 암시도 찾을 수 없다. 이러한 사실과 고린도 인들에게 한 그의 말을 들어, 많은 학자들은 바울이 결혼하지 않았다고 결론짓는다. 그들은 또한 바울이 "하나님께 받은" 그의 "은사"에 대하여 언급한 것을 볼 때 그가 독신 상태에서 하나님의 소명을 받았다고 주장한다(고전 7:7).

하지만, 이상과 같은 것을 가지고 바울이 결혼하지 않았다는 것을 입증할 수는 없다. 그저 그가 사도로서의 선교 활동을 할 때 독신으로 수행한 것을 보여 줄 뿐이다. 오히려 그가 회심하기 전에는 결혼한 상태였음을 나타내 주는 다른 두 가지 단서가 있다. 그는 그리스도인을 박해한 자신에 대하여 말하면서 다음 사실을 언급하였다. "또 죽일 때에 내가 가편 투표를 하였고"(행 26:10). 이 사실은 그가 유대인 단체인 산헤드린 회의 일원이었음을 시사한다. 만일 바울이 이 회의 일원이었다면, 그가 결혼했을 가능성은 아주 크다.

유대의 법은 결혼한 사람이요 자녀를 가진 아버지인 사람만이 산헤드린 회의 회원이 될 수 있다고 못 박고 있다. 두 번째, 결혼 관계에 대한 그의 권면들을 볼 때(고전 7장), 그가 그의 개인적인 경험에서 그와 같이 결혼 생활에 대하여 알지 않았겠는가 사료된다.

그렇다면 어째서 그의 부인이나 자녀들에 대한 언급이 한 마디도 없을까? 필시 그는 회심 할 때 그들과 갈라섰을 것이다(고전 7:15). 그가 그리스도를 위하여 "모든 것을" 어떻게 "잃어버렸"는 지에 대하여 말할 때, 그 "모든 것" 가운데는 그의 가족, 친구, 모든 특권, 또 그가 가담하고 있던 조직들을 잃어버린 사실도 포함되었을 것이다(빌 3:8). 신약에서 바울이 그의 유일한 혈연인 생질과 함께 홀로였음이 확실하다(행 23:16).

성경의 이러한 내용들은 바울의 결혼 여부에 관한 의문을 해결하는 데 도움이 된다. 이 내용들은 바울이 회심하기 전에는 결혼한 상태였으나, 어떤 까닭이 있어 독신으로서 선교 활동을 하였다고 말한다.

바울은 비록 청년이었지만 스데반을 죽이는 데 있어서 보인 역할이 고려되어 산헤드린 회 일원으로 피택 되었을지도 모른다. 그러나 산헤드린 회 회원들은 결혼한 사람이어야 했다.

어떤 면에서 바울은 독특한 사람이었다. 이에 대한 하나님의 말씀은 우리에게 그가 그리스도를 위하여 겪은 개인적 고난이 작지 아니한 것을 보여준다.

여기서 때와 법을 고치고자 한다는 것은 복음의 변개, 곧 로마 카톨릭 교회의 수많은 비성경적 행습과 신조들을 대표하는 표현방식인 것이다. 적그리스도는 때와 법을 어떻게 변경시켰는가?

1) '때'를 변개시킴

'때' 라는 말은 유대 성력의 종교적 절기를 뜻한다. 그러면 그 절기는 무엇인가? 구약 레위기 23장을 보면 하나님께서는 자기 백성들에게 다음과 같은 일곱 절기를 지킬 것을 명령하셨다.

① 유월절(4~5절) ② 무교절(6~8절) ③ 초실절(9~14절) ④ 오순절(15~21절)

⑤ 나팔절(23~25절) ⑥ 속죄절(26~32절) ⑦ 초막절(33~43절)

이 일곱 절기들의 성력상의 날짜 및 내용은 다음과 같다.

첫째, 유월절은 유대 민족의 최대의 축제일로서 그들의 애굽 430년 노예 생활에서 구원된 것을 기념하는 축일이다(1월 14일).

둘째, 무교절은 유월절이 시작된 다음날부터 7일간 지켜지는데 이 기간 동안 누룩(죄를 상징함, 눅 12:1; 고전 5:6~8)이 들어 있지 않은 떡을 먹어야 했고 또한 누룩을 멀리해야 했다(1월 15일).

셋째, 초실절은 무교절이 시작된 다음날로서 봄에 심은 곡물의 첫 이삭 한 단을 하나님 앞에 가져와 바치는 절기이다(1월 16일).

넷째, 오순절은 초실절로부터 7주일째 되는 날로서 여름철 중간 수확을 하나님 앞에 가져와 드리는 절기이다(3월 6일).

다섯째, 나팔절은 오순절로부터 만 4개월 후, 가을의 최종 수확을 끝내고 추수한 곡식으로 하나님께 감사의 제사를 드리는 절기이다(7월 1일).

여섯째, 속죄절은 이스라엘 민족이 매년 1회씩 국가와 민족의 죄를 사함 받는 절기이다(7월 10일).

일곱째, 초막절은 속죄절 이후 5일째 되는 날부터 7일 동안 지켰는데, 이스라엘 민족이 애굽에서 나와 광야를 지나는 동안 장막을 치고 생활했던 때를 기념하는 절기로서 큰 기쁨의 '최종 축제일(closing festival)' 절기이다(7월 15일).

그런데 이 7대 절기들은 모두 예수님의 구속 사역의 주요 단계들에 대한 표상이요 예언이며 그림자였다.

> "율법은 장차 올 좋은 일의 그림자일 뿐이요 참 형상이 아니므로
> 해마다 늘 드리는 같은 제사로는 나아오는 자들을
> 언제나 온전하게 할 수 없느니라"(히 10:1).

> "그러므로 먹고 마시는 것과 절기나 초하루나 안식일을 이유로
> 누구든지 너희를 비판하지 못하게 하라
> 이것들은 장래 일의 그림자이나 몸은 그리스도의 것이니라"(골 2:16,17).

● 유월절- 예수님께서 유월절 어린양이 되셔서(출 12:1~10), 예언된 표상과 시간과(단 9:25~27; 출 12:2~6) 구체적인 사항까지(출 12:46) 성취시키시며 십자가에 돌아가심(마 27:45,46; 요 19:33~36).

● **무교절**- 죄 없으신 예수님의 몸이 장사지낸바 되어 무덤에서 안식하심
(눅 23:54~56).

● **초실절**- 구약성경에 예언된 대로 "안식일 이튿날"(레 23:11) 아침 처음 익
은 보릿단을 흔들어 제사함 같이 이레의 첫날 아침 부활의 "첫
열매"가 되신 그리스도께서 부활하심(고전 15:20).

● **오순절**- 정확히 이른비 성령이 임하심으로 교회가 탄생함(행 2:1~4).

● **나팔절**- 큰 나팔 소리와 함께 예수님이 재림하시어서(마 24:29~31; 살후 4:16~17;
고전 15:51,52) 교회를 추수하심(계 14:14~16).

● **속죄절**- 예수님의 재림으로 말미암은 속죄 언약의 완성.

● **초막절**- 주님의 재림 후에 실현될 천년 왕국(계 20:1~6).

이와 같이 이 모든 절기들은 인류의 구원을 위해 오실 예수님의 그림자요
예언이며 표상이었다. 구약 성도들은 이 예수님을 멀리서 바라보고 환영하
며 7대 절기들을 해마다 반복하여 지켰던 것이다.

그러므로 예수님의 초림 이후 신약의 성도들에게 요구되는 종교적 축일
은 더 이상 구약 절기가 아니라 그 모든 절기들의 참형상이요 실체로 오신
그리스도를 경배하고 섬기는 날이다. 즉 구주 예수님을 예배하고 기념하는
날이 곧 신약 성도들의 유일한 절기요 종교적 축일인 것이다(시 118:22-24). 실체

가 오셨으니 더 이상 그림자를 지킬 필요가 없는 것이다. 그리고 그 주된 날은 단연 예수 그리스도께서 죽은 자들 가운데서 부활하사 사망 권세를 멸하시고 우리의 구원을 완성하신 주의 날(일요일)이다.

따라서 만약 예수 그리스도 외의 다른 어떤 인물을 경배하고 기념하는 종교적 축일을 지킨다면, 이는 전혀 하나님이 요구하시지 않은 절기로서 명백히 '때'를 변개시키는 행위가 된다. 그것은 다른 절기요, 다른 예배요, 다른 복음이다. 왜냐하면 하나님이 자기 백성들에게 지키도록 명하신 그 7대 절기들 가운데는 예수님 외의 다른 어떤 인물이 차지하는 예표적 지위란 전혀 없기 때문이다. 즉 하나님은 예수님 외에는 그 어떤 인물도 하나님 백성들의 종교적 축일로서 기념되도록 요구하시지 않은 것이다.

그렇기에 만일 예수 그리스도가 아닌 다른 어떤 인물을 종교적 축일로서 기념하고 경배한다면, 이는 명백히 '때'를 변개시키는 행위가 된다. 그런데 '작은 뿔'로 표상된 로마 교회가 바로 그와 같은 배교 행위를 했다. 그들이 어떻게 '때'를 변개하였는가?

A. D. 312년 로마 제국의 황제로 즉위한 콘스탄틴은, 만일 자기 국민들이 단일 종교를 갖는다면 제국을 하나로 결속시키는 데 도움이 될 것이며 결국 방대한 제국을 다스리기가 더 쉬워지리라는 정치적 계산 아래, 그리스도인들에 대한 모든 핍박을 중단하고 기독교를 로마 제국의 국교로 공인하였다. 그리고 자기 자신도 그리스도인이라고 고백을 했다.

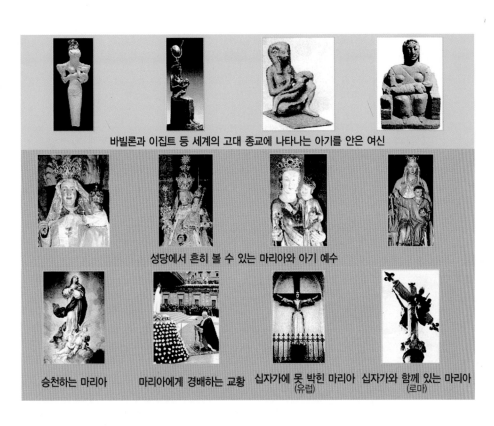

바빌론과 이집트 등 세계의 고대 종교에 나타나는 아기를 안은 여신

성당에서 흔히 볼 수 있는 마리아와 아기 예수

승천하는 마리아　　마리아에게 경배하는 교황　십자가에 못 박힌 마리아 십자가와 함께 있는 마리아
　　　　　　　　　　　　　　　　　　　　　　(유럽)　　　　　　(로마)

　　그러자 그의 형식적 개종과 -그는 죽기 바로 직전에야 세례를 받았다고
하나 죽은 시체에다 세례를 베풀었다는 설도 있음- 기독교에 대한 새로운
정책으로 인해 그리스도인이 되는 것은 대단히 명예롭고 인기 있는 일이 되
어, 우상을 섬기는 수많은 사람들이 구원을 받지도 않은 채 우상을 좇는 마
음을 여전히 갖고서 그대로 하나님의 성전, 곧 교회 안으로 들어왔다.

　　그런데 그들은 특히 고대 바벨론에서부터 전해져 내려온 여신(女神)을 숭배
하는 관습이 있었는데, 이 여신 숭배에 대한 집착은 너무 강하여 여신 숭배
를 버릴 마음이 없었다. 그리하여 여신 숭배의 한 변형으로서 마리아를 경
배하기 시작했던 바, 로마 교회는 이 이교주의의 관습을 적극 허용하여 마

리아를 이교주의의 여신과 비슷하게 만들고 신(神)의 수준으로 높이는 일을
꾸준히 시도해 왔다.

그 결과 마리아를 추앙하고 기념하는 종교적 절기들을 적지 않게 제정했
는데, 전 세계의 로마 교회는 이때마다 축일미사를 특별히 거행하며, 하나
님이 재가 하신 일이 없는 이 비성경적 절기들을 철저히 지키고 있다. 로마
교회가 마리아를 기념하는 축일들은 다음과 같다.

▲마리아 우상 앞에 무릎을 꿇고 기도하고 있는 교황 베네딕토 16세

① 천주의 모친 성 마리아 대축일(1월 1일)

431년 에베소 공의회에서 선포한 마리아에게 부여된 "하나님의 어머니"라는 칭호를 기념하는 축일.

(마리아가 "하나님의 어머니"라면, 마리아의 언니는 "하나님의 이모"가 된다).

② 주의 봉헌 축일(2월 2일)

마리아가 예수 성탄 후 40일 만에 아기 예수를 예루살렘 성전에서 바친 것을 기념하는 절기.

③ 루르드의 성모 기념 축일(2월 11일)

프랑스의 루르드라는 산간 마을에 1858년 2월 11일 이후 마리아가 여러 차례 발현했다면서, 그 첫 번째 발현일이라는 2월 11일을 기념하는 절기.

(죽은 자는 베드로든 바울이든 마리아든 그 누구도 세상에 나타날 수 없다)

④ 성모 영보 대축일(3월 25일)

천사가 마리아에게 "하나님의 어머니"가 될 것을 예고하였을 때, 마리아가 이것을 기꺼이 받은 날이라면서 기념하는 축일.

⑤ 성모의 성녀 엘리사벳 방문 축일(5월 31일)

마리아가 그 친척 엘리사벳을 방문한 날을 기념하는 축일.

⑥ 가르멘 산의 동정 성 마리아 기념 축일(7월 16일)

1251년 7월 16일 마리아가 가르멜 수도회 수도자 시몬 스톡에게 발현한 날이라면서 기념하는 절기.

⑦ 성모 대성전 축성 기념 축일(8월 5일)

리베리오 교황의 통치 시대(352~366)에 재산을 성모께 바치기로 결심한 요한이라는 귀족 부부가 그 방법을 알려 달라고 성모께 기도하였더니, 8월 5일 성모가 꿈에 나타나 "로마 에스뀔리노 언덕에 성당을 세워라 그 곳에 흰 눈이 덮여 있으니 곧 알리라"고 계시해 주었는데, 과연 그 언덕에 찾아 가보니 때가 여름인데도 백설이 덮여 있었고, 그 보고를 들은 교황이 그 곳에 성당을 짓고 마리아에게 바치는 축성식을 거행했다는 전설에 의거, 마리아가 발현하여 성당 건축을 명했다는 그 8월 5일을 기념하는 축일.

⑧ 성모 승천 대축일(8월 15일)

마리아의 시체가 썩지 않고 승천했다는 날이라면서 기념하는 대절기.

⑨ 여왕이신 동정 성 마리아 기념 축일(8월 22일)

교회가 마리아를 최대의 영광의 자리에 올려놓고 "여왕" 또는 "천상의 모황"(하늘의 황후)이라는 칭호를 드린 날을 기념하는 절기.

◀우주의 중심에 앉아 하늘의 여왕으로 영광을 받는 마리아 성부와 성자는 그녀의 들러리로 묘사되었다.

⑩ 성모 성탄 축일(9월 8일)

"인류 구원의 공속자(公贖者)이신 마리아의 탄신일"이라면서 지키는 절기.

⑪ 성모 통고 기념 축일(9월 15일)

예수의 모친 마리아가 인류 구원의 공속자로서 일생 동안 많은 고통과 슬픔을 겪었음을 기념하는 절기.

⑫ 성모 자헌 축일(11월 21일)

어린 마리아가 3살 때에 자발적으로 종신 동정을 하나님께 약속하며 자기의 영육을 하나님께 바친 날이라면서 기념하는 절기.

⑬ 성모 무원죄 잉태 대축일(12월 8일)

마리아가 원죄 없이 태어났다며 마리아의 무원죄 잉태(성모 무염시태설)를 기념하는 대절기.

이와 같이 거의 매달마다 있는 로마 교회의 마리아 기념 축일들은 마리아에 대한 신심을 효과적으로 장려하기 위해, 마리아를 신의 수준으로 높이려는 의도에서, 무오류하신 교황이 만들어 낸 오류투성이의 발명품들이다. 이같은 소행은 누구보다 마리아 자신이 몸 둘 바를 모르고 경악할 일로서 하나님의 진노를 쌓는 명백한 배교 행위다.

하나님이 자기 백성들에게 지키도록 명하신 7대 절기의 예표와 표상 가운데 마리아가 차지하고 있는 위치란 전혀 없다. 그 모든 것들은 다만 예수 그리스도의 그림자일 뿐이다. 따라서 신약의 성도들에게 요구되는 종교적 축일은 오직 그 실체로 오신 그리스도를 경배하는 날 뿐이어야 하는 것이다. 하나님은 예수 그리스도 한 분 외에는 그 어떤 인물도 종교적 축일로서 기념하도록 허락하시지 않는다.

"나는 여호와이니 이는 내 이름이라 나는 내 영광을 다른 자에게, 내 찬송을 우상에게 주지 아니하리라"(사 42:8).

그러나 로마 교회는 바벨론 여신 숭배 사상의 한 변형으로서 도입된 그 마리아 숭배를 충실히 하기 위해, 수많은 마리아 기념 축일들을 교권으로 제도화하여 전 교회의 종교적 축일로 지키게 하였다. 이는 하나님이 자기 백성들에게 요구하지 않으신 다른 축일이요, 다른 제사요, 다른 복음인 것이다. 그리하여 로마 교회는 착오 없이 '때'(festival times)를 변개시켰다.

"마리아가 세상을 이처럼 사랑하사 그녀의 독생자를 주셨으니
이는 누구든지 그 분을 믿는 자는 멸망치 아니하고
영원한 생명을 얻게 하려 하심이라."(레지오 마리애〈Legio Mariae〉: 마리아의 군대)

"하나님이 세상을 이처럼 사랑하사 독생자를 주셨으니
이는 그를 믿는 자마다 멸망하지 않고 영생을 얻게 하려 하심이라"(요 3:16).

▲성당 제단 앞으로 운반되고 있는 마리아 우상
하나님의 법궤처럼 어깨에 메어 운반하고 있다.

▶ "오 마리아시여, 성부, 성자, 성령의 삼위께서 당신에게 한 이름을 주셨으니… 곧 모든 이름 위에 뛰어난 이름이며, 하늘에 있는 것들과 땅 위에 있는 것들과 땅 아래 있는 것들로, 모든 무릎을 당신의 이름 앞에 꿇게 하실 이름이니이다."

-마리아의 영광(Alphonse de Liguory), p.260-

그러나 성경은 무엇을 말하는가?

빌 2:9~11 이러므로 하나님이 그를 지극히 높여 모든 이름 위에 뛰어난 이름을 주사 하늘에 있는 자들과 땅에 있는 자들과 땅 아래에 있는 자들로 모든 무릎을 예수의 이름에 꿇게 하시고 모든 입으로 예수 그리스도를 주라 시인하여 하나님 아버지께 영광을 돌리게 하셨느니라.

▶ "우리의 구원은 마리아의 손에 달려 있습니다. …마리아에 의해 보호받는 자가 구원을 받게 될 것이며, 보호를 받지 못하는 자가 구원을 잃게 될 것입니다."

-마리아의 영광, p.169~170-

그러나 성경은 무엇을 말하는가?

요 10:27 내 양은 내 음성을 들으며 나는 그들을 알며 그들은 나를 따르느니라.

요 10:28　내가 그들에게 영생을 주노니 영원히 멸망하지
아니할 것이요 또 그들을 내 손에서 빼앗을 자가 없느니라.

요 10:29　그들을 주신 내 아버지는 만물보다 크시매
아무도 아버지 손에서 빼앗을 수 없느니라.

▶ "하늘에 계신 성모 마리아여! 우리에게 한 분의 변호인(one advocate)이
계시오니 그 분이 바로 당신이니이다."
-마리아의 영광, p.168-

그러나 성경은 무엇을 말하는가?

딤전 2:5　하나님은 한 분이시요 또 하나님과 사람 사이에
중보자도 한 분이시니 곧 사람이신 그리스도 예수라.

요일 2:1　나의 자녀들아 내가 이것을 너희에게 씀은
너희로 죄를 범하지 않게 하려 함이라 만일 누가 죄를 범하여도
아버지 앞에서 우리에게 대언자가 있으니 곧 의로우신 예수 그리스도시라.

▶ "마리아를 공경하지 않는 자는 구원을 받지 못할 것입니다."
-마리아의 영광, p.215-

그러나 성경은 무엇을 말하는가?

요 10:1　내가 진실로 진실로 너희에게 이르노니 문을 통하여
양의 우리에 들어가지 아니하고 다른 데로 넘어가는 자는 절도며 강도요

요 10:7　그러므로 예수께서 다시 이르시되 내가 진실로 진실로
너희에게 말하노니 나는 양의 문이라.

요 10:9 내가 문이니 누구든지 나로 말미암아 들어가면
구원을 받고 또는 들어가며 나오며 꼴을 얻으리라.

▶ "동정녀 마리아의 몸은 천상영광으로 승천하셨다."

-교황 교령 1950년 11월 1일-

그러나 성경은 무엇을 말하는가?

요 3:13 하늘에서 내려온 자 곧 인자 외에는
하늘에 올라간 자가 없느니라.

▲지극한 마리아 피닉스 숭배
"손잡이가 있는 이동식 마리아 우상이 성당 제단 앞에 모셔져 있다.

로마 교회는 하나님께 돌아가야 마땅한 영광을 다른 것들에게 준다. 이것이 바로 우상 숭배이다. 종교적인 경배는 오직 하나님께만 합당하다. 그리스도께서 "주 너의 하나님께 경배하고 다만 그를 섬기라"(마 4:10)고 말씀하셨을 때, 피조물에게는 그 어떤 종류의 신적인 경배도 바칠 수 없다는 것을 의미하셨다.

우리가 아는 것처럼 마귀는 그리스도로 하여금 자기 발아래 꿇어 엎드리도록 만들고 싶었다. 하지만 예수께서는 "주 너의 하나님께 경배하고 다만 그를 섬기라"고 대답하셨다. 다시 말해서 경배하는 마음으로 꿇어 엎드릴 분은 오직 하나님 한 분이라고 말씀하신 것이다.

그런데 로마 교회는 마리아를 그렇게 경배한다. 더욱이 마리아의 형상까지 도처에 세워놓고서 말이다. 따라서 그들은 명백히 우상 숭배라는 죄를 범하고 있다. 리차드 십스(Richard sibbes)는 이러한 로마 교회의 행습은 이교도들보다 더 악한 행동이라고 지적한다:

"교황주의자들은 우상숭배에 관하여 미리 경고하심을 받았고 지금도 아주 풍성한 진리의 빛 가운데 거하고 있는 사람들이다. 그럼에도 불구하고 계속 고집을 부리며 우상 숭배자로 남아 있고, 거짓된 경배를 포기하지 않고 억지 주장을 펴는 것은 이교도보다 더 사악한 행동이다. 왜냐하면 이교도들은 그런 진리의 빛을 받지 않았고 그런 경고도 미리 받은 적이 없는 가운데서 우상을 숭배했기 때문이다."

(리차드 십스, 「돌아오는 배역자」, 이태복 역, 서울: 지평서원, 2001, p.432)

이러한 개혁교회의 지적에도 불구하고 로마 교회는 회개와 변화가 전혀 없다. 오히려 마리아 숭배를 넘어, 마리아의 성4위(聖四位) 신격화를 논의한다. 로마 교회의 신을 성삼위 하나님의 위격에 성모 마리아를 추가하여 마리아를 당당한 여신(女神)으로서 예배하겠다는 뜻이다.

여기에는 전세계에서 카톨릭 교회의 수십 명의 추기경과 수백 명의 주교, 그리고 수백만 명의 신도들이 '청원'이란 이름으로 끊임없이 교황청에 청원서를 내고 있다(1997년 8월 25일 「뉴스위크」(News Week)지 기사).

2000년 12월 23일자 「뉴욕 타임즈」(Newyork Times)는 성모 마리아가 성부, 성자, 성령의 삼위일체에 더하여 성사위일체에 포함되어야 한다는 청원에, 148개국에서 600만 명이 서명하였으며 550명의 주교와 42명의 추기경의 서명을 받았다는 기사를 게재했다.

하나님을 성부, 성모, 성자, 성령의 사위일체 신으로 만드려고 한다. 실로 배교의 절정을 향해 달려가고 있는 천주교이다.

마틴 로이드 존스(D. Martyn Lloyd Jones)는 로마 교회의 증가하는 마리아 숭배 행위를 터무니 없는 궤변이라고 아래와 같이 비판했다.

"이 부분은 우리를 가장 경악스럽게 하는 터무니없는 궤변(詭辯) 중의 하나이다. 로마 카톨릭주의의 마리아 숭배가 놀라울 정도로 급격히 증가하고 있다. 카톨릭에서 마리아는 '하늘의 여왕'으로 일컬어지며, 그녀는 우리가 일차적으로 찾아가야 할 대상이 되고 있다. 많은 성당들 가운데서 성모(聖母) 마리아 상(像)이 예수 그리스도 앞에 자리하고 있는 모습을 볼 수 있듯이, 예수 그리스도는 마리아에 의해 가려져 뒷전으로 밀려나고 있다.

왜 그렇게 되었을까? 여기에 대해 그들은 이렇게 답변한다. '인간적인 모습을 지닌 성모 마리아가 예수 그리스도보다도 훨씬 사랑스럽고 부드럽게 다가오며, 예수 그리스도는 위대하고 강력하며 권위 있으신 반면 너무 엄격하십니다.'—이것이 그들의 가르침이며, 마리아 숭배에 대한 설명의 전부이다— 예수 그리스도는 너무도 엄격하기에 우리는 그에게 직접적으로 다가갈 수가 없다. 하지만 다행히도 성모 마리아가 거기에 함께 계시는데 그녀는 사랑이 넘치며, 더욱이 그녀는 예수님의 어머니가 되시기 때문에 예수님께 영향을 주실 수 있는 분이시다. 그래서 우리는 우리를 대신해서 중보(仲保)해 주시도록 성모 마리아에게 기도를 드린다는 것이다. 성모 마리아는 바로 우리 영혼의 구주이신 하나님의 아드님과 우리 사이에 위치하고 있다.

로마 카톨릭은 점증적으로 마리아의 권능에 뭔가를 '첨가'해 왔다. 카톨릭 교회는 1854년에 마리아의 '무염시태설(無染始胎說)'을 교리로 가르치기 시작했다. 마리아의 무염시태설이란 예수 그리스도께서 죄 없이 태어나셨듯이, 성모 마리아도 또한 그렇게 태어나셨다는 것이다. 최근에는 '마리아의 몽소승천(蒙召昇天)'의 교리를 발표했는데, 그 의미는 마리아가 여타의 일반인들과는 달리 결코 죽지 않았고 묻히지도 않았으며, 그녀의 아드님처럼 문자 그대로 하늘로 승천하셨다는 것이다. 이 같은 가르침은 여러분도 알다시피 성모 마리아의 이미지를 세워주며, 그녀를 두드러지게 부각시킴으로 그리스도 자신은 아예 시야에서 가려지게 만들고 있다."

(마틴 로이드 존스, 「로마 카톨릭주의」, 안티오크, 1994, p.30~31).

로마 카톨릭은 복음을 현저히 변개시켰다. 이런 교회를 배교 교회라고 규정하는 것은 지나친 것인가? 결코 그렇지 않다. 이와 같은 교회를 배교 집단이라고 말할 수 없다면 대체 무엇이 배교란 말인가? 로마 카톨릭 교회는 온갖 거짓말로 예수님보다 마리아에게 더 높은 지위를 부여하고 있는 엄연한 배교 교회이다. 로이스 토마슨 박사는 그것을 입증해 주는 증거 한 가지를 바티칸에서 목격한 후 다음과 같이 썼다:

"바티칸을 다녀온 사람이면 누구에게라도 물어 보십시오. 나는 거기서 구역질나는 인상을 받았습니다. 유리 상자 속에 보석이 박힌 순금의 면류관이 두개가 있었습니다. 천불은 족히 될 것 같았습니다. 하나는 사람의 머리 위에 올려놓기에 충분한 크기의 것이었고 또 하나는 좀 적고 그보다는 덜 귀한 것 같았습니다. 큰 것은 마리아에게 드리는 것이고 적은 것은 예수께 드리는 것이었습니다. 로마 카톨릭 교회가 마리아에게 더 높은 지위를 주는 확실한 증거가 되는 것입니다."

(J. 로이스 토마슨 지음, 「계시의 책」, 보이스사, p.223)

로마교가 마리아를 신격화하기 위해 만들어 낸 5대 거짓말

① 마리아는 평생 처녀이었다(마리아 종신 처녀설).
② 마리아는 하나님의 어머니이다(마리아 모성).
③ 마리아는 원죄에 물들지 않고 태어났다(마리아 무죄 잉태설).
④ 마리아는 죄 없는 삶을 살았다(마리아 평생 무죄설).
⑤ 마리아는 죽은 후 시체가 썩지 않고 승천하였다(마리아 승천설).

▲로마교의 여신도 조직인 레지오 마리애(Legio Mariae)의 휘장
여자가 뱀의 머리를 밟고 있다. 마리아를 신의 수준으로 높이려는 의식의 반
영이다.

성경은 하나님이 모든 무릎을 예수의 이름에 꿇게 하셨다고 선언한다(빌 2:10).
마리아는 아니다.

TO JESUS THROUGH MARY

"마리아를 통해 예수께" (미국 워싱턴 DC 마리아 무염시태 성당)

2) '법'을 변개시킴

'법'이란 말은 하나님의 율법(law of God)을 뜻한다. 그러면 로마 교회가 하나님의 율법을 어떻게 변개하였는가? 그들은 하나님께서 친히 돌비에 쓰신 십계명(출 31:18)을 변경하였다. 먼저 하나님께서 원래 주신 출애굽기 20:3~17에 있는 십계명을 주의해 보라.

- 하나님의 율법 -

1. 너는 나 외에는 다른 신들을 네게 있게 말지니라.

2. 너를 위하여 새긴 우상을 만들지 말고
또 위로 하늘에 있는 것이나 아래로 땅에 있는 것이나
땅 아래 물속에 있는 것의 아무 형상이든지
만들지 말며 그것들에게 절하지 말며 그것들을 섬기지 말라

3. 너는 너의 하나님 여호와의 이름을 망령되이 일컫지 말라.

4. 안식일을 기억하여 거룩히 지키라.

5. 네 부모를 공경하라.
그리하면 너의 하나님 나 여호와가 네게 준 땅에서 네 생명이 길리라.

6. 살인하지 말지니라.

7. 간음하지 말지니라.

8. 도적질하지 말지니라.

9. 네 이웃에 대하여 거짓 증거 하지 말지니라.

10. 네 이웃의 집을 탐내지 말지니라.

- 출애굽기 20:3~17 -

그리고 로마 천주교 교리문답서 -이것은 카톨릭 교회의 바로 그 기초이다- 의 십계명을 주의해 보라. 둘째 계명, 즉 우상 숭배를 금지하는 계명이 삭제되어 있고, 마지막 계명을 둘로 나누어 다시 열 개를 만들었다.

- 사람에 의해서 변경된 하나님의 율법 -

1. 하나이신 천주를 흠숭하라.
2. 천주의 이름을 헛되이 부르지 말라.
3. 주일을 거룩히 지키라.
4. 부모에게 효도하라.
5. 사람을 죽이지 말라.
6. 간음하지 말라.
7. 도둑질을 하지 말라.
8. 거짓 증언을 하지 말라.
9. 남의 아내를 탐내지 말라.
10. 남의 재물을 탐내지 말라.

일반 천주교 교리문답 (박도식, 「카톨릭 교리 사전」, 카톨릭 출판사, p.119)

로마 교회는 각종 성상들을 만들어 그것들에 입맞추고, 기도하고, 절하는 일이 지나쳐, 오히려 우상을 섬기지 않는 회교도들로부터 우상숭배자라고 조롱을 받은 일도 있다. 그러나 천주교는 여전히 성상을 숭배한다. 이러한 그들이 둘째 계명을 달가워할 리 없고, 첫째 계명에 포함되었다는 애매한 이유를 붙여 삭제해 버린 것이다.

"내 언약을 깨뜨리지 아니하고,
내 입술에서 낸 것은 변하지 아니하리로다." (시 89:34)

명백히 원수가 이것을 행했다!

▲제2계명을 제거한 로마 교회

십 계 명 〈출 20:1~17 / 신 5:7~21〉	천주교 십계명
1. 내 앞에서 다른 신을 모시지 못한다.	1. 하나의 신 천주를 흠숭하라.
2. 우상을 섬기지 못한다.	
3. 너의 하느님 야훼 이름을 함부로 부르지 말라.	2. 천주의 이름을 헛되이 부르지 말라.
4. 안식일을 기억하여 거룩하게 지켜라.	3. 주일을 거룩하게 지내라.
5. 너희는 부모를 공경하라.	4. 부모에게 효도하라.
6. 살인하지 말라.	5. 사람을 죽이지 말라.
7. 간음하지 말라.	6. 간음하지 말라.
8. 도둑질 하지 말라.	7. 도둑질을 하지 말라.
9. 네 이웃에게 불리한 거짓증언을 하지 말라.	8. 거짓증언을 하지 말라.
	9. 남의 아내를 탐내지 말라.
10. 네 이웃의 아내나 소유는 무엇이든지 탐내지 말라.	10. 남의 재물을 탐내지 말라.

▲천주교 10계명은 박도식 신부가 집필한 "카톨릭 교리 사전"(카톨릭 출판사) 119쪽에서 발췌했음. 성상숭배, 초상숭배, 유골숭배 등이 제2계명이 금하는 비성경적 행습이라는 사실을 감추기 위해 제2계명을 제거했다. 그리고 하나 모자라는 계명은 열 번째 계명을 두 개로 늘려서 채웠다.

로마 교회는 예배의 대상으로 성상, 화상, 유골, 후광 등을 숭배하며, 또한 십자가 숭배 및 유품 의뢰가 대단한 효과를 나타낸다고 주장한다. 마틴 로이드 존스(D. Martyn Lloyd Jones)는 로마 카톨릭의 그와 같은 우상숭배 악습에 대해 다음과 같이 지적하였다:

"성경에서 우상숭배(偶像崇拜)만큼 신랄하게 정죄 받는 행위도 없다. 우리는 결코 '조각한 형상'을 만들어서는 안 된다. 그럼에도 로마 카톨릭은 형상(形象)들로 가득 차 있다. 카톨릭은 신도들에게 형상들을 숭배하도록 가르치고 있으며, 그들은 동상들과 조형물들과 초상화들을 숭배한다. 여러분이 거대한 천주교 성당에 가보게 되면, 많은 사람들이 그렇게 하고 있는 것을 목격하게 된다. 로마에 있는 성 베드로 성당에 가보라. 거기에 사도(使徒) 베드로를 기념하는 동상(銅像)이 있는데, 그 동상의 발가락 부분을 보면, 그 부분이 많이 닳아져 있는 것을 발견하게 될 것이다. 왜? 로마 카톨릭의 그릇된 가르침에 희생된 수많은 가련한 희생자들이 그 발가락에 입을 맞추기 때문이다! 그들은 경외심을 가지고 절하면서, 형상들과, 동상들과 유물들을 숭배한다. 그들은 자신들이 어떤 성인의 유물들과, 뼈 조각들과, 그가 사용했던 물건을 가지고 있다고 주장하면서, 그것을 어떤 특별한 장소에 안치하여, 그것을 숭배하며 그 앞에 절을 한다. 이 정도는 그들이 행하는 우상숭배의 극히 일부에 지나지 않는다."

(마틴 로이드 존스, 「로마 카톨릭주의」, 안티오크, 1994, p.22~23)

존스 박사의 지적처럼 베드로의 청동 조각상(사진)은 교황을 포함하여 숭배자들의 입맞춤과 문지름으로 인해 닳아져 있고 반짝반짝 윤이 난다. 이 청동상의 숭배를 도입한 최초의 사람은 추기경 바로니우스(Baronius-1607)였다. 이 칭찬할 만한(?) 관습을 많은 사람이 따라해 결국 청동상의 발가락 부분이 닳고 닳아 완전히 마모가 되어 마침내 형체가 없어지기에 이르렀다.

이것은 기독교가 이교도화 된 것이다. 따라서 로마 교회는 일찍이 그들의 교회 안에 들어와 있는 그 비기독교적 이방 종교의 관습들을 합리화하기 위해 우상 숭배를 금지하는(만들지도, 절하지도, 섬기지도) 제2계명을 제거해 버린 것이다. 그리고 모자라는 한 계명을 채우려고 마지막 계명을 인위적으로 둘로 나누었다. 로마 교회의 이와 같은 몰염치한 소행은 신명기 4:2 말씀을 정면으로 거역한 것이다.

"내가 너희에게 명령하는 말을 너희는 가감하지 말고
내가 너희에게 내리는 너희 하나님 여호와의 명령을 지키라"(신 4:2).

▲베드로 상의 오른쪽 발 부분이 숭배자들의 입맞춤으로 닳아져서 납작하다.

▲베드로 동상의 발 만지기

그러나 로마 교회는 제2계명을 고의로 제거해 버리고 마지막 계명을 두 가지로 늘려 놓았다. 그들은 참월하게도 하나님의 법을 변개시킨 것이다. 실로 그들은 예수님께서 말씀하신바 "불법을 행하는 자들"(마 7:15-23)이 아닐 수 없다. 사도 바울이 불법을 행하는 교황권의 직을 대표하는 인물을 "불법의 사람"(살후 2:3)이라고 표현한 것은 아주 정당하다.

이같이 하여 교황권은 '때와 법(times and law)' 을 오차 없이 모두 변개시켰다. 교황권은 쉽게 '작은 뿔' 의 일곱 번째 특성에도 잘 들어맞는다. 이제 '작은 뿔' 의 마지막 특성을 살펴보자. 이것은 교황권이 '작은 뿔' 이라는 데에 확고히 못을 박아버린다.

▲가마 타고 행차하는 교황

---

* '때와 법(times and law)' 은 의미가 확대되어 "하나님께서 제정하신 인간의 생애와 활동의 근본 원리 및 규례"로 해석될 수도 있다. 실례로 러시아 혁명 시 한 주간을 7일이 아닌 10일로 바꾸었고 사유 재산권을 박탈했는데, 그것은 하나님께서 재가하신 것에 반(反)하는 것으로서 '때와 법' 을 변개시키는 행위로 간주될 수 있다.

* 교황권은 자신들에게 하나님의 법을 변경하거나 삭제할 수 있는 권한이 있다고 믿는 신학적 배경을 카톨릭 백과사전에 다음과 같이 기록하여 두었다. "베드로와 그의 후계자(주: 교황을 뜻함)들은 교훈이나 금지에 관한 율법을 부과할 수 있는 권세를 가졌음과 아울러, 이러한 율법들로부터 면제해 주는 권세도 있고, 필요하다면 폐지시키는 권세도 있다... 이러한 사법상의 권한은 심지어 죄까지라도 용서할 수 있는 권세를 포함하고 있다."
(Pope, The Catholic Encyclopedia, vol. XII, 265, col. 2.)

8. 그것은 '한 때, 두 때, 반 때' 의 기간에 특별한 권세를 누린다 (25절)

**"성도는 그의 손에 붙인 바 되어
한 때와 두 때와 반 때를 지내리라"(단 7:25) .**

여기서 '한 때와 두 때와 반 때' 라고 하는 것은 어떠한 특정한 기간을 가리키는데, 다니엘 7:25에 의하면 '작은 뿔' 의 세력에 의하여 성도들이 괴로움을 당하는 특정 기간을 말하고 있다. 따라서 누가 '작은 뿔' 인지를 확정하는 것은 이 구절을 엄밀히 검토하고 어떻게 적절히 이해하는가에 달려 있다. 그러나 오늘날 이 기간의 실제적인 의미를 바로 이해하는 사람은 아주 드물다.

여기 다니엘 7:25의 '때' 라는 말은 아람어로 '잇단' (עִדָּן)인데(구약 성경 중 다니엘 2:4~7:28까지는 아람어로 기록되어 있음), '년(year)' 을 뜻하는 말이다. 그래서 만약 '때' 가 1년이라면 두 때는 2년이며, 반 때는 반년이다. 그런데 유대 달력에서 1년은 12달이고, 한 달은 30일이므로 그 공식은 다음과 같이 될 것이다.

한 때 = 1년 = 360일
두 때 = 2년 = 720일
반 때 = 1/2년 = 180일
─────────────
계 **1,260**일

그런데 민수기 13:34과 에스겔 4:6은 하루는 1년이라는 원리를 충분히 낳게 한다.

민 14:34 "… 사십 일의 하루를 일 년으로 쳐서 그 사십 년간…"
겔 4:6 "… 내가 네게 사십 일로 정하였나니 하루가 일 년이니라."

우리의 연대적 예언은 이 원리를 사용할 때 정확하게 들어맞는다. 성경 예언에 나타난 역사적 기간은 1일이 1년으로 계산되므로 1260일은 1260년이다.

즉 하나님의 백성들이 '작은 뿔'의 세력에 붙인 바 되어 괴로움을 당하는 기간이 1260년이 될 것이라는 예언인 것이다. 그러면 이 기간은 언제 시작되어서 언제 마치게 되는 것인가? 먼저 우측 도표를 보라. 이 기간의 적용 및 성취에 대해 일곱 가지 산출 방식이 있다.

이상 일곱 가지 시간계산 방법 중에서 가장 극적인 성취를 지니고 있는 것은 다섯 번째이다. 그러므로 다섯 번째에 제시된 시간 산출 방식을 취하는 것이 타당하다. 성도들이 '작은 뿔'의 세력에 붙인 바 되어 괴로움을 당하는 기간은 A.D. 538년에 시작되어 1260년간 지속될 것이었다.

앞서 자세히 살펴보았듯이 로마 교황의 지상권(Papal Supremacy)은 마지막 반로마 교회의 세력인 동고트족이 격퇴된 A.D. 538년에 확립되었다. 로마 교황이 종교계뿐만 아니라 세속적으로도 아무 장애 없이 지상권을 행사하기 시작할 수 있었던 것은, 마지막 반로마 교회의 세력이었던 동고트가 이탈리아에서 멸망했던 A.D. 538년 이었다. 그 때부터 전 세계적 권력자로서 아무 방해 없이 교황권의 통치가 시작되었던 것이다.

⊙ 시간계산 1

254 A.D. ➡ 스테판 교황이 로마의 대주교가 되자마자 교황권이 다른 모든 교회 위에
　　+　　　 절대적인 머리가 됨.
　1260
1514 A.D. ➡ 로마에서의 제5차 라테란 종교회의에서 모든 반대자들은
　　　　　　 종말을 맞이할 것이라고 주장함. 《더 이상 아무도 반대할 수 없다.》

⊙ 시간계산 2

431 A.D. ➡ 에베소에서의 교황 종교회의에서 마리아를 〈하나님의 어머니〉라고 선언함.
　　+
　1260
1691 A.D. ➡ 리메릭(Limerick)조약으로 영국 개신교 지위가 확립되고
　　　　　　 아일랜드에서 교황의 세력을 꺾음.

⊙ 시간계산 3

529 A.D. ➡ 유스티니아누스 법전에서 교황의 최고 권한을 공고히 함.
　　+
　1260
1789 A.D. ➡ 프랑스 혁명. 〈로마교회의 장녀〉라고 불리운 프랑스가
　　　　　　 혁명의 소용돌이 속으로 휘말림.

⊙ 시간계산 4

533 A.D. ➡ 로마교황의 교서 : 교황을 〈모든 교회의 머리〉로 인식함.
　　+
　1260
1793 A.D. ➡ 프랑스의 공포정치 : 로마교 성당들이 불에 타고 수많은 신부, 수도사, 수녀들이 살해됨.

⊙ 시간계산 5

538 A.D. ➡ 마지막 반로마 교회의 세력인 동고트족이 멸망함으로
　　+　　　 교황권의 아무 장애 없는 세계적 세속권이 수립됨.
　1260
1798 A.D. ➡ 로마교황 비오 6세가 베르띠에(Alexander Berthier) 장군에 의해 사로잡혀
　　　　　　 프랑스의 발렌스 감옥에 수감됨으로 교황의 세속적 권력에 종지부가 찍힘.

⊙ 시간계산 6

606 A.D. ➡ 포카스(Phocas) 황제의 칙령으로 교황은 〈범우주적인 사제〉가 됨.
　　+
　1260
1866 A.D. ➡ 교황의 교령에 의해 이탈리아 바를레타(Barletta)에서 마지막 두 사람의 개신교인이
　　　　　　 산 채로 불에 태워짐. 개신교적인 프러시아가 카톨릭 국가인 오스트리아를 패배시킴.
　　　　　　 스페인은 제수이트를 추방함.

⊙ 시간계산 7

610 A.D. ➡ 교황의 후원자인 포카스(Phocas) 황제의 죽음.
　　+
　1260
1870 A.D. ➡ 보불전쟁 시 프랑스가 로마에서 철수하자 이탈리아가 로마에 군대를 진군시켜
　　　　　　 교황의 저항을 제압하고 로마를 이탈리아의 수도로 지명함.
　　　　　　 로마시는 통일 이탈리아 왕국의 수중에 들어가 합병 흡수됨.
　　　　　　 교황은 자신의 세속적인 권력을 빼앗기고 자신을 〈바티칸에 감금된 자〉로 선언함.

▲교황 레오 3세가 신성로마제국 황제 샤를마뉴에게 왕관을 씌어주고 있다.(AD 800년 12월 25일)

▲유럽의 황제들은 로마 교황에 의해 왕관을 쓸 수 있는 권리를 가졌다.

그 아무런 거리낌이 없는 로마 교황의 통치는 A.D. 538년에 시작되어 정확하게 1260년간 계속되었는데, 538년에 1260을 더하면 1798년이 된다. 1798년에 어떤 일이 일어났는가?

프랑스 혁명 발발 5년 후인 1798년 2월 15일, 나폴레옹의 부하 베르띠에 (Berthier) 장군이 로마 교회 자체를 파멸시키려는 분명한 의도를 가지고 있는 프랑스 군사 정부의 훈령을 받고서 로마로 들어갔다.

그리고 성 시스티나(Sistina) 사원에서 자신의 대관 기념식을 거행하고 있던 교황 비오 6세(pius VI)를 체포하여 프랑스의 감옥으로 유배시켜 버렸다.

바로 이 때 교황의 절정에 달했던 영화와 권세와 통치는 일단락 났던 것이다. 이 얼마나 정확한 예언의 성취인가? 교황 비오 6세는 잡혀간 이듬해 1799년 프랑스의 발렌스(Valence)에서 옥사하였다.

538 A.D. → 마지막 반로마 교회의 세력인 동고트족이 멸망함으로
　　+
　1260　　 교황권의 아무 장애 없는 세계적 세속권이 수립됨.
1798 A.D. → 로마교황 비오 6세가 베르띠에(Alexander Berthier) 장군에 의해 사로잡혀
　　　　　 프랑스의 발렌스 감옥에 수감됨으로 교황의 세속적 권력에 종지부가 찍힘.

▲사로잡히는 교황

당시에 베르띠에 장군은 프랑스 혁명 정부의 지시에 따라 1798년 2월15일 로마에 포고령을 발포하고, 교황 비오 6세와 로마 시민들에게 교황은 앞으로 더 이상 "어떤 기능도 행사할 수 없다"고 포고하였다.

그리고 재위 23주년을 거행하고 있던 교황 비오 6세를 성 시스티나(Sistina) 사원 안에서 체포했던 것이다. 교황은 당시 80세의 고령으로 건강까지 나빴음에도 불구하고 프랑스 군대는 그를 이탈리아와 남프랑스의 여러 곳으로 거칠게 끌고 다니다가 감옥에 가두었는데, 이 불행한 권력자는 사로잡힌 그 이듬해인 1799년 8월29일 발렌스(Valence) 요새의 감옥에서 프랑스 정부의 한 죄수로 사망했다.

이것은 "카노사의 역전(Canossa in reverse)" 이었다. 한동안 그의 시체는 매장도 되지 않은 채 방치되어 있었다. 이 사건을 기하여 교황의 파문 선고가 내릴 때마다 유럽 각국의 제왕들을 벌벌 떨게 하던 교황권의 전성기가 끝나버렸던 것이다.

538년에 시작된 교황의 지상권 시대가 1798년에 이르러 마치게 되었으니, 1798년에서 538년을 감하게 되면 성도들이 '작은 뿔'에 의해 수난당한 기간이 산출된다.

1798 - 538 = 1260년

바로 이 기간 동안 '작은 뿔'로 표상된 교황권은 바티칸 신전에서 천하를 주름잡았고, 성도는 그 권세 아래서 화형(火刑), 교수형(絞首刑), 참수형(斬首刑), 그 외의 여러 가지 잔인하고도 참혹한 극형(極刑)으로 갖은 박해와 죽임을 당하며 큰 환난을 겪었던 것이다.

로마 교회가 권력을 장악하자 세상은 암흑시대가 되었다. 이 교회의 권세가 커지면 커질수록 어두움은 점점 더 깊어 갔다. 서양의 중세기가 1200여 년 동안이나 암흑시대가 될 수밖에 없었던 까닭은 로마 교황권 때문이었다.

물론 교황권은 1260년간에 여러 다른 군사적 패배와 사로잡힘을 경험했다. 그러나 1798년의 사건은 다음과 같은 두 가지 측면에서 현저히 달랐다.

1798년의 사건은 16세기의 종교개혁으로 교황권이 도전당한 이래 독일의 경건운동, 영국의 청교도 운동, 미국의 독립과 프로테스탄티즘의 확장 등으로 유럽에서 교황권의 영향이 퇴조되어 온 그 막바지에 발생한 것이었다.

그리고 그것은 군사적인 쿠데타였을 뿐만 아니라 영원히 교황권을 종식시키려는 의도에서 계획된 '공격'이었던 것이다. 역사적으로 정확하게 1260년 끝인 1798년 베르띠에 장군이 교황을 사로잡았던 그 때에 중세를 호령해 온 교황권의 전성기는 마침내 끝이 났다.

1798년 프랑스의 최후통첩은 교황의 권력을 제한했다

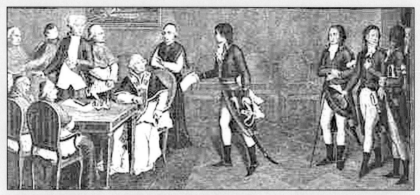

▲육군 대장 Haller가 베르띠에 장군의 최후통첩을 비오 6세에게 제시하고 있다.

▲교황의 권위가 끝났다는 포고문

▲로마로부터 추방당하는 비오 6세

▲그림 속의 남자가 내뱉는 말, "모자를 벗어야 할 거 아냐!"에는 교황의 위신이 땅
에 떨어진 상황을 크게 기뻐하는 영국인의 심정이 잘 나타나 있다.

▲나폴레옹이 아내 조세핀에게 관을 씌워주는 장면을 그린 다비드의 작품
나폴레옹은 교황의 손에서 왕관을 빼앗아 자신의 손으로 스스로 머리에 왕관을 쓰고 왕비에게도 친히 관을 씌어주었다. 대관식에 일개 참석자로 전락한 교황 비오 7세의 모습이 보인다.(Twilight of Prince, p.148)

▲왕비에게 친히 관을 씌어주는 나폴레옹
사진 왼쪽 아래에 조세핀의 모습이 보인다. 교황의 표정엔 당혹감이 역력하다.

이윽고 1870년에 이르러서는 신생 이탈리아 정부가 국토를 통일하는 방침에 따라 1천년 이상 교황청의 소유물이었던 이탈리아 반도의 상당 부분인 교황령(바티칸 국)을 교황청으로부터 빼앗음으로써 이미 종막을 고한 교황권의 전성기에 대못을 박았다. 가리발디(1807~1882)가 이탈리아를 점령하게 되면서 로마 교회는 그나마 남아 있던 것들의 대부분을 빼앗긴 것이다.

그리하여 삼중관을 쓰고 세계의 독재 군주로 군림하던 로마 교황의 전성시대는 완전히 마무리 되었다. 이는 당연한 귀결이다. 예언에 의하면 '작은 뿔' 이 위세를 떨치는 기간은 '한 때와 두 때와 반 때', 곧 1260년간이기 때문이다. 1798년이 그 기간의 정점이었다.

교황 비오 9세(Pius IX 1846~1878)는 1860년부터 바티칸시가 축소되자 "바티칸의 수인(囚人)이라고 자칭하며 이탈리아와 단교하고 통일 이탈리아 국왕 빅터 임마누엘(Victor Emmanuel II)에게 지독한 저주를 퍼부은 사실이 있다. 그가 세인트 안젤라 성에 구금되고 빅터 임마누엘 2세를 파문할 때다.

"그는 저주받을 지어다. 어느 곳에 있든지, 곧 집에 있거나 야외에 있거나 큰 길에 있든지 작은 길에 있든지 숲에 있든지... 살아서나 죽어서나, 먹고 마실 때, 굶주리고 갈증 날 때... 앉았거나 누워있을 때... 자기 육신의 기관에서 저주받을 지어다...(이하 생략)"

▲Victor Emmanuel II 이탈리아 국왕(1820~1878)

오늘날도 로마 카톨릭 교회는 바티칸을 다스리면서 일반적인 국가들처럼 대사(大使)를 파송하기도 하고 받아들이기도 한다. 나폴레옹(Napoleon)과 가리발디(Garibaldi)가 카톨릭 교회로부터 대부분의 정치적인 권력을 찾아갔지만, 교황은 지금도 제한적이긴 하지만 어느 정도는 그 권력을 유지하고 있다.

1929년 라테란 조약으로 성 베드로 사원을 포함한 108.7에이커(0.44km)의 바티칸 시를 교황령으로 하는 교황 국가의 독립을 인정받고, 다시 사제와 군주를 겸한 신분을 회복했기 때문이다.

하지만 지금의 바티칸 시는 한때 교황이 행사하던 권력의 한 조각에 불과할 뿐이다. 성경이 예언한 교황권의 전성기는 확실히 끝났다.

한편 '한 때와 두 때와 반 때' 곧 배교 타락교회가 득세하는 긴 암흑시대 동안 참 하나님의 백성들에게는 궁벽한 산간이 그들의 피난처가 되었다. 세계의 독재 군주가 된 교황의 치하에서 하나님의 참된 성도들은 로마 교회에 의해 핍박을 받든가 박해를 피하여 숨든가 하지 않으면 안 되었으니, 궁벽한 산간은 그들을 위한 하나님의 보호처가 되었다. 그들은 멸절을 피해 일찍이 사람이 가본 일이 없는 깊은 산골짜기나 준험한 산악 가운데로 도망하여 거기서 자유로이 하나님을 경배하였다.

이들 세상에서 쫓기어 궁벽한 곳에 지내는 성도들의 생애는 실로 수고롭고 고달픈 것이었으나 하나님은 이 '광야의 교회'에서, "성도에게 단번에 주신 믿음의 도"(유 1:3)를 굳게 지키며, 진리의 말씀을 잘 간수하고 있는 참 그

▲라테란 조약

1929년 2월 11일 무솔리니(Benito Mussolini)는 교황 비오 11세와 협약을 체결하였다.

▲무솔리니가 라테란 조약에 사인을 하고 있다. 그것은 바티칸시국의 존재를 초래했다.

리스도의 교회를 보존하시고 보호하셨던 것이다.* 이와 같은 모습을 "반드시 속히 될 일"(계 1:1)에 대한 계시인 요한계시록은 이렇게 예언하였다.

> "그 여자가 광야로 도망하매 거기서 천이백육십 일 동안
> 그를 양육하기 위하여 하나님께서 예비하신 곳이 있더라"(계 12:6).

> "그 여자가 큰 독수리의 두 날개를 받아 광야 자기 곳으로 날아가 거기서
> 그 뱀의 낯을 피하여 한 때와 두 때와 반 때를 양육 받으매"(계 12:14).

여기 나오는 "1260일"(6절)이나, "한 때, 두 때, 반 때"(14절)는 다니엘이 예언한 '작은 뿔'의 그 특정한 활동 기간 "한 때, 두 때, 반 때"(단 7:25), 1260일과 동일한 것이다. 즉 교황의 통치 기간(교황권의 전성기)인 1260년 동안을 가리키는 말이다.

그리고 '여자'는 계시록 17장의 '음녀'와 상대되는 것으로서, 17장의 음녀가 '배교 타락교회'를 상징하는 반면, 12장의 여자는 '참교회'를 표상하는 것이다(고후 11:2; 엡 5:22-23).

1260일에 대한 일곱 번 언급표	
1. 단 7:25	한 때, 두 때, 반 때
2. 단 12:7	한 때, 두 때, 반 때
3. 계 11:2	마흔 두 달
4. 계 11:3	일천 이백 육십 일
5. 계 12:6	일천 이백 육십 일
6. 계 12:14	한 때, 두 때, 반 때
7. 계 13:5	마흔 두 달

한 때는 한 해, 즉 열두 달 (12X30)	360일
두 때는 두 해, 즉 스물 네 달 (24X30)	720일
반 때는 여섯 달 (6X30)	180일
한 때, 두 때, 반 때는 마흔 두 달 (42X30)	1260일

"그 여자가 광야로 도망하매"(6절)라는 말은 하나님께서 그의 교회를 보호하시고 도우실 것을 뜻하는 것이다. '광야'는 한적한 곳이나 하나님의 백성이 그분의 특별하신 보호와 도움을 받는 곳이었다. 그곳은 하나님께서 만나를 내려 주신 곳이었으며(출 16:4 이하), 그의 백성을 40년간 양육하신 곳이었다. 엘리야는 광야로 도망하여 그릿 시냇가에 숨어 까마귀들을 사용하시는 하나님의 특별하신 보호를 받았다(왕상 17:2 이하).

그리고 '큰 독수리의 날개'를 통해 여인(참교회)를 보호하셨다는 것도, 구약성경에서 빌려 온 표현으로 '하나님의 보호'를 말하는 것이다(출 19:4; 신 32:10-12). 참으로 하나님은 1260년 동안의 긴 암흑시대 속에서도 당신의 참된 교회를 보존하셨던 것이다.**

지금까지 우리는 '작은 뿔'의 신원을 밝히는 데 열쇠가 되는 여덟 가지 특성들을 모두 살펴보았다. 그 특성들은 한결같이 '작은 뿔'과 로마 교회의 역사적 동질성을 피할 수 없이 확증시켜 주는 것이다. 예언과 역사가 정확히 일치한다.

따라서 진리에 대한 정직한 탐구자에게는 그 증거가 압도적이고도 결론적이다. 다니엘서의 '작은 뿔' 세력은 로마 교황권이 될 수밖에 없다. 성경 예언의 손가락이 지적하는 적그리스도는 바로 교황인 것이다. 17세기의 조합 교회의 목사였던 코튼 마서(Cotton Mather: 1663~1728)는 이렇게 말했다.

　"하나님의 말씀에 적그리스도가 일어날 것을 미리 예언하셨고, 로마 교황에게서 반기독교적인 특색이 놀라울 정도로 맞기 때문에, 만일 성경을 읽는 자가 그것을 알지 못한다면 그들은 맹목적이라고 하지 않을 수 없다."

　그렇다! 진리에 대한 진실한 탐구자에게는 그 증거가 너무도 확실하므로, 그는 성경에 근거해 적그리스도의 정체는 로마 교황이라고 담대하게 선언하지 않을 수 없다. 성경이 예언한 종말론적 적그리스도는 이미 왔으며 세상에 출현한 이래 유럽의 로마에 있다. 그리스도의 교회는 교회 시대의 전체를 통틀어서 적그리스도적인 세력과 인물의 정체를 확인해야 한다. 이제 우리는 비로소 고대하던 계시록 13장으로 들어갈 단계가 되었다. 거기서 이 부인할 수 없는 사실을 다시 확증하도록 하자.

느부갓네살의 꿈 : 육적 중심

금	은	동	철	철·진흙 (열 발가락)	돌
바벨론 (B.C.605~539)	메대·파사 (B.C.539~331)	헬라 (B.C.331~168)	로마 (B.C.168~A.D.476)	로마의 분열 (A.D.476~종말)	재 림
사자	곰	표범	무서운 짐승	열 뿔	심판

다니엘의 꿈 : 영적 중심

다니엘 2   다니엘 7

바벨론

메대 - 파사

그리스

로마

분열된 왕국들

---

* 수많은 그리스도인들이 박해를 피해 알프스 산맥의 깊은 계곡이나 사람이 많이 살지 않은 북미의 영국 식민지로 들어갔다.

** 일부 학자들은 교회는 항상 환난당하는 교회라는 전제 아래, 다니엘서와 요한계시록에서 하나님의 백성에게 가해지는 박해 기간을 묘사하는 데 사용되고 있는 '한 때, 두 때, 반 때' 및 '1260일', '42개월'과 같은 용어를 영적인 의미로만 해석하여 초림시부터 재림시까지의 신약시대 전체의 기간을 상징하는 말이라고 주장한다. 물론 환난과 박해는 이 세상에서 교회가 당해야 하는 일상적인 것으로서, 신약시대 전체의 기간은 환난의 기간이다(행 14:22; 요 15:20; 16:33; 살후 1:6-10). 그러나 하나님이 '한 때, 두 때, 반 때' 및 '1260일' 혹은 '42개월'이라는 용어를 사용하실 때는 그와 같은 일상적인 의미의 환난 기간을 가리키고 있는 것이 아니며, 어떠한 특정 세력에 의해 가해지는 특정한 환난의 기간을 설명하고 있는 것은 사실이다. 그것은 어디까지나 '작은 뿔'로 표상된 교황권에 의한 특정한 박해 기간을 계시하고 있는 것이다. 즉 교회가 지하로 피하여 들어가야 했던 암흑의 시대로 알려진 기간을 가리킨다. 다니엘서와 요한계시록에 나오는 '한 때, 두 때, 반 때', 1260일, '42개월'은 모두 그 하나의 기간에 대한 다른 표현 방식이다.

신원이 밝혀진 작은 뿔

10 A.D. 538년 부터 A.D. 1798년 까지 세력을 떨쳤었다

9 하나님이 요구하시지 않은 종교적 절기(때)를 만들고, 십계명의 제 2계명(법)을 제거 했다

8 5천만 명 이상의 사람들이 죽었다

7 땅 위에 있는 하나님이라고 주장했다

6 헤롤리, 반달 그리고 동고트 세 나라를 제거했다

5 그 어떤 다른 세력보다 더 큰 힘을 휘둘렀다

4 정치적이며 종교적인 세력이다

3 유럽의 열 나라들이 세워진 이후에 나왔다

2 유럽의 열 나라들 가운데서 나왔다

1 로마제국의 두뿔 이었다

한 때, 두 때, 반 때 동안 영향력을 행사했다 단 7:25

때와 법을 고치고자 했다 단 7:25

지극히 높으신 이의 성도를 괴롭게 했다 단 7:25

지극히 높으신 이를 대적하여 큰 말을 했다 단 7:24

세 나라를 뿌리째 뽑았다 단 7:8,20,24

다른 뿔들 보다 더 억세어인다 단 7:20

다른 뿔들과 다르다 단 7:24

열 뿔 이후에 나타났다 단 7:24

열 뿔 중에서 나왔다 단 7:8

넷째 짐승에게서 일어났다 단 7:7,8

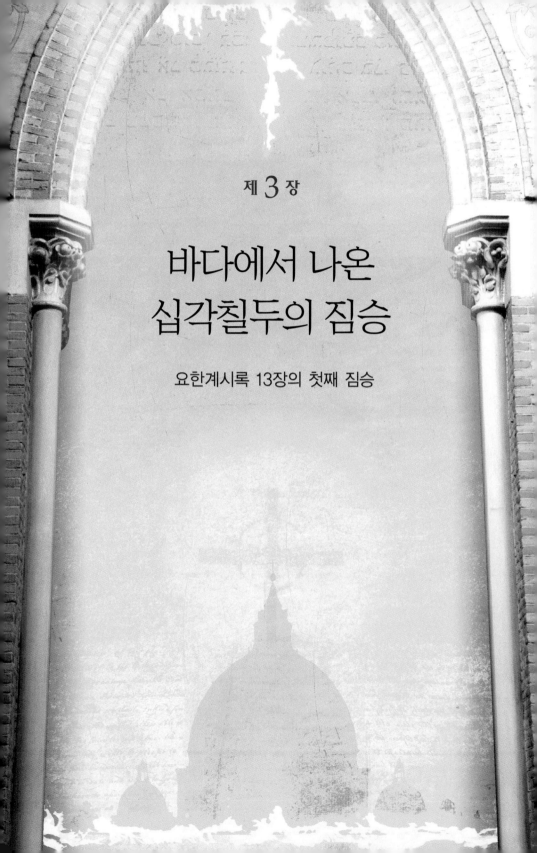

제 3 장

바다에서 나온
십각칠두의 짐승

요한계시록 13장의 첫째 짐승

1. 내가 보니 바다에서 한 짐승이 나오는데 뿔이 열이요 머리가 일곱이라 그 뿔에는 열 왕관이 있고 그 머리들에는 신성 모독하는 이름들이 있더라.

2. 내가 본 짐승은 표범과 비슷하고 그 발은 곰의 발 같고 그 입은 사자의 입 같은데 용이 자기의 능력과 보좌와 큰 권세를 그에게 주었더라.

요한은 한 짐승이 바다에서 나오는 것을 보았다. 이 짐승은 계시록 12장에 나오는 용의 모습과 흡사하다. "하늘에 또 다른 이적이 보이니 보라 한 큰 붉은 용이 있어 머리가 일곱이요 뿔이 열이라…"(계 12:3). 큰 붉은 용은 머리가 일곱이요 뿔이 열인데, 이 짐승도 열개의 뿔과 일곱 개의 머리를 가지고 있다.

용과 거의 같은 이러한 짐승의 모습은 짐승과 용이 밀접한 관계를 갖고 있음을 보여주는 것이다. 2절 하반절이 그것을 설명해 준다. "용이 자기의 능력과 보좌와 큰 권세를 그에게 주었더라." 용이 자기의 능력과 보좌와 큰 권세를 그 짐승에게 주었다고 한다.

그러므로 이 짐승은 용의 화신이며 따라서 사단이 자기의 목적을 이룰 속셈으로 이 짐승을 세워 자기의 뜻을 이루려 함이 분명하다. 용은 옛 뱀, 곧 마귀와 사단을 상징한다(계 12:9, 20:2). 십각칠두(十角七頭)의 이 괴물은 악한 마귀가 하나님을 대적하고 성도를 박해하기 위해 세운 사단의 걸작품인 것이다.

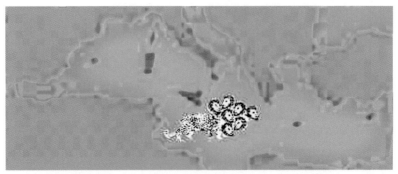

▲ '바다'에서 올라오는 '짐승'이란 지중해를 중심으로 세상의 왕으로 나타나는 교황권을 암시한다.

▲교황 그레고리 13세(A.D.1572~1585)는 날개 달린 뱀, 즉 용을 그의 상징으로 자신의 문장 방패 위에 채택했다.

▲문장 속의 용을 확대한 사진

계시록 12장은 용은 사탄의 상징이라고 말한다.

▲교황 그레고리 13세(Gregory XIII)의 용 메달

1582년에 주조된 것으로 그레고리 교황이 달력을 바꾼 해이다. 날개 달린 용이 숫염소를 감싸고 있다. 숫염소도 용도 사탄을 상징한다.

▲몰렉(Molech)에게 아이를 희생물로 드리는 모습

아이를 불태워 제물로 바친 몰렉(왕상 11:7)은 두 뿔 가진 염소의 우상이다.(Babylon Mystery Religion p.72)

▲성당 안 교황 그레고리 13세의 무덤

▲바티칸의 교황 그레고리 13세의 기념비 위에 사단의 상징인
날개 달린 용이 조각되어 있다.

▲용이 기어나오고 있다. 이 교황은 죽어서도 용과 함께 하고 있다.

▲베드로 성당의 주 제단. 천개(canopy)라고 부른다. 거대한 뱀 모양의 기둥 네 개가 세워져 있다.

▲뱀처럼 구불구불한 형상의 기둥이 있는 이곳이 성 베드로 바실리카 성당 내에서 교황이 그의 일을 하는 장소이다.

▲성 베드로 대성당의 주 제단

이 성당의 최고 중심을 차지한 천개(canopy)의 형상은 뱀처럼 구불구불한 형상의 기둥으로 이루어져 있다. 이것은 길이 17m, 넓이 12m, 높이 35m이다. 7~8층 건물이 둥근 천장(cupola)의 중심 아래에 위치해 있다.

"그 날에 여호와께서 그의 견고하고 크고 강한 칼로 날랜 뱀 리워야단
곧 꼬불꼬불한 뱀 리워야단을 벌하시며 바다에 있는 용을 죽이시리라"(사 27:1).

▲위에서 내려다 본 주 제단 네 개의 거대한 뱀 모양의 기둥으로 세워진 제단 정면 앞쪽으로 붉은 빛과 자주 빛 옷을 입은 로마교의 고위 사제들이 자리 잡고 있다.

"그 여자는 자주 빛과 붉은 빛 옷을 입고…"(계 17 : 4)

베드로 대성당 박공(博孔)에 자리 잡고 있는 용

▲바티칸 베드로 대성당

이 건축물의 박공(pediment) 부분을 주시해 보라(원으로 표시한 곳).

▲베드로 대성당 중앙상단의 박공(pediment)

▲가까이서 본 베드로 대성당 전면 박공(pediment)

날개 달린 용이 조각돼 있다. 성경에서 용은 마귀를 상징한다.

고신대학, 대신대학, 영남신학대학 등 에서『기독교와 미술』이라는 과목을 강의하고 있는 서양화가 신규인 교수는『성경으로 보는 서양 미술사』에서 다음과 같이 지적한다:

"로마 카톨릭의 총 본산인 베드로 대성당의 주인은 예수 그리스도가 아니라 용이다. 이러한 결론은 이 건축물이 웅변하고 있다. 일반적으로 건축물의 전면 박공(pediment)부는 그 건물 전체를 대표하는 상징 조형물이 자리를 잡는데, 그곳은 개인 주택으로 친다면 집 주인의 문패가 붙는 곳이다.

이곳에 용이 자리를 잡고 있다면 용이 이 건물의 주인이라는 뜻이 아닌가? 성경에서 용 또는 뱀은 사단을 상징한다. 성경 말씀은 기독교 신앙의 중심을 이루는 계시인데 언필칭 기독교 건축물에 하나님을 대적하는 사단의 형상이 중심에 있다는 것은 모순 중의 모순이다.

이러한 일은 결코 있을 수 없는 일이다. 그럼에도 불구하고 그런 일이 있다면 그것은 거짓 기독교이다. 적그리스도의 짓이다. 지금까지 그것을 기독교의 건축물로 알고 있었다면 우리는 속은 것이다. 사단은 속이는 자이다."(신규인,『성경으로 보는 서양 미술사』, 예영커뮤니케이션, 2007, p.45)

한편 '박공' 에는 날개 달린 용뿐만 아니라 그 위에 '독수리' 도 조각돼 있다. 이 독수리는 무엇을 의미하는가? 구약성경 레위기 11장 13~19절에 보면 하나님의 백성이 가증히 여겨야 할 부정한 새들의 목록이 있다. 그 첫 번째 새가 바로 '독수리' 이다. 이것은 카톨릭이 계시록 17, 18장의 음녀, 곧 영적 바벨론이라는 사실을 그들 스스로 폭로하고 있는 것이다. 계시록 18장 2절은 큰 도시 바벨론, 곧 바티칸을 "각종 더럽고 가증한 새들이 모이는 곳" 이라고 말씀하고 있다.

바티칸 곳곳에서 발견되는 용의 형상들

▲베드로 대성당 입구에 있는 분수대에 부조된 용

▲베드로 대성당 출입구 바닥에 새겨진 용

▲왕관을 쓴 독수리와 날개 달린 용이 있는 교황 바오로 5세(1605-1621)의 문장

▲추기경 Scipione Borghese의 문장

로마 교회(the Holy Roman Church)의 도서관원(1609~1618)이었다. 왕관을 쓴 독수리와
날개 달린 용이 있다. 이 문장은 바티칸 비밀 공문서 보관소 안에 걸려 있다.

▲베드로 대성당 천정의 용

▲시스틴 성당(Capelle Sistina) 천정의 용

이곳은 교황의 공식 예배당으로 교황 선거장소이기도 하다.

십각칠두(十角七頭)의 이 짐승은 표범과 비슷한데 발은 곰 발 같고 입은 사자의 입과 같았다. 이 기괴한 짐승의 모습은 다니엘 7장에 나타난 네 짐승의 모습을 연상케 한다. 그 이유는 이 짐승이 그 네 짐승의 특징들을 한 몸에 지니고 있기 때문이다.

첫째, 열 뿔이 있는데 이는 로마 제국을 표상했던 넷째 짐승의 특징이다.
(단 7:7)
둘째, 표범과 비슷한데 이는 그리스 제국을 표상했던 셋째 짐승의 특징이다.
(단 7:6)
셋째, 발은 곰의 발 같은데 그것은 메데-파사 제국을 표상했던 둘째 짐승의 특징이다.
(단 7:5)
넷째, 입은 사자의 입 같은데 그것은 바벨론 제국을 표상했던 첫째 짐승의 특징이다.
(단 7:4)

	상　징	의　미	성　경
1.	사　　자	바 벨 론	다니엘 7:4
2.	곰	메데·바사	다니엘 7:5
3.	표　범	그 리 스	다니엘 7:6
4.	무섭고 놀라우며 매우 강하고 열 뿔 달린 짐승.	로　　마	다니엘 7:7

이 짐승들의 상징인 사자, 곰, 표범은 우리가 연구하는 짐승 안에서 하나로 복합되어 있고, 다만 짐승들의 차이는 사나운 순서가 역순으로 배열되어 있다는 것뿐이다. 그 이유는 사도 요한이 그의 때를 중심으로 가까운 시대의 나라부터 우선적으로 기술했기 때문이다. 즉 동일한 그림을 다니엘은 뒤

에서 앞으로, 사도 요한은 앞에서 뒤로 본 것이다. 다니엘 때에는 미래사, 요한 시대에는 과거사이기 때문이다.

요한이 보았던 짐승은 본문에서 묘사되고 있듯이 다니엘이 본 처음 세 짐승들을 합쳐 놓은 것 같은 바, 요한이 본 이 짐승은 다니엘 이 본 넷째 짐승과 같다. 스코필드(Scofield)는 다음과 같이 말한다: "다니엘 7:4~6에 나타난 세 동물, 곧 표범, 곰, 사자는 로마 제국 이전의 국가들의 상징으로 생각된다. 그런데 그 국가들의 특성들, 곧 그리스의 신속한 정복, 페르시아의 목적에 대한 집념, 그리고 바벨론의 탐욕 등이 다 로마 제국의 특성을 이루고 있다. 요한이 본 이 첫째 짐승은 다니엘이 본 넷째 짐승과 동일하다."

계시록 13장의 첫째 짐승과 다니엘의 작은 뿔과의 비교

십각칠두의 짐승	다니엘의 작은 뿔
계시록 13:1~10	다니엘 7:8, 20~27
참람된 말 : "짐승이 큰 말과 참람된 말하는 입을 받고 짐승이 입을 벌려 하나님을 훼방하되 그의 이름과 그의 장막 곧 하늘에 거하는 자들을 훼방하더라."	**참람된 말**(신성모독): "그가 장차 지극히 높으신 이를 말로 대적하며 또 지극히 높으신 이의 성도를 괴롭게 할 것이며 그가 또 때와 법을 고치고자 할 것이며"
박해 : "또 권세를 받아 성도들과 싸워 이기게 되고"	**박해** : "내가 본즉 이 뿔이 성도들과 더불어 싸워 그들에게 이기었더니"
권세 : "누가 그 짐승과 같으며 누가 감히 그와 더불어 싸울 수 있으리요." (KJV)	**권세** : "다른 작은 뿔이 그 사이에서 나더니 먼저 뿔 중에 셋이 그 앞에 뿌리까지 뽑혔으며"
기간 : "또 마흔 두 달 일할 권세를 받으니라."	**기간** : "한 때와 두 때와 반 때"
기원 : "내가 보니 바다에서 한 짐승이 나오는데…"	**기원** : "내가 그 뿔을 유심히 보는 중 다른 작은 뿔이 그 사이에서 나더니"
정치적 교황권	정치적 교황권

이 짐승은 '열 개의 뿔을 가지고 있다' 고 묘사되어 있는데, 이러한 사실로 미루어 이 짐승은 다니엘의 네 번째 짐승 '로마 제국' 을 의미함을 알 수 있다. 열 개의 뿔 사이에서 다니엘의 작은 뿔이 출현했고, 사도 요한의 첫 번째 짐승 -계시록 13장의 십각칠두 짐승- 의 묘사에는 작은 뿔 이야기가 나타나 있지 않은 점으로 미루어 첫째 짐승과 작은 뿔은 서로 같은 하나의 세력임을 알 수 있다. 이 짐승의 열 뿔은 교황권의 원체인 로마에서 분열된 열 나라를 의미한다.

일곱 머리가 상징하는 것

짐승의 일곱 머리는 일찍이 하나님의 백성을 증오하는 사탄의 충동을 받아 성도를 핍박하던 각 시대의 권세를 의미한다. 핸드릭슨(Hendriksen)은 그 일곱 머리를 다음과 같은 일곱 제국이라고 설명했다.

1. 구 바벨론(the Old Babylonian)
2. 앗수르(the Assyrian)
3. 신 바벨론(the New Babylonian)
4. 메데파사(the medopersian)
5. 그리스(the Graeco)
6. 로마(the Rome): 사도 요한 당시
7. 장차 나타날 미래의 반기독교국가

이 견해가 일곱 머리를 일곱 로마황제로 보지 않고 나라들과 결부시켰다는 점에서는 타당한 해석이다. 그러나 한 가지 오류가 있다. 제외될 수 없는 애굽이 누락됐다는 것이다. 그 결과 마지막 일곱 번째 머리가 미래에 출현할 정체불명의 나라가 되고 말았다. 피터 럭크만(Peter S. Ruckman)은 애굽을 포함시켰는데, 아래에 열거한 제국들이 그 일곱 머리라고 해석한다.

1. 니므롯, 바벨론 왕
2. 바로, 애굽 왕
3. 산헤립, 앗수르 왕
4. 느부갓네살, 바벨론 왕
5. 고레스, 바사 왕
6. 알렉산더, 그리스 왕
7. 카이사, 로마 황제

이 견해를 취하면 마지막 머리는 사도 요한 당시의 로마 제국이 된다. 이것이 가장 타당한 해석이다. 일곱 머리는 사탄이 하나님의 백성들을 속박하고 세상을 지배하기 위하여 사용한 이방 나라들을 말한다. 그렇다면 이 나라들의 목록에서 이스라엘 백성을 학대하고 멸절시키려 했던 애굽이 제외되어야 할 이유가 없다. 따라서 마지막 일곱 번째 머리는 로마 제국이다.

사탄이 사용한 일곱 제국들

일곱 머리가 상징하는 나라들에 관해 좀 더 자세히 살펴보자. 사탄이 세상을 지배하기 위해 사용한 첫째 머리는 창세기 10장에서 나타난다. 사탄의 부하 중 첫 번째는 (그는 많은 부하를 거느렸고 그들은 세상에 퍼져있는데 예수 그리스도께서 다시 올 때까지 항상 있을 것이다) 함족이다.

"그가 여호와 앞에서 용감한 사냥꾼이 되었으므로 속담에 이르기를
아무는 여호와 앞에 니므롯 같이 용감한 사냥꾼이로다 하더라"(창 10:9).

니므롯은 구스의 아들인데(6절) 구스는 아프리카 흑인으로 이디오피아인이다.

"그의 나라는 시날 땅의 바벨과 에렉과
악갓과 갈레에서 시작되었으며"(창 10:10).

사탄의 첫 머리는 바벨 왕인 니므롯이다(창 10:10). 이 자는 적그리스도의 첫 유형이다. 그는 함족이며 흑인이고 그가 정착해야 하는 함의 땅 대신(시편 105, 106편을 보라) 아시아에 정착하려고 했다(이것은 창세기 11장에 바벨의 혼란으로 시작된다).

"바로가 이르되 여호와가 누구이기에 내가 그의 목소리를 듣고
이스라엘을 보내겠느냐 나는 여호와를 알지 못하니
이스라엘을 보내지 아니하리라"(출 5:2).

애굽 왕인 바로는 사탄이 세상을 지배한 둘째 머리이다. 이에 관해 조금이라도 의심이 있다면 에스겔 29:3에서 바로가 "용"으로 불리는 것을 주목하라. "…주 하나님이 이같이 말하노라. 보라, 이집트 왕 파라오야, 내가 너

를 대적하노니 너는 자기 강들 가운데 누운 큰 용(the great dragon)이라"(KJV). 애굽 왕 바로는 둘째 왕이고, 둘째 머리이며, 둘째 나라인 바, 애굽은 용 곧 사탄 이 지배하는 세상의 유형이다.

"히스기야 왕 제십사년에 앗수르의 왕 산헤립이 올라와서
유다 모든 견고한 성읍들을 쳐서 점령하매"(왕하 18:13).

이 세상 나라들을 두루 통치하는 "리워야단"의 셋째 머리는 앗수르왕 산 헤립이다. 산헤립이 유대인들을 전멸시키기 위해 예루살렘을 침공한 것처 럼 적그리스도의 영은 항시 선택받은 민족인 유대인을 증오하고 멸절시키 려 한다. 이것이 로마가 예루살렘을 대적하는 근본적 원인이다. 바티칸은 이스라엘을 부정한다. 앗수르왕 산헤립은 적그리스도의 유형이다.

다니엘서에서 우리는 다른 네 머리가 나타나는 것을 본다. 네 번째 머리 는 다니엘서 3장에서 발견되는데 바벨론 왕인 느부갓네살이다. 이에 관해 조금이라도 의심이 간다면 앗수르 왕 산헤립과 바벨론 왕 느부갓네살이 둘 다 "용들"로 불리는 것을 주목하라!

"바벨론왕 느브갓네살이 나를 삼켰으며
나를 짓밟았으며 나를 빈 그릇이 되게 하였으며,
그가 용처럼(like a dragon) 나를 삼켰으며
그가 나의 맛있는 것들로 그의 배를 채우고 나를 쫓아내었느니라"
(KJV 렘 51:34, 참조 50:17,18).

남은 세 나라도 의심의 여지가 없다. 그들은 모두 다니엘서 2장에서 그들 이 등장하기 오십년 전에서 사백년까지 예언되어 있다. 큰 신상의 환상에서

(단2장) 다니엘은 그 신상에 묘사된 네 개의 다가오는 나라를 예언하는데, 그 나라들은 단 한발의 실수도 없이 곧바로 '머리 위'로 지나간다. 바벨론을 따라오는 나라는 메데와 바사이다(단 5:28). 바사와 다리오가 사탄의 다섯 번째 머리이다.

여섯 번째 머리에 관해서는 조금도 의심할 것이 없다. 그리스가 알렉산더 대왕 아래서 권세를 잡기 수백 년 전에 다니엘은 다음 나라가 그리스일 것임을 다니엘 10:20, 11:2, 8:20,21에서 말하였다. 비록 그가 성경에는 나오지 않지만 이 왕은 알렉산더 대왕이다.

정리하면,
1. 니므롯, 바벨론 왕
2. 바로, 애굽 왕
3. 산헤드립, 앗수르 왕
4. 느부갓네살, 바벨론 왕
5. 다리오, 바사 왕
6. 알렉산더, 그리스 왕
7. 일곱 번째 머리는 자연히 알렉산더 대왕을 쳐부수고 세상을 지배하여 주 예수 그리스도의 초림을 예비하는 나라, **로마**이다!

"찬송하리로다 주 이스라엘의 하나님이여 그 백성을 돌보사 속량하시며 우리를 위하여 구원의 뿔을 그 종 다윗의 집에 일으키셨으니 이것은 주께서 예로부터 거룩한 선지자의 입으로 말씀하신 바와 같이 우리 원수에게서와 우리를 미워하는 모든 자의 손에서 구원하시는 일이라 그 때에 가이사 아구스도가 영을 내려 천하로 다 호적하라 하였으니"(눅 1:68~71, 2:1).

그래서 일곱 번째인 사탄의 마지막 머리는 로마 제국의 카이사 아우구스토이다. 이것은 "거룩한 로마 제국"이라 불린다. 여러분은 이것을 이해했는가? 사탄은 거룩함을 주장하는데, 이는 "거룩한" 로마 제국이다! 지금은 "거룩한" 카톨릭(Catholic) 교회라 불린다.

이상과 같이 일곱 머리들은 사탄이 이 땅을 지배한 일곱 왕이나 나라들을 상징한다. 다시 요약해 보자. 이들 왕 가운데 첫 번째는 BC 2400년경의 바벨 왕 니므롯이다. 이 나라의 두 번째는 애굽이었다. 이 나라는 대략 BC 800년까지 애굽 왕 바로가 통치하였다(BC 710년 경). 사탄의 세 번째 머리는 앗수르왕 산헤립이다. 그는 BC 606년경에 느부갓네살이 인수할 때까지 통치한다. 느부갓네살의 바벨론 왕국은 이때부터 BC 536년경까지 통치한다. 그 다음 BC 536년에 메데와 바사 왕국이 들어서서 BC 330년경까지 통치한다. 그래서 BC 330년경에 여러분은 알렉산더 대왕과 마케도니아의 필립 아래 그리스가 일어나서 BC 100년경까지 그리고 로마 제국이 AD 476년에 무너지는 것을 본다. 이것이 사탄의 마지막 머리이다. "막는 자"(살후 2:7) 곧 교황권의 출현을 한동안 억제하는 역할을 했던 로마 제국이 일곱 번째 머리인 것이다.*

---

* 마지막 머리인 로마 제국은 "신비라, 큰 바빌론이라, 땅의 창녀들과 가증한 것들의 어미라"(계 17:5) 불리는 신비적인 형태가 된다. 사탄의 첫째 머리는 바벨(바빌로니아)이고, 가운데(넷째) 머리도 바벨론이며, 마지막 머리도 "신비라, 큰 바빌론이라"는 것을 신중히 주목하라. 바벨이 처음과 중간과 끝에 언급되어 있다. 카이사 아우구스토의 마지막 나라는 "바빌론"이라 불린다. 왜냐하면 사탄의 일곱 번째 머리인 제국 로마는 이 세상 나라들을 지배하려는 정치세력을 유지하기 위해 신비의 종교형태, 곧 교황 로마(교황권)로 경이롭게 변신했기 때문이다.

짐승의 죽게 되었던 상처가 나음

이어서, 이 짐승이 겪은 경이적인 체험과 그의 행사를 밝히고 있는 3절 이하의 구절들은, 이 짐승이 다니엘 7장에서 '작은 뿔'로 표상된 바로 그 교황 로마임을 아주 분명하게 지적해 준다.

> 3. 또 내가 보니 그의 머리들 가운데 하나가 상처를 입어
> 죽게 된 것 같았으나, 그의 치명적인 상처가 나으니
> 온 세상이 기이히 여겨 그 짐승을 따르더라. (KJV)

그 짐승의 머리들 가운데 하나가 치명적인 상처를 입는다. 이것은 니므롯(바벨론왕), 바로(애굽왕), 산헤립(앗수르왕), 느부갓네살(바벨론왕), 고레스(바사왕), 알렉산더(그리스왕)나 카이사(로마왕) 중 하나이다.

이 중 하나가 치명적 상처를 입어 죽게 된 것 같다가 다시 회생한다는 것이다. 이것은 '제국 로마'(마지막 머리)를 '교황 로마'가 계승할 것을 예언한 것이다.

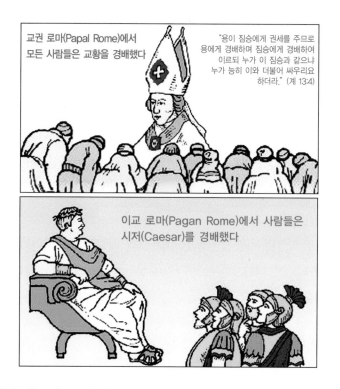

교권 로마(Papal Rome)에서
모든 사람들은 교황을 경배했다

"용이 짐승에게 권세를 주므로
용에게 경배하며 짐승에게 경배하여
이르되 누가 이 짐승과 같으냐
누가 능히 이와 더불어 싸우리요
하더라." (계 13:4)

이교 로마(Pagan Rome)에서 사람들은
시저(Caesar)를 경배했다

　형제여, 적그리스도란 예수님의 재림 7년 전에 나타나 고작 3년 반 동안 하나님을 모독하고 성도를 박해할 '한 개인적 인물' (유럽 총통)이라고 잘못 이해하는 미래주의자들은 이 구절을 어떻게 해석하고 있는지 아는가? 그들은 다음과 같이 설명한다.

　"어느 날 적그리스도가 모종의 피습을 당하여 치명적인 상처를 입고 죽을 것이다. 그러나 그는 기적적으로 부활할 것이다. 이것은 예수님의 부활을 모방한 것으로서 사탄이 죽은 자를 일으킨 최초의 사건이 될 것이다. 이와 같은 적그리스도의 부활은 전 세계를 놀라게 할 것이다. 그 결과 온 세상이 그를 따르며 그를 세계의 지도자로 인정할 뿐만 아니라 그를 하나님으로 모시고 경배하게 될 것이다."

(할 린세이, 살렘 키르반, 모리야마 사도시, 조세광)

사탄이 죽은 자를 살린다니, 이 무슨 궤변인가? 마귀는 죽은 사람을 절대로 살릴 수 없다. 그런데 문제는 많은 성도들이 이 공상소설 같은 이야기를 액면 그대로 믿고 있다는 사실이다. 오늘날 범람하는 비성경적 세대주의 종말론 서적들로 인해 얼마나 많은 그리스도인들이 이 픽션에 세뇌되어 있는가! 참으로 개탄스런 현실이다. 이 구절이 의도하는 진정한 교훈은 무엇인가? 이에 대하여 다음과 같은 몇 가지 해석이 있다.

A. 죽게 되었던 치명적 상처란 16세기에 있었던 종교개혁을 의미하는 것이고, 이제는 "교회일치운동(the Ecumenical Movements)"과 초교파적 "은사쇄신운동(the Charismatic Renewal Movement)"의 영향으로 교황권은 회복되고 있다.

B. 치명적 상처란 가리발디가 이룩한 통일 이탈리아 왕국에 의하여 교황이 세속적, 정치적인 권력을 상실함을 의미하고, 1929년 2월 11일 파시스트 독재자인 무솔리니(Benito Mussolini)와 교황청 사이에 맺어진 라테란 조약에 의해 이 상처가 치료되었다. 이 조약으로 인해 성 베드로 사원을 포함한 108.7에이커(0.44㎢)의 바티칸 시(市)를 교황령으로 하는 교황 체제(교황 국가)가 재탄생했고, 교황은 다시 전과 같은 세속적인 권력을 회복하였다.

C. 이 성경 예언의 성취라는 것은, 시이저(카이사) 황제들이 통치하는 '제국 로마'가 주후 476년에 멸망하는 상처를 입었다가, 잠시 후에 계시록 13장의 첫째 짐승 곧 다니엘서의 작은 뿔과 동일시되는 카톨릭 왕조 안에서 '교황 로마'로 부활함을 의미한다.

세 번째 해석이 이 예언이 의도하는 바를 정확히 설명한 것이다. 상처 입은 머리는 일곱 번째 머리였고, 디오클레시안으로부터 시작해서 아우구스투스로 끝난 전제(專制) 황제의 로마, 그리고 우상숭배로 가득 찬 로마의 마지막 정부 모습이었다. 깁본(Gibbon)이라는 역사가는 그 당시의 세계 역사를 다음과 같이 기술하였다.

"로마에게 통치권을 다시 회복시킨 활력을 불어넣지 않았다면 테베, 바벨론 또는 카르타고와 같이 로마는 지구상에서 사라졌을 것이다."

로마 제국을 소생시키고 부활시키는 본질적인 활력은 물론 교황권이었다. 스탠리(Stanley)라는 역사가는 우리의 논제에 대해 더 구체적으로 기술한다.

"교황은 그들의 권력과 위신과 칭호들을 이교로부터 상속받음으로서 공석이 된 로마 황제의 자리를 차지하였다… 콘스탄틴 황제는 이 모든 것을 로마 주교에 넘겨주고 갔다… 교황권은 몰락한 로마 제국의 무덤 위에 왕관을 쓰고 앉아 있는 로마의 유령이다."

(Stanley' s History, p.40).

배교 교회의 통치

◀카노사의 굴욕
교황 앞에 맨발로 엎드려 용서를 간청하는 독일 황제 하인리히 4세. 1077년

아래의 자료들도 이와 같은 역사적 사실을 지각하도록 우리의 이해를 돕는 기사들이다.

"정치적 로마의 폐허로부터 로마 교회의 형태로 거대한 도덕적 왕국이 일어났다."

(A.C. Flick, The rise of the medieval church, 1900, p.15).

"로마 교회는 이러한 방법으로 슬며시 로마의 세계적인 제국의 자리로 밀고 들어왔는데, 실제로 로마 교회는 로마 제국의 계속인 것으로, 로마 제국은 망한 것이 아니라 단지 모양을 바꾼 것이다… 교황권은 정치적 피조물로서 세계적인 제국처럼 위풍이 당당한데, 이는 그것이 로마 제국의 계속이기 때문이다. 그 자신을 '왕' 혹은 '폰티펙스 막시무스'(주-고대 이교의 대제사장의 칭호)라고 자칭하는 교황은 시저의 후계자이다."

(Adolf Harnack, What is Christianity? New York: G.P.Putnam's sons, 1903, pp.263, 270).

중세기의 카톨릭 도서관원인 오거스틴 스텐추스는 다음과 같이 말했다.

"제국의 멸망 후, 신(神)이 카톨릭 교권(Pontificate)을 세우시지 않았다면 현재와 같이 소생하고 부활된 로마는 사람이 살 수 없는 곳이 되었을 것이다. …그러나 교황직(Pontificate) 안에서 제국은 재탄생하였고 규모에 있어서는 과거보다 못할지 모르나 어느 면에서는 그렇지도 않다. 왜냐하면 동서의 모든 국가가 과거의 제국에 복종하던 것만큼 교황을 숭배하기 때문이다."

다른 로마교 작가로부터 하나의 기사를 더 인용해 보자. 이 자료는 본문에 대한 우리의 해석이 객관적 타당성이 있음을 더욱 확신하도록 해준다. J. P. Conroy라는 사람이 1911년 4월 미국 카톨릭 계간 잡지에 '아버지(Father)'라는 글을 썼는데, 거기에서 다음과 같이 진술했다.

"시이저의 왕위(throne)로 온유하게 나아가서, 그리스도의 대리자(교황)는 유럽의 황제들과 왕들이 여러 세기에 걸쳐 숭배한 왕위에 올랐다."

▲왕들의 호위를 받으며 행차하는 교황

▲교황의 권위의 상징인 왕관 대관식 **프랑크 왕 페핀**(Pepin the Short, 741~768)**과 교황 스테판 2세**(Stephen II)

교황 인노센트 2세(Innocent II)에 관해 역사가 마이어는 아래와 같이 기록했다.

"그의 치세 아래서 세상의 모든 군주들은 로마교회의 봉신이 되었다. 유럽의 대부분의 왕들과 귀공들이 교황을 저들의 대군주로 받들어 모시고 충성을 다하겠다고 맹세를 했다. 로마는 또 다시 세계의 주인이 되었다."

(마이어의 역사, p.455)

이 밖에 다른 사실들을 더 이상 예로 들지 않더라도, 이것들 자체만으로도 카톨릭 왕조가 일곱 번째 곧 마지막 머리가 상하여 죽게 되었다가 용으로부터 권력과 권위를 부여받은 짐승이라는 것을 밝히는 데 충분할 것이다. 그라탄 기네스의 명작 '시대의 마지막에 접근하여(The Approaching End of the Age)'라는 책에서 발췌한 다음의 글 역시 멸망한 '제국 로마(Pagan Rome)'가 기묘하게 '교황 로마(Papal Rome)'로 회생했다는 사실을 잘 보여준다.

"교황들의 세속적 권력이 커지는 것이야말로 인류 연대기를 통해 경이와 감탄을 주게 하는 가장 특이한 현상이라고 여겨진다. …새로운 권력과 통치력이 조용히 그러나 견고하게 로마 제국의 멸망 위에서 자라나 거의 모든 나라를 지배하게 되었다.

…로마 자체 안에서 베드로의 후계자의 권력은 황제의 그림자 같은 보호 하에서 같이 자라났고, 교황들의 영향력이 커짐에 따라 제왕들의 영광이 흐려졌다."

이와 같이하여 죽게 되었던 상처가 치료되었다. "그의 머리 하나가 상하

여 죽게 된 것 같더니 그 죽게 되었던 상처가 나으매 온 땅이 놀랍게 여겨 짐
승을 따르고"(계 13:3). 이 예언은 로마 제국을 계승한 교황 로마(교황권)의 출현으
로 말미암아 역사적으로 명확히 성취된 것이다.

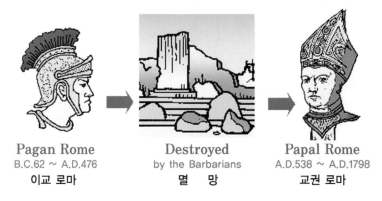

Pagan Rome
B.C.62 ~ A.D.476
이교 로마

Destroyed
by the Barbarians
멸　망

Papal Rome
A.D.538 ~ A.D.1798
교권 로마

온 세상이 짐승을 따름

죽게 되었던 치명적 상처가 치료된 바로 그 다음의 결과에 대하여 성경은
다음과 같이 말한다.

> "온 땅이 놀랍게 여겨 짐승을 따르고… 용이 짐승에게 권세를 주므로
> 용에게 경배하며 짐승에게 경배하여 이르되 누가 이 짐승과 같으냐
> 누가 능히 이와 더불어 싸우리요 하더라"(계 13:3~4).

중세시대에 유럽의 군주들은 교황의 권위에 굴복했고 저항이 무용하다
고 믿었다. 교황이 '파문' 이라는 영적인 권세를 통해, 그리고 이 방법이 통
하지 않으면 군사력을 가지고 종교전쟁, 십자군 군대를 통해서, 그리고 종
교재판의 박해 권세를 가지고 가차 없이 진압하는 것을 보아왔기 때문이다.
감히 누구도 로마 교황과 더불어 싸울 자가 없었다. 삼중관을 쓰고 세상을
통치하던 그는 실로 왕 중 왕이었다.

▲가마 타고 행차하는 교황 비오 5세(1566~1572)
1568년 독일에서 인쇄된 목판화

"교황은 이단을 제거하고 정통신앙을 수호해야 할 필요가 있는 교구마다 종교재판소를 설치하라고 명했다. 공의회의 결정이 내려지면 세속군주들은 무력을 사용하여 이단자를 처단했다. …그 무렵에 로마 카톨릭 교회의 교인이 된다는 것은 교회의 권력을 인정하고 그것의 철저한 통제를 받아들이며, 교황의 정책을 영적인 면에서만 아니라 정치적인 측면에서조차 수용한다는 것을 의미했다. 성직주의와 교황권력에 항거하는 사람은 생존이 불가능했다."

(최덕성, 「종교개혁전야」, 서울: 본문과비평사이, 2003, p.59)

실로 교황의 권세에 저항하는 자는 그 누구도 생존할 수 없었다. 그리하여 "누가 그 짐승과 같으며 누가 감히 그와 더불어 싸울 수 있으리요?"라는 예언이 이루어진 것이다.

교황 그레고리 1세(590~604년)는 다음과 같이 주장했다. "교황은 최고의 재판장으로 왕과 황제들을 마음대로 폐위할 수 있다." 교황 인노센트 3세(1198~1216년, 우측 초상)는 다음과 같이

▲교황 인노센트 3세

선언했다. "하늘에 두 개의 태양이 없는 것처럼 세상에 두 통치자가 있을 수 없다." 교황 인노센트 3세는 영국, 독일, 프랑스 군주에게 절대적 권력을 행사하였다.

당시 교황의 사절들은 유럽의 모든 정부 고위 관료자리에 접근했고, 사제들은 고해성사를 통해서 성직자로서의 절대적인 위치를 확보했다. 어느 역사가가 다음과 같이 말한 것은 조금도 과장된 것이 아니다. "교황권의 대낮은 세상의 밤중이었다"(J. A. Wylie, The History of Protestantism, b. 1. ch. 4.). 사가(史家)들이 이 시기의 역사를 '암흑시대' 라고 부르는 이유는 세상의 독재 군주로 군림한 로마 교황 때문이었다.

▲교황 레오 13세의 통치 2년의 메달(1879)

뒷면에 라틴어로 GENS ET REGNUM QUOD NON SERVIERIT MIHI PERIBIT라는 문구가 새겨져 있다. 이사야 60:12을 라틴 벌게이트로부터 인용한 것으로서, "나를 섬기지 않는 민족과 왕국은 멸망하리라"는 뜻이다.(THE NATION AND KINGDOM THAT WILL NOT SERVE ME WILL PERISH) 교회가 교황의 삼중관을 쓰고 그녀의 보좌에 앉아 있는 여왕으로 묘사됐다(계 18:7).

▲교황 칼리투스 3세(Callistus Ⅲ 1455~58)의 메달

"OMNES REGES SERVIENT EI"라는 라틴어 문구가 있다. 라틴 벌게이트(Latin Vulgate) 다니엘 7:27에서 인용한 것으로 "모든 왕들은 그를 섬겨야 한다(ALL KINGS SHALL SERVE HIM)"는 뜻이다. 그 성경은 하나님께 올리는 것이다. 그러나 십자가 위에 그려진 교황의 삼중관은 명백히 교황의 권력을 상징한다. 그것은 교황이 하나님의 지정된 대표자이며, 땅의 왕들을 지배하는 권력을 갖고 있음을 나타내는 것이다. "또 네가 본 그 여자는 땅의 왕들을 다스리는 큰 도성(great city)이라 하더라"(계 17:18).

▲베드로의 계승자임을 주장하는 교황 요한 23세(John XXIII)의 메달

삼중관을 쓴 교황 둘레에 "폰티펙스 막시무스(Pontifex Maximus)"라는 최고승원장의 명칭이 새겨져 있고, 뒷면에는 교황의 삼중관을 중심으로 좌우에 열쇠(베드로의 천국열쇠를 의미)가 있는데 "복종과 평화(Obedience and Peace)"라고 새겨져 있다. 교황권은 전 인류의 복종을 요구한다.

교황권의 권위에 대항했던 자들은 짐승의 권력과 권위에 도전하는 대가가 무엇인가를 바로 깨닫게 되었다. 신성로마제국(독일)의 황제 하인리히 4세는 교황 그레고리 7세에게 불경죄를 범했다고 하여 카노사에 있는 교황의 성문 앞에서 눈 위에 맨발로 삼베옷만 걸치고 참회자로서 무릎을 꿇고 사죄하는 공개적인 굴욕을 당하였다.

▲카노사의 하인리히 4세와 교황 그레고리 7세(1077년)
Carlo Emanuelle의 그림.

카노사의 굴욕만 있는 게 아니다. 영국의 존 왕(AD 1199~1216)이 캔터베리의 주교 임명에 대하여 교황 이노센트 3세의 지시를 거부했을 때 그의 영토 전체가 파문을 당하게 되고 더불어 모든 교회 성직자들은 존 왕의 통치를 거부하고 교황에게 복종하도록 압력을 가했다. 어느 정도 버티다가 존 왕을 폐위코자 보내진 프랑스 왕 군대에 의한 교황의 침략을 목전에 두게 되어 결국 존 왕은 교황의 사절인 판돌푸스에게 엎드려 사죄했다. 교황의 신하로 전락해버린 불행한 왕의 머리에 영국의 왕관이 다시 씌어지기 전에 다음의 절차를 거쳤다. 즉 판돌푸스는 왕관을 건방지게 흙먼지 속으로 발로 차버렸던 것이다.

▲존 왕이 교황의 사절 발 앞에 왕관을 놓고 교황의 지배하에서만 그의 왕관을 다시 회복할 수 있다는 사실에 동의한다.

짐승의 사악한 행사들

5. 또 짐승이 과장되고 신성 모독을 말하는 입을 받고
   또 마흔두 달 동안 일할 권세를 받으니라

6. 짐승이 입을 벌려 하나님을 향하여 비방하되
   그의 이름과 그의 장막 곧 하늘에 사는 자들을 비방하더라

7. 또 권세를 받아 성도들과 싸워 이기게 되고
   각 족속과 백성과 방언과 나라를 다스리는 권세를 받으니

여기서 하나님께서는 다니엘이 우리에게 그 '작은 뿔' 이 누구인지를 보이기 위해 사용한 것과 똑같은 표상적 방법을 사용하심으로써 계시록 13장

의 짐승이 누구인가를 우리에게 알도록 하셨다.

우리는 다니엘 7장에서 '작은 뿔'로 표상된 교황권의 특정한 세력 기간이 '한 때, 두 때, 반 때'와 '일천 이백 육십 일'로 묘사된 것을 보았다. 그리고 지금 13장에서는 '마흔두 달'이라는 다른 표현 방식을 본다. 성경의 달과 날의 계산법은 1년이 12개월이고 한 달은 30일임을 기억하라. 이 방식대로 하면,

40개월 = 1,200일
2개월 =   60일
합계   **1,260**일/년

결국 계시록 13장의 '짐승(the Beast)'과 다니엘 7장의 '작은 뿔(the little horn)'은 동일한 세력임이 확실히 드러난 것이다. 더욱이 다니엘은 '작은 뿔'로 표상된 교황권이 1260년이라는 특정한 세력 기간에 "말로 지극히 높으신 자를 대적하며, 지극히 높으신 자의 성도를 괴롭게 한다"고 예언하였는데, 여기 계시록 13장의 짐승도 '42개월'이라는 말로 표현된 그 같은 기간 동안의 행사가 '작은 뿔'의 그것과 일치한다.

즉 짐승이 "큰 말과 참람된 말하는 입을 받고 입을 벌려 하나님을 모독하며"(5,6절), "성도들과 싸워 이긴다"(7절). '짐승'에 대한 진술과 '작은 뿔'에 대한 진술이 조금도 다르지 않음을 볼 수 있다. 계시록 13장의 짐승은 교권 로마, 즉 교황권이 아니고 딴 것이 될 수 없는 것이다.

작은 뿔 (단 7장)	표범을 닮은 짐승 (계 13장)
● 하나님을 대적하여 큰 말을 함	● 하나님을 대적하여 큰 말을 함
● 때와 법을 변개코자 함	
● 한 때와 두 때와 반 때가 지나도록 성도를 괴롭힘	● 마흔 두 달 동안 성도들과 싸워 이김

▲금을 입힌 교황 비오 9세의 메달(1877년)

뒷면은 교황이 삼중관을 쓰고 왕위에 오른 것을 묘사한다. 다섯 사람이 복종과 경의를 표하고 있다. 또한 아래에 요엘 2장 23절을 라틴 벌게이트(Latin Vulgate)에서 인용하여 새겼다. 그는 자신을 하나님으로 묘사했다. Joel 2:23 ... be joyful in the Lord your God: because he hath given you a teacher of justice ... (...주 너의 하나님 안에서 기뻐하라 그가 너희에게 한 의로운 선생을 주셨기 때문이다...)

그런데 여기에서 한 가지 짚고 넘어가야 할 것이 있다. 계시록 11장에 보면 이 짐승이 득세하는 1260일 동안 베옷을 입고 예언하는 두 증인 나온다. "내가 나의 두 증인에게 권세를 주리니 저희가 굵은 베옷을 입고 일천이백육십 일을 예언하리라. 이는 이 땅의 주 앞에 섰는 두 감람나무와 두 촛대니"(계 11:3,4). 여기에 나오는 두 증인은 누구인가?

두 증인

굵은 베옷을 입고 일천이백육십 일을 예언한 두 증인이란 무엇을 말하는 것일까? 그것은 두 감람나무와 두 촛대라고 했는데

그것의 의미는 또한 무엇일까? 자기들의 교주를 감람나무라고 주장하는 사이비 종교처럼 그것은 어떤 사람을 말하는 것일까? 그럴 수는 없다.

우리가 1260일을 1260년 동안 성도들이 박해를 당한 기간이라고 생각한다면 굵은 베옷을 입고 일천이백육십 일을 예언한 두 증인은 사람일 리가없다. 왜냐하면 사람이 1260년을 살 수가 없기 때문이다. 굵은 베옷을 입었다는 것은 슬픔과 회개를 나타낸다. 그렇다면 두 증인은 1260년의 박해 기간 동안 성도들의 고난을 슬퍼하며 세상에 대해서는 끊임없이 회개를 호소해 온 어떤 것이다.

1260년
(42달)

A.D. 538
교황이 교회의 머리로 공포됨

A.D. 1798
나폴레옹에 의해 포로로 붙잡힘

두 증인은 주 앞에 서있는 두 감람나무와 두 촛대라고 했는데 감람나무와 촛대는 무엇을 말하는 것일까? 둘 다 불을 밝히는 것이다. 감람나무는 불을 밝히는 기름을 대주는 원천이 되고 촛대는 기름으로 불을 밝힌다. 그렇다면 두 증인은 1260년의 암흑기간 동안에 감람나무와 촛대처럼 계속해서 불을 밝히는 기름을 대주는 동시에 또 불을 밝혀 빛을 비추어 온 것을 알 수 있다.

우리에게 어둠을 밝혀주는 등이 되고 빛이 되는 것이 무엇인가? 그것은 하나님의 말씀과 하나님의 참된 교회이다. 시편 119:105에 주의 말씀이 "내 발에 등이요 내 길에 빛"이라고 말씀하신 것처럼 하나님의 말씀인 신구약성경은 어두운 중세의 박해시절, 그 어둠을 비추는 등이요 빛이었다. 또한 계시록 1:20에 기록된 것처럼 촛대는 교회를 상징하는 바 1260년 간의 암흑시대 동안 생명 바쳐 하나님의 말씀을 보존한 참된 교회 역시 등이요 빛이었던 것이다. 이처럼 두 증인이라고 한 것은 하나님의 말씀과 참 교회를 상징하고 있다.

'두 증인'(The Two Witnesses)은:

참된 교회 (The True Church)

하나님의 말씀 (The Word of God)

두 증인의 입에서는 불이 나왔다 (계 11:5). 사람의 입에서 실제로 불이 나올 수는 없다. 이 또한 상징으로서 복음의 능력, 말씀의 권세를 의미한다. 곧 암흑시대의 그리스도인들이 생명 걸고 선포한 말씀의 힘을 뜻하는 것이다. 그들이 순교를 각오하고 외치는 말씀은 적그리스도(교황)를 흔들고 그 추종자들(사제조직)의 양심을 찌르는 것이었다. 성경은 주님의 종이 선포하는 말씀의 능력을 불과 같을 것이라고 비유하고 있다.

"그러므로 만군의 하나님 여호와께서 이와 같이 말씀하시니라
너희가 이 말을 하였은즉 볼지어다 내가 네 입에 있는 나의 말을
불이 되게 하고 이 백성을 나무가 되게 하여 불사르리라"(렘 5:14).

두 증인은 하늘을 닫기도 하고 물들을 피로 변하게도 하여, 재앙으로 땅을 치기도 하는 권세를 가졌다(계 11:6). 이것은 구약 시대에 모세와 엘리야가 행했던 권능을 인용하여서 교회들이 증거하는 복음의 능력과 권세를 재차 상징적으로 묘사한 것이다.

만일 누가 이 두 증인을 해하고자 하면 "저의 입에서 불이 나서 그 원수를 소멸할지니 누구든지 해하려 하면 반드시 이와 같이 죽임을 당"할 것이라고 하였다(계 11:5). 1260년 동안 두 증인인 성경 말씀과 참 교회를 해하려는 시도가 있었던가? 많이 있었다.

사단은 두 증인, 즉 신구약성경과 참 교회가 등과 빛이 되어 세상을 비추는 동안은 자기의 기만이 드러나서 그의 목적을 이룰 수 없을 것을 잘 알았다. 사단의 선동 아래 교황권은 수백 년 동안 성경의 보급을 금지하였고 사람들은 그것을 읽거나 간직할 수도 없었다. 말씀을 읽고 진리를 갈구하는 사람들, 곧 참 교회는 잔인한 핍박과 아울러 종교재판에 회부되어 생명을 잃었다.

그러나 하나님의 참된 교회와 하나님의 말씀을 짓밟는 사람들은 반드시 징벌을 받았다. 일례로 1572년 8월 24일 성 바돌로메(Bartholomew)의 날, 카톨릭 교도들로부터 한 달간 프랑스 전역에서 약 10만여 명의 위그노 성도들이 학

살당했는데, 이 명령을 내린 25세의 프랑스 왕 찰스(Charles IX)는 이틀 만에 원인 모르게 피를 토하고 죽었다.

　기본적으로 1260일을 성도들이 박해를 당한 1260년의 기간이라고 생각한다면 굵은 베옷을 입고 일천이백육십 일을 예언한 두 증인은 어떤 특수한 사람들이 아니라 1260년의 박해 기간 동안 성도들의 고난을 슬퍼하며 끊임없이 회개를 호소해 온 어떤 것을 상징한다. 두 증인을 두 감람나무와 두 촛대라고 했기 때문에 우리는 그것을 하나님의 말씀, 즉 신구약성경과 참된 교회라고 해석한다. 참 교회와 하나님의 말씀인 신구약성경은 어두운 중세의 박해시절 그 어둠을 비추는 등이요 빛이었던 것이다.

　이제 다시 본문으로 돌아가 짐승의 정체가 로마 교권, 곧 교황이라는 사실을 더 자세히 확인해 보자. 계시록 13장에는 짐승(적그리스도)이 실제로 누구인가를 식별할 수 있는 또 하나의 결정적인 특징이 계시되어 있다.

짐승의 이름과 그 이름의 수 666

16. 그가 모든 자 곧 작은 자나 큰 자나 부자나 가난한 자나 자유인이나 종들에게 그 오른손에나 이마에 표를 받게 하고

17. 누구든지 이 표를 가진 자 외에는 매매를 못하게 하니 이 표는 곧 짐승의 이름이나 그 이름의 수라

18. 지혜가 여기 있으니 총명한 자는 그 짐승의 수를 세어 보라 그것은 사람의 수니 그의 수는 육백육십육 이니라

짐승은 이름(name)과 수
(number)를 가지고 있다. 짐승
의 이름 666 숫자란 무엇인
가? 하나님은 우리에게 그
짐승의 이름의 수를 세어 보
라고 명령하셨다. 왜냐하면
그렇게 할 때 짐승의 정체를

알 수 있기 때문이다. 그러므로 우리는 성경의 명령에 순종하여 이 상징적
인 신비의 수 666을 헤아려 보도록 하자. 그리고 어떻게 그것이 로마 교황에
게 적용되는지 살펴보자.

문자는 오래 전에 발명되었는데, 숫자가 통용되기 전에는 알파벳의 철자
로 숫자를 표현하는 관습이 있었다. 그리고 고대에는 사람의 이름을 각 철
자마다 배당되어 있는 그 고유의 수치로 매겨서 합산하여, 그 합산한 숫자
를 그 이름과 같은 것으로 간주하는 독특한 독서 방법이 있었다. 마빈 빈세
트(Marvin R. Vincent) 박사는 그의 책 《신약의 언어 연구》(Word Studies in the New Testament)
에서 랍비들의 문자 계수(Gematria of the Rabbins)로 알려진 이와 같은 고대적 독서
방법이 있었음을 설명하고 있다.

이제 우리는 짐승, 즉 교황 조직의 경우에 있어서 666 숫자가 감추어진
이름 또는 직함이 무엇인가를 찾아보자. 그런데 우리는 단지 한 개의 언어
에서만이 아니라 세 개의 언어에서 우리의 대답을 발견해야 한다. 첫째, 헬
라어에서 찾아야 하는데 왜냐하면 요한계시록은 헬라어로 기록되었기 때문

이다. 둘째, 라틴어에서 발견해야 하는데 왜냐하면 라틴어는 다니엘 2장의 넷째 나라, 즉 로마/라틴 제국 시대의 언어로서, 요한계시록은 그 시대에 쓰여졌으며, 우리가 이미 충분히 이해했듯이 교권 로마는 바로 그 라틴/로마 제국의 범위 안에서 일어났기 때문이다. 셋째, 히브리어에서 발견해야 하는데, 왜냐하면 그것은 이스라엘에 하나님의 계시가 전달되어진 주된 언어이기 때문이다. 다시 말하면 666 수치는 헬라어, 히브리어, 라틴어에서 다 같이 산출해 보아야 한다는 것이다.

1. 헬라어: 일찍이 AD 2세기에 이레니우스(Irenaeus)는 짐승의 이름은 '라테이노스' (Lateinos; $\lambda\alpha\tau\epsilon\iota\nu o\sigma$), 즉 '라틴 사람' (The Latin Man)이라고 선언했다. 아마 이보다 더 적절한 명칭은 찾을 수 없을 것이다. 왜냐하면 라틴어는 로마 교회의 공식 언어이기 때문이다. 언급할 것도 없이 그들의 교회법(the Canon Law) 자체가 라틴어로 기록되어 있다. 헬라어에 있어서 '라틴 사람'의 수치상의 가치는 다음과 같이 산출된다.

$$L(\lambda) \quad A(\alpha) \quad T(\tau) \quad E(\epsilon) \quad I(\iota) \quad N(\nu) \quad O(o) \quad S(\sigma)$$
$$30 + 1 + 300 + 5 + 10 + 50 + 70 + 200 = \mathbf{666}$$

그리고 바티칸 교황청에 해당하는 '이탈리아 교회'라는 뜻의 '이탈리카 에클레시아' (ITALIKA EKKLESIA)가 역시 동일한 숫자상의 가치를 갖고 있다.

$$I(\iota) \quad T(\tau) \quad A(\alpha) \quad L(\lambda) \quad I(\iota) \quad K(\kappa) \quad A(\alpha)$$
$$10 + 300 + 1 + 30 + 10 + 20 + 1$$

E(ϵ)　K(κ)　K(κ)　L(λ)　E(ϵ)　S(σ)　　I(ι)　A(a)

5 + 20 + 20 + 30 + 8 + 200 + 10 + 1 = **666**

또한 '라틴 왕국'을 의미하는 "헤 라틴 헤 바실레이아"(η $\lambda \alpha \tau \iota \nu$ η $\beta \alpha \sigma \iota \lambda \epsilon \iota \alpha$; HE LATIN HE BASILEIA)를 헬라어 수치로 환산해 보면 역시 동일한 숫자상의 가치가 산출된다.

HE(η)　L(λ)　A(a)　T(τ)　　I(ι)　　N(ν)

8 + 30 + 1 + 300 + 10 + 50

HE(η)　B(β)　A(a)　S(σ)　　I(ι)　L(λ)　E(ϵ)　I(ι)　　A(a)

8 + 2 + 1 + 200 + 10 + 30 + 5 + 10 + 1 = **666**

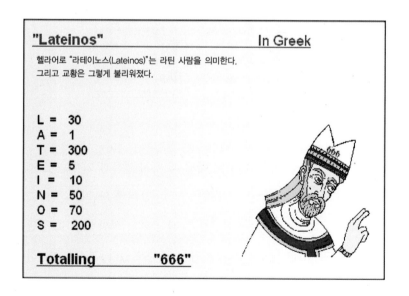

"Lateinos" In Greek

헬라어로 "라테이노스(Lateinos)"는 라틴 사람을 의미한다.
그리고 교황은 그렇게 불리워졌다.

L = 30
A = 1
T = 300
E = 5
I = 10
N = 50
O = 70
S = 200

Totalling "666"

Letter	Name	Value	Letter	Name	Value
Aα	alpha	1	Λλ	lamda	30
Bβ	beta	2	Μμ	mu	40
Γγ	gamma	3	Νν	nu	50
Δδ	delta	4	Ξξ	ksi	60
Εε	epsilon	5	Οο	omicron	70
ς	dıgamma	6	Ππ	pi	80
Ζζ	zeta	7	Ρρ	rho	100
Ηη	eta	8	Σσ	sigma	200
Θθ	theta	9	Ττ	tau	300
Ιι	iota	10	Υυ	upsilon	400
Κκ	kappa	20	Φφ	phi	500

　　2. **라틴어**: 그리스도는 세상에 계실 때 가시 면류관 외에는 쓰신 관이 없었다. 그러나 교황은 보석으로 꾸민 지극히 값비싼 왕관을 쓴다. 교황의 대관식 때에는 그의 머리 위에 삼중으로 된 금관이 씌워졌다. 그 금관에는 '비카리우스 필리 데이'(VICARIUS FILII DEI)라는 글자가 있다. 그 의미는 '하나님의 아들의 대리자'(Vicar the son of God)라는 뜻이다. 교황의 공식 명칭인 이 글자의 수치상의 가치는 다음과 같다.

라 틴 어

V	=	5
I	=	1
C	=	100
A	=	0
R	=	0
I	=	1
U	=	5
S	=	0
F	=	0
I	=	1
L	=	50
I	=	1
I	=	1
D	=	500
E	=	0
I	=	1

교황의 라틴어 공식 칭호
"하나님의 아들의 대리자"

라틴어의 자모음 글자들은 숫자의
값을 갖고 있는데 위에 기록된
숫자의 값은 666이다.

666

'대관' 의식에서 삼중의 면류관이 새로운 교황의 머리에 씌워졌을 때, 의식을 집행하는 추기경에 의해서 다음과 같은 선언문이 포고된다.

"세 가지 왕관으로 장식된 삼관을 받으소서. 그리고 그대는 왕자들과 왕들의 아버지이며 세계의 지배자, 우리 구주 예수 그리스도의 대리자(The Vicar)이심을 아옵소서…"(National Catholic Almanac).

▲교황 요한 23세(1958~1963)

교황은 자신을 그리스도의 대리자라고 주장한다. 삼중관은 그에 의해 주장된 권위에 적합한 상징으로서 교황의 머리에 씌워지는 것이다. 교황이 쓰는 이 삼중관은 참월(僭越) 하게도 하늘과 땅, 지하의 주권자라는 뜻이다. 이에 관해 로레인 뵈트너(Loraine Boettner)는 그의 명저「로마 카톨릭주의」에서 다음과 같이 설명한다.

"교황이 쓰고 있는 삼중의 왕관은 하늘, 지구, 그리고 지하 세계, 즉 하늘의 왕, 지구의 왕, 그리고 지옥(hell)의 왕으로서 그의 권위를 상징한다. …교황은 자기가 기뻐하는 영혼은 누구든지 연옥의 고통에서 해방할 수 있으며, 그가 해방하지 않는 영혼들은 계속 그들의 고통 가운데 있게 된다. 교황이 땅에서 내린 결정은 하늘에서 인준한다. …그리스도는 로마 교회가 주장하는 바와 같이 대리자(교황)를 필요로 하지 않으신다. 성경은 명백하게 땅 위에서 그리스도의 대리자는 성령이라고 가르친다. '보혜사 곧 아버지께서 내 이름으로 보내실 성령 그가 너희에게 모든 것을 가르치실 것이다'(요 14:26). …루터와 칼빈은 오직 그리스도만을 교회의 머리로서 기꺼이 인정했으며 교황을 적그리스도로서 고발하였다."

(로레인 뵈트너, 「Roman Catholicism」, 이송훈 역, 기독교문서선교회, 1992, pp.181~182).

◀교황 그레고리 16세(Gregory XVI, 1831~1846)의 삼중관
상층에는 "VICARIUS", 중층에는 "FILII", 하층에는 "DEI"라고 새겨 "하나님의 대리자"를 자처했다.

▲1871년 벨지움에 의해 교황 비오 9세에게 바쳐진 삼중관

라틴어로 상층에 CHRISTI VICARIO(그리스도의 대리자 · Christ's Vicar), 중층에 IN TERRA(땅 위에 · On Earth), 하층에 REGVM(왕들 · Kings)이라고 새겼다. 관에 새겨진 완전한 문장(눈에 보이지 않는 면의 본문을 포함해서)은 아래와 같다.

IESV CHRISTI VICARIO INFALLIBILI
ORBIS SVPREMO IN TERRA RECTORI
REGVM ATQVE POPVLORVM PATRI

번역을 하면:

오류가 없는 그리스도의 대리자에게
To the Infallible Vicar of Jesus Christ

땅 위에 있는 세계의 최상의 통치자에게
To the Supreme Governor of the World on Earth

나라들과 왕들의 아버지에게
To the Father of Nations and Kings

▲교황의 삼중관

'VICARIUS FILII DEI' 라는 글자가 있다. 이 라틴어 글자의 수치를 합하면 666이다.

▲성 베드로 성당에서 미사를 거행하고 있는 교황 요한 23세
교황의 우측 제단 윗 쪽에 두 개의 삼중관이 보인다. 그의 왼
편에는 주교관이 눈에 띈다.

결국 교황은 그리스도의 자리를 차지하고서 오직 그리스도께서만 받으셔야 할 영광을 가로채는 적그리스도인 것이다. 한편 라틴어에는 '성직자 최고 우두머리'와 '로마 왕국 최고 대리자'를 의미하는 '둑스클에리'(DUXCLERI)와 '루도비쿠스'(LUDOVICUS)라는 단어가 있는데, 이 명칭들의 숫자상의 가치도 역시 666이 산출된다.

D   U   X   C   L   E   R   I
500 + 5 + 10 + 100 + 50 + 0 + 0 + 1 = **666**

R   U   D   O   V   I   C   U   S
50 + 5 + 500 + 0 + 5 + 1 + 100 + 5 + 0 = **666**

라틴어 수치

NUMERAL	NAME	VALUE
I	*unus*	1
V	*quínque*	5
X	*decem*	10
L	*quínquaginta*	50
C	*centum*	100
D	*quíngentí*	500
M	*mílle*	1000

I	II	III	IV	V(U)	VI	VII	VIII	IX	X
1	2	3	4	5	6	7	8	9	10
X	XX	XXX	XL	L	LX	LXX	LXXX	XC	C
10	20	30	40	50	60	70	80	90	100
C	CC	CCC	CD	D	DC	DCC	DCCC	CH	M
100	200	300	400	500	600	700	800	900	1000

주) 라틴어에 있어서 'E' 'A' 'R' 'S' 'F'는 수치가 없다는 것을 참조하라.

3. 히브리어: 하나님의 백성 이스라엘의 고대 언어에 있어서 두 낱말, '로마 사람'(Roman Man)과 '로마 왕국'(Roman Kingdom)을 의미하는 '로미티' (Romiti;רומיתי)와 '로미스'(Romith;רומיית)가 다음과 같이 역시 똑같은 수치상의 가치를 갖고 있다.

R (ר) O (ו) M (מ) I (י) T (ת) I (י)
200 + 6 + 40 + 10 + 400 + 10 = 666

R (ר) O (ו) M (מ) I (י) I (י) TH (ת)
200 + 6 + 40 + 10 + 10 + 400 = 666

이상과 같이 짐승 조직, 교황 왕조의 이름들과 그 이름의 수를 충분히 살펴보았다. 헬라어나 히브리어나 '로마 사람', '로마 왕국', '라틴 사람', '라틴 왕국'이 666이라고 한다. 그러면 그 수치와 그 이름에 가장 일치하는 사람이 로마 교황이 아니고 누구란 말인가? 더욱이 바티칸 교황청에 해당하는 이름, '이탈리아 교회'가 666이며, 교황의 공식 명칭 '비카리우스 필리데이'(VICARICS FILII DEI)까지 666이다. 따라서 계시록 13장의 짐승, 곧 적그리스도는 로마 교황이 아니고 다른 인물이 될 수는 전혀 없는 것이다. 다니엘 7장의 '작은 뿔(the little horn)'과 계시록 13장의 '짐승(the Beast)'은 틀림없이 같은 세력이다.

히브리어 수치

1	א	Aleph (A, E)	A
2	ב	Beth (B, V)	B
3	ג	Gimel (G)	G
4	ד	Daleth (D)	D
5	ה	He [Heh] (E, A)	H
6	ו	Vau (O, U, V, W)	V
7	ז	Zayin (Z)	Z
8	ח	Cheth (Ch)	Ch
9	ט	Teth (T)	T
10	י	Yod (I, J, Y)	I
20	כ	Kaph (K, Kh)	K
30	ל	Lamed (L)	L
40	מ	Mem (M)	M
50	נ	Nun (N)	N
60	ס	Samekh (S)	S
70	ע	A'ayin (A'a, O)	O
80	פ	Pe (P, Ph)	Ph
90	צ	Tzaddi (Tz)	Tz
100	ק	Qoph (Q)	Q
200	ר	Resh (R)	R
300	ש	Shin (Sh, S)	Sh
400	ת	Tau (Th, T)	Th
500	ך	Kaph-final (K,Kh)	K
600	ם	Mem-final (M)	M
700	ן	Nun-final (N)	N
800	ף	Pe-final (P, Ph)	Ph
900	ץ	Tzaddi-final (Tz)	Tz

이 모든 사실들이 그렇게 완전하게 다 들어맞는 것은 결코 우연의 일치라고 할 수 없다. 성경의 예언을 올바르게 이해한다면 누구도 부인할 수 없는 증거이다. 하버드 대학의 교수였던 사무엘 쿠퍼(Samuel Cooper: 1703~1758)는 다음과 같이 단언했다.

"만약 여러분이 베드로 성당의 교황 자리에서 적그리스도를 발견하지 못하면 그 어디서도 적그리스도를 발견하지 못할 것이다."

그렇다! 지혜와 계시의 영이 있어 성경의 예언을 바로 이해한 성도는 소위 바티칸의 성좌에 앉아 있는 교황이 적그리스도라는 사실을 분명히 인지할 것이다. 적그리스도에 대한 성경의 모든 예언이 교황권 안에서 한 치의 오차 없이 성취되었기 때문이다.

Siche an Chriftum dieß Bilde recht   Hie reit der Herr und auch der Knecht
Der Herr auf einem armen Thier   Der Knecht mit höchftem Pracht u Zier.
Der Herr trägt auf ein Dornen Kron   Der Knecht ein dreifach gülden Kron

▲ 예수와 교황(목판 풍자화, 독일, 1540년경) 벙거지를 쓰고 나귀를 탄 가난한 예수와 삼중관을 쓰고 고가의 옷으로 치장한 백마 탄 교황이 대조를 이루고 있다.

적그리스도는 666, 그리스도는 888

히브리어로 '샤만(Shaman)'이라고 칭하는 숫자 8은 성경에서 매우 긍정적으로 사용되는 숫자 중에 하나이다. 8은 '원래의 것으로 돌아간다'는 의미와 '7이 준비하고 성취한 것을 더 넘치게 완성'하는 의미를 갖는다. 8은 완전함을 뜻하는 7 이상으로 넘치는 것이며, 실제로 여덟 번째이면서 새로운 연속의 첫 번째가 된다. 여덟 번째 날은 새로운 한 이레의 첫째 날이 되고, 음계에서 여덟 번째 음은 첫 음과 같다는 것을 관찰해 보라. 그러므로 숫자 8은 회복, 새 탄생, 새 창조, 새 시작에 해당하는 수이다.

유대교에서 제8일은 정화의 날이며, 할례가 행해지는 날이기도 하다. 그런데 8일 만에 행하는 할례의 경우도 메시아 예수로 말미암아 실현될 마음의 할례의 그림자이므로 새 탄생(새로운 피조물)과 연관된다. 방주를 탔기에 홍수에서 구원받은 사람은 8명이었다. 그 여덟 사람으로 세계는 새롭게 시작하였다. 여기서도 8이라는 수는 '새 시작'과 관련된다.

십자가에 못 박혀 돌아가신 예수님은 7일째 안식일이 지난 제8일에 부활하셨다. 때문에 숫자 8은 안식 후 첫날인 새 안식일, 곧 주님이 부활하신 날을 기념하는 '주일'이 되었다(요 20:1~10). 이처럼 성경에서 8이라는 수는 언제나 '새로운 시작'을 의미하는 수이다.

우리에게 새로운 생명을 주시는 예수의 이름은 8과 관련이 있다. '예수'를 헬라어로 쓴 이예수스(*Ιησοῦς*)란 단어의 숫자 가치를 합산해 보면 888이 된다.

$$J(10) + E(8) + S(200) + O(70) + U(400) + S(200) = 888$$

흥미롭게도 예수의 이름이 8을 세 번 십진법으로 증폭하고 있다. 이와 같은 증폭을 "세 번 위대한"이라는 뜻의 '트리스메기스토스(Trismegistos)'라고 칭한다. 초기 교회 교부들이 주일을 '제8일째 날'이라고 불렀던 것도 무시할 수 없는 것이다. 예수의 이름이 **888**이기 때문이다.

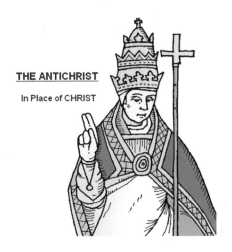

THE ANTICHRIST

In Place of CHRIST

그러나 계시록 13장의 짐승, 곧 적그리스도는 이름의 수가 그리스도보다 확연히 부족한 수인 666이다. 모든 수가 완전수인 7에 미달되고 있다. 즉 이 수는 적그리스도가 하나님의 의에 현저히 부족한 존재라는 사실을 가리킨다. 그럼에도 불구하고 적그리스도는 자신이 그리스도의 대리자를 자처한다. 그래서 바울은 그 참월한 인간을 '죄의 사람(man of sin)'이라고 했다(살후 2:3).

더 이상 속지 말라

로마 교회는 개혁자 마틴 루터(Luther)의 이름이 히브리어로 666이 산출된다면서, 마틴 루터를 적그리스도로 지목하려 했고 아직도 그렇게 간주하는 악인들이 많이 있다. 그러나 루터는 종교개혁의 불길을 일으킨 그리스도의 충성된 종이지 사단의 종인 적그리스도가 아니다. 왜냐하면 적그리스도는 다니엘이 예언한 '작은 뿔'의 여덟 가지 특성들이 다 발견되어야 하는데, 한 개인인 루터에게는 그와 같은 특징들이 전혀 부합되지 않기 때문이다.

성경이 예언한 적그리스도는 한 사람의 개인적 인물이 아니다. 따라서 단지 이름의 수치가 666이 산출된다고 해서 교황권과 무관한 사람들을 죄다 적그리스도로 단정할 수는 없다. 만약 당신의 이름이 헬라어나 히브리어로 666이 산출된다 해도 전혀 놀라지 말라. 그것은 우연의 일치일 뿐이며, 예언과는 아무 관련이 없다.

▲루터를 적그리스도로 지목한 16세기 로마교의 풍자 만화
마귀가 루터를 지휘하고 있는 것으로 묘사하였다. ('백파이프를
연주하는 마귀' 〈Devil playing the Bagpipes〉, 1530, Erhard Schön)

▲루터를 일곱 머리 가진 악마로 풍자한 로마교의 만화

왼쪽부터 마술사, 불성실한 수도사 복장의 수도사, 두건을
쓴 이교도, 그릇된 생각을 가진 신학자, 머리에 벌이 왕왕
거리며 날아드는 미치광이, 방문 온 서커스 광대, 현대의
바라바(예수 대신 십자가 처형을 면한 강도) 등으로 묘사했다.

666이 짐승의 표인가? 오늘날 그릇된 종말론 서적들의 영향으로 인해 많
은 사람들이 666을 짐승의 표라고 생각한다. 그리하여 무엇이든지 6이라는
수가 셋 들어 있는 것을 피하려고 한다. 그러나 666은 짐승의 표가 아니다.
지금 우리가 자세히 살펴봤듯이 666이라는 숫자는 단지 짐승을 식별하는
하나의 특징에 불과한 것이다. 그것은 계시록의 짐승, 곧 적그리스도가 실
제로 누구인가를 우리가 알 수 있는 또 하나의 방법인 것이다.

그러므로 혹시 나의 전화번호나 신용카드, 주소, 자동차 번호 등에 6이라

는 수가 셋이 있어도 그로 인해 두려워하거나 상심할 필요는 없다. 그것은 진리의 말씀을 모르는 자들이 기만당하는 것이다.

"… 너희가 내 말에 거하면 참으로 나의 제자가 되고 진리를 알게 되리니 그 진리가 너희를 자유롭게 하리라"(요 8:32 KJV).

혹시 당신은 그동안 적그리스도는 무신론자로서 주님의 재림 직전에 등장해 고작 3년 반 동안 활동할 유대인 출신의 한 개인적 인물(유럽 총통)이라는 지극히 그릇된 세대주의 종말론에 세뇌되어 있지는 않았는가? 그렇다면 당신은 철저히 속아온 것이다. 이제 당장 깨어나라! 당신이 기진맥진할 때까지 적그리스도의 정체를 추적해 볼 수는 있다. 그러나 로마 교황 외에는 과거에서도 현재에도 하나님이 성경에서 자상하게 보여 주신 그 모든 특징들에 맞는 다른 사람이나 세력은 결코 어디서도 찾지 못할 것이다. 물론 미래에도 마찬가지다. 왜냐하면 하나님께서는 우리에게 주신 예언을 중도에서 변경하지 않으시기 때문이다. 만약 역사적으로 계시록의 짐승이 로마 교권이라면, 현재나 미래의 계시록의 짐승도 같은 로마인 것이다.

루터, 위클리프, 후스, 칼빈 그리고 그 외의 모든 종교개혁자들은 다니엘 7장의 '작은 뿔'과 계시록 13장의 '짐승', 17장의 '음녀', 데살로니가후서 2장의 '불법의 사람'이 온갖 비성경적 교리들로 배도를 주도해 온 교황권(papacy)이라고 지적하였다. 칼빈(John Calvin)은 그의 《기독교 강요》에서 이렇게 밝혔다.

"다니엘과 바울은 적그리스도가 하나님의 성전에 앉을 것이라고 예언하였다. 서방 교회에 있어서 이 저주받은 가증한 왕국의 머리를 우리는 교황이라고 단정한다."

(Calvin, Institutes, Vol. 2, 314, 315)

따라서 성경에 비추어 로마 교황이 적그리스도인 사실을 상세히 폭로한 개혁자들의 바른 신앙을 물려받은 모든 개혁 교회들 -장로교회, 조합교회, 침례교회, 감리교회, 성공회 등-의 역사적 교의(敎義)와 신앙 고백서들은 한결같이 로마 교황을 적그리스도로 규정하였는데, 일례로 장로교회의 웨스트민스터 신앙고백 25장 4~6항은 아래와 같이 서술하고 있다.

"예수 그리스도 한 분 외에는, 즉 교회의 머리는 지상에 존재하지 않는다. 로마 교황은 교회의 머리가 될 수 없다. 만약 이 지상에 교회의 머리라고 주장하는 자가 있다면 그는 곧 죄의 사람 혹은 불법의 사람인 적그리스도이다. 교황은 적그리스도요 불법의 사람 곧 멸망의 아들이며, 교회 안에서 그리스도와 범사에 일컫는 하나님에 비하여 자신을 높인다."

심지어 어떤 카톨릭교도들도 같은 결론에 도달했었다. 올레앙 주교 아눌프는 교황들을 '죄악의 괴물들' 이라고 선언했고, 그들을 하나님의 성전에 앉아서 스스로 하나님이라 하는 '적그리스도' 라 불렀다(「기독교회의 역사 History of the Christian Church」, 6권, p.290). 살츠 부르크의 대주교 에베르하드 2세(Eberhard II, 1200~1246)도 그 시대의 사람들이 곧잘 교황을 적그리스도라 불렀다고 말했다.

그리고 서방 교회가 로마와 프랑스의 아비뇽으로 40년 이상 나뉘어져 두 사람의 교황들이 대립하고 있었을 때 각 교황은 서로 상대에게 적그리스도라고 불렀다. 그리고 존 위클리프(John Wycliffe)는 양쪽 말이 모두 맞다고 말한 것으로 알려졌다. 즉 "각각 적그리스도의 두 반쪽으로서, 합치면 완전한 죄의 사람이 될 것"이라고 말했던 것이다.

이제 당신은 먼 미래에나 잠깐 활동할 정체불명의 적그리스도를 상상하는 헛된 생각에서 즉시 벗어나라. 세상 끝에 나타난다는 적그리스도에 대한 미래주의자들의 이론에 더 이상 속지 마라! 적그리스도는 벌써 왔으며 그는 세상에 출현한 이래 유럽의 로마에 존재하고 있다. 성경이 말하는 적그리스도는 한 개인적 인물인 세계 독재자가 결코 아니라는 사실을 명심하라.

재림주를 자처하는 사이비 종파의 교주들이 있다. 그들은 "다른 적그리스도(Another antichrist)"이지, 성경이 예언한 "그 적그리스도(The antichrist)"는 아니다.

적그리스도의 정체를 알아내는 일은 거창한 일도, 어려운 일도 아니다. 아주 쉽다. 하나님께서 자기 백성들로 하여금 능히 그를 알아 볼 수 있도록 적그리스도의 신원을 파악하는 데 열쇠가 되는 여러 가지 특징들을 아주 자세히 계시해 주셨기 때문이다.

그리스도의 대리자를 사칭하며 로마 일곱 언덕의 도시에 앉아 있는 교황, 바로 그가 성경이 예언한 적그리스도다. 이에 대한 증거를 좀 더 보고 싶은가? 이제 계시록 17장을 열고 하나님께서 이 짐승을 큰 음녀 바벨론이라고 한 부분을 보자.

제 4 장

큰 음녀 바벨론

요한계시록 17장

1. 또 일곱 대접을 가진 일곱 천사 중 하나가 와서 내게 말하여 이르되 이리오라 많은 물 위에 앉은 큰 음녀가 받을 심판을 네게 보이리라.

"많은 물 위에 앉은 큰 음녀" 이 여자의 정체는 무엇일까? 15절에 그 해답이 기록되어 있다. "또 천사가 내게 말하되 네가 본 바 음녀가 앉아 있는 물은 백성과 무리와 열국과 방언이니라"(계 17:15). 이것은 로마 카톨릭이 온 세계의 여왕으로 군림할 것을 예언한 것이다.

실제로 그녀는 전성기인 중세 암흑시대에 유럽의 통치자로 군림하였고, 지금도 열방과 백성 위에 군림하고 있는 큰 음녀이다. 오늘날 온 세계에 UN을 비롯해 교황의 영향력이 미치지 않는 나라나 종족은 거의 없다.

여기에 나오는 '음녀'는 계시록 12장에 나오는 '여자'와 상대되는 상징적 용어로서, 계시록 12장의 '여자'가 '참 교회'를 상징하는 반면, 17장의 '음녀'는 '거짓 교회'를 상징한다. 성경이 상징적 언어를 사용할 때 '여자'는 '교회'를 나타내는 것이다.

"나의 사랑, 내 어여쁜 자야 일어나서 함께 가자 겨울도 지나고…"(아 2 :10).

사도 바울은 그가 설립한 고린도 교회에 대하여 "내가 너희를 정결한 처녀로 한 남편인 그리스도께 드리려고 중매함이로다"(고후 11:2)고 말했다. 교회를 순결한 처녀로 비유하였다. 또한 에베소서 5:22~33에서는 아내와 남편과의 관계를 교회와 그리스도와의 관계로 등식화해 말하면서, 교회를 흠도 점도 없는 여자로 비유하고 있다. 예수님은 신랑이고 교회는 신부인 것이다(마 9:15; 계 19:7). 세상 끝에 신랑이신 예수님은 자기의 아름다운 신부를 데리러 다시 오실 것이다.

그러나 예수님의 신부인 교회가 하나님의 인도하심으로부터 반대 방향으로 나아갈 때 그것은 영적인 '간음'이 된다. 그래서 '음녀'가 된다. 그러므로 '음녀'는 배교타락교회인 '거짓 교회'를 상징하는 것이다. 순결한 여인은 순결한 교회요(렘 6:2; 계12장), 음란한 여자는 거짓된 교회이다(계17장). 음녀는 신부의 자격이 없다. 거짓 교회는 예수 그리스도의 신부가 아닌 것이다.

2. 땅의 임금들도 그와 더불어 음행하였고
땅에 사는 자들도 그 음행의 포도주에 취하였다 하고

"…그 음행의 포도주에 취하였다…" 로마 교회는 '잔을 든 여인'을 교회의 상징(emblem)으로 사용했다. 그녀는 온 세상을 그녀의 거짓된 교리의 포도주로 취하게 하였다.

▲교황 이노센트 11세(Innocent IX)의 메달(1680년) 여자가 손에 금잔을 들고 있다.

▲교황 클레멘트 8세(Clement VIII)의 메달(1602년) 금잔을 들고 있는 여자 주위로
"UNES DEUS – UNA FIDES", 즉 "한 하나님 – 한 믿음"이라고 새겼다.

"…땅의 임금들도 그와 더불어 음행하였고…" 로마 교회인 음녀는 사람들에게 죽음의 위협을 가해 로마교의 잘못된 교리를 신봉케 하려고 국가와 결탁하는 음행을 저질렀다. 음녀의 박해는 아주 잔인했다. 로마 카톨릭은 하나님의 충성된 백성들에게 박해를 가할 수 있는 권력을 장악하기 위하여 정부들과 비도덕적인 관계를 맺었던 바, 교회와 국가의 이 같은 비도덕적 결탁은 수많은 순교자들을 유발시켰다.

3. 곧 성령으로 나를 데리고 광야로 가니라 내가 보니 여자가 붉은 빛 짐승을 탔는데 그 짐승의 몸에 하나님을 모독하는 이름들이 가득하고 일곱 머리와 열 뿔이 있으며

여기서 우리는 '짐승 위의 여자' 가 누구인지를 알 수 있는 강력한 단서를 잡는다. 여자가 올라 탄 짐승은 일곱 머리와 열 뿔을 가졌다.

9절에서 이 일곱 머리에 대해 무엇이라 하는지 주의해 보라.

9. 지혜 있는 뜻이 여기 있으니 그 일곱 머리는 여자가 앉은 일곱 산이요

'일곱 언덕' 은 철두철미 로마를 암시한다. 요한계시록이 생겼던 바로 그 당시에 누구나 일곱 언덕에 대해 듣는다면 확실히 곧바로 로마를 생각했다. 로마는 일곱 개의 작은 산들 위에 자리 잡고 있는 도시로 유명하다. 로마시는 일곱 산으로 형성되어 있다.

1. 파라티네
   (Palatine)

2. 아벤티네
   (Aventine)

3. 카에리네
   (Caeline)

4. 에스크리네
   (Esquiline)

5. 큐리날
   (Quirinal)

6. 카피토리네
   (Capitoline)

7. 비미날
   (Viminal)

그리하여 로마는 역사를 통해 '일곱 언덕의 도시(The Seven hilled City)'로 알려져 왔다. 예언이 밝힌 것을 배운 적이 없는 이교의 시인들과 웅변가들도 똑같이 로마를 '일곱 언덕의 도시(The Seven hilled City)'로 묘사했다.

버질(Virgil)은 그에 대해, "로마는 세상에서 가장 아름다운 도시가 되었고, 일곱 산등성이가 벽처럼 그녀를 홀로 둘러싸고 있다"라고 칭송했다.

프로퍼티우스(Propertius)는, "온 세상을 통치하는 일곱 언덕 위에 높이 솟은 도시"라고 말했다.

호레이스(Horace)는, "신들이 그들의 흠모의 대상을 일곱 언덕 위에 두었다"라고 썼다.

그리고 로마 교황은 언제나 자신을, "일곱 언덕으로부터 온 남자"(a man from the seven mountains; De septem montibus Virum)라고 불렀다(히슬롭, The Two Babylons, p.2).

여기서 짐승 위에 탄 여자는 바로 로마에 자리 잡고 있는 바티칸, 즉 로마 교회이다. 이와 같은 이유 때문에 천사는 "지혜 있는 뜻은 여기 있으니"라고 말하고 있는 것이다. 마치 예수님께서 로마의 디도 장군에 의한 예루살렘 멸망을 예언하실 때, 그 로마를 드러내지 않기 위해 "멸망의 가증한 것"이라고 말씀하신 후 "읽는 자는 깨달을 진저"(마 24:15)라고 하신 것처럼, 로마가 여전히 세계를 지배하고 있는 그때에 로마 정부가 알아채지 못하도록 로마에 대한 명시적 언급을 은어로써 회피했던 것이다.

음녀가 앉아 있는 일곱 산이 로마와 일치한다는 사실은 18절에서 그 여자를 '도시'라고 풀이해 주고 있기 때문에 자명하다.

"또 네가 본 그 여자는 땅의 왕들을 다스리는
큰 도성(the great city)이라고 하더라"(KJV 계 17:18).

지역적인 뜻이 너무도 명백하여 의심할 여지가 없다. 그것은 바티칸이다. 로마의 바티칸이 계시록에 기록된 그 예언의 도시인 것이다.

로마 카톨릭 교회의 바티칸시와 성 베드로 성당 바실리카가 라틴어로 "Vaticanus mons" 또는 "Vaticanus collis"라고 불리는 데에 건축되었다는 것을 주목하라. 그것은 번역되면 "예언의 도시(hill of prophecy)"라는 의미이다. 아주 흥미로운 사실이다.

vatis / vatic = prophecy, anus = of
mons / collis = hill or mountain

다음의 100리라(주: Lire-이탈리아의 화폐 단위) 동전은 바티칸시, 즉 그 "예언의 도시(City of prophecy)"에 의해 주조되었다. 바티칸시는 무의식적으로 그 자신이 계시록 17장의 그 여자, 땅의 왕들을 다스린다고 주장하는 그 교회임을 선언하고 있는 것이다. 왜냐하면 카톨릭 교회는 그 동전들에서 계시록 17:4에 묘사된 바처럼 그녀의 손에 잔(햇살모양의 성찬식 빵이 있는 미사의 금잔)을 든 여자로서 그려졌기 때문이다.

또 네가 본 그 여자는 땅의 왕들을 다스리는
큰 도성(the great city)이라고 하더라.
-계 17:18-

Pope Pius the 12th - 1958   Pope John the 23rd - 1959

CITTÁ DEL VATICANO - CITY OF PROPHECY

Pope Paul the 6th - 1963

계 17:4 그 여자는 자주 빛과 붉은 빛 옷을 입고 금과 보석과 진주로 꾸미고 손에 금잔을 가졌는데 가증한 물건과 그의 음행의 더러운 것들이 가득하더라.

계 17:5 그의 이마에 이름이 기록되었으니 **비밀**이라, **큰 바벨론**이라, **땅의 음녀들과 가증한 것들의 어미**(MYSTERY, BABYLON THE GREAT, THE MOTHER OF HARLOTS AND ABOMINATIONS OF THE EARTH)라 하였더라.

계 17:6 또 내가 보매 이 여자가 성도들의 피와 예수의 증인들의 피에 취한지라 내가 그 여자를 보고 놀랍게 여기고 크게 놀랍게 여기니

▲LEO XII P.(ontifex) M.(aximus) ANNO II SEDET SVPER VNIVERSVM

위의 것은 1825년에 주조된 교황 레오 12세(Pope Leo XII)의 청동 메달이다. 역시 로마 카톨릭 교회가 그녀의 손에 잔을 들고 지구 위에 앉아 있는 여자로 그려졌다. 뒷면의 명각(銘刻)은 라틴어로 SEDET SUPER UNIVERSUM이라고 읽는데, "그녀의 권좌는 보편적이다" 곧 '온 세계는 그녀의 좌석이다'(Sedet Super Universum; The whole world is her seat)라는 뜻으로서 그녀가 전 지구를 다스린다고 선언한 것이다.

아래의 예증들은 레오 12세의 통치 기간 동안에 주조된 동전들로서 뒷면에는 카톨릭 교회를 여자로 묘사했는데, 역시 미사의 금잔을 들었다.

▲Zecchini, 22mm diam., 6.9g, .998 gold, Fr. 253, KM 1089 레오 12세(Pope Leo XII) - 1825 (Anno III) Populis Expiatis

▲ 레오 12세(Pope Leo XII) - 1828 (Anno V) Supra Firmam Petram

▲ 교황 클레멘트 11세의 메달(1718년) - A gold Scudo minted during the reign of Pope Clement XI in 1718 (Anno XVIII) with a cup holding Fides on the reverse.(Berman 2363, KM 771)

▲ 교황 비오 8세의 메달(1829년) - Papal medal of Pius VIII from 1829 with a cup holding Fides between cherubs with tiara and keys.

"지혜 있는 뜻이 여기 있으니" 계시록에는 뚜렷한 관계를 갖고 있는 두 개의 구절이 있는데, 둘 다 지혜를 요구한다.

계 13:18 지혜가 여기 있으니 총명한 자는 그 짐승의 수를 세어 보라
그것은 사람의 수니 그의 수는 육백육십육이니라.

계 17:9 지혜 있는 뜻이 여기 있으니
그 일곱 머리는 여자가 앉은 일곱 산이요.

이것은 분명히 666 수를 여자가 앉은 일곱 산과 연계하는 것이다. 앞서 지적했듯이 흔히 여자는 성경에서 교회를 상징한다. 그리고 어느 백과사전이든 보라. 그러면 로마는 일곱 언덕 혹은 산의 도시라는 것을 발견할 것이다.

계시록 17장의 여자는 짐승을 타고 있다. 그런데 성경 예언에서 짐승은 정치적 권력 또는 국가를 상징한다. 그러므로 계시록 17장의 그 여자는 국가의 정치적 권력을 타고 있는 것이다. 바티칸은 단지 도시가

▲바티칸의 국기

아니라 무솔리니가 1929년 라테란 조약에 사인을 한 이래로 다시 하나의 국가인데, 지구상의 거의 모든 나라와 외교 관계를 맺고 있다. 그리고 교황은 국가의 우두머리이다. 바티칸은 나라이므로 국기도 있다.

그리고 10, 11절에서는 이 일곱 머리에 대해 무엇이라 하는지 주의해 보라.

10. 또 일곱 왕이라 다섯은 망하였고 하나는 있고 다른 하나는
아직 이르지 아니하였으나 이르면 반드시 잠시 동안 머무르리라.

11. 전에 있었다가 지금 없어진 짐승은 여덟째 왕이니
일곱 중에 속한 자라 그가 멸망으로 들어가리라.

하나님께서는 여기서 '짐승 위의 여자'가 로마 교회라는 사실을 다른 측면으로 반복하여 계시해 주셨다. 9절에서는 일곱 머리를 여자가 앉은 '일곱 산'이라고 했다. 10절에서는 일곱 산에 부가하여 '일곱 왕'이라고 한다. 수년에 걸쳐 일곱 머리에 대한 해답이 여러 가지로 시도되었다. 그 한 가지는 일곱 머리를 로마 제국의 일곱 황제로 보려는 해석이다. 즉 아우구스투스, 티베리우스, 클라디우스, 칼리굴라, 네로 등이다. 또 다른 시도는 로마 정(政)의 연속적인 일곱 형태를 그 해답으로 내놓았다. 즉 공화정체, 집정부정체, 삼두정체, 십인(十人)정체 등이 그것이다.

그런데 예레미야 51장 24~25절과 다니엘 2장 35, 44, 45절에서 '산'이 왕국이나 국가의 상징으로 사용되었다. 또한 고대에는 왕이 나라(왕국)와 동일시되는 개념이기도 했다. 이러한 점에 착안하여 생각해 볼 때 우리의 수수

께끼를 푸는 여러 해석 중 가장 단순한 해석은 일곱 머리를 일곱 나라로 해석하는 것이다. 그 나라들은 요한의 시대까지 성경 역사에서 두드러졌던 일곱 개의 주요 세계 강국을 상징한다. 다음에 열거한 제국들이 그 일곱 나라들이다.

1. **구 바벨론**(the Old Babylonian),
2. **애굽**(the Egypt)
3. **앗수르**(the Assyrian)
4. **신 바벨론**(the New Babylonian)
5. **메데-파사**(the medopersian)
6. **헬라**(the Graeco)
7. **로마**(Imperial Rome)

물론 역사를 살펴보면 이상 일곱 나라들 외에도 다른 세계 강국들이 있었던 것은 사실이다. 하지만 앞서 지적했듯이 일곱 머리는 하나님의 백성을 압제하는 일을 주도했던 일곱 주요 강국을 의미한다. 그런데 요한은 일곱 나라들 중에 "다섯은 망하였고 하나는 있고"(10절)라고 했다. 이 예언을 올바로 이해하기 위해서는 선지자의 역사적 위치에 우리가 서야 한다. 이 예언은 예수님이 요한에게 AD 95년경에 주셨기에 '하나는 있고' 라는 것은 사도 요한 당시에 세계를 제패하고 있던 로마 제국이다. 곧 위에 열거한 일곱 제국들 가운데 마지막 나라다.

그런데 이 중 다섯은 이미 망했다고 한다. 그 패망한 다섯 나라는 요한 전에 세상을 지배하던 나라들이다. 그러나 사도 요한이 계시록을 기록할 때 로마는 권세를 누리고 있었고 이미 여섯 나라가 왔다가 사라졌다. 한 번 세어 보자. 1.구 바벨론(the Old Babylonian), 2.애굽(the Egypt), 3.앗수르(the Assyrian), 4.신 바벨론(the New Babylonian), 5.메데-파사(the medopersian), 6.헬라(the Graeco). 그런데 왜 다섯 나라가 패망했다고 했는가? 왕국들을 다시 보라. '바벨론'이 두 번 나타난다. 첫째 나라인 니므롯이 다스린 바벨론(the Old Babylonian)과 넷째 나라인 느부갓네살의 바벨론(the New Babylonian)이다. 다시 헤아려 보자. 이번에는 두 '바벨론'을 하나로 보라.

1. 바벨론   2. 애굽   3. 앗수르   4. 메대-파사   5. 그리스

이상 다섯 나라가 패망한 것이다. 뿐만 아니라 니므롯이 다스렸던 구 바벨론은 엄밀한 의미에서 소멸된 것이 아니었다. 모든 고대 신비종교들의 근원이 바벨론이었고, 이 바벨론의 영은 계시록 17장의 음녀 안에 끈질기게 살아 있다(5절). 세계 강국으로서의 바벨론은 사라진 지 오래 되었지만, 종교적인 큰 바벨론은 지속되고 있는 것이다. 그러므로 망해 사라진 나라는 다섯 나라로 인정된다.

한편 아직 오지 않은 또 하나의 왕이 있는데, "그가 오면 잠시 동안 머무르게 되리라"고 말한다. "다른 하나는 아직 이르지 아니하였으나 이르면 반드시 잠시 동안 머무르리라"(10절 하반절). 아직 오지 않은 또 하나의 왕이란 사도 요한 당시 세계를 제패하고 있던 이교 로마(일곱 번째)를 계승해 일어날 교권 로마(여덟 번째)를 뜻한다. "반드시 잠시 동안 머무르리라"는 것은 교권 로마가 세계를 호령할 기간인 '마흔 두달'을 의미한다(계 13:5). 마흔 두달의 예언적 의미는 앞서 살펴보았다.

11. 전에는 있었으나 지금은 없는 그 짐승이 여덟 번째지만
일곱 중에 속한 자라 그가 멸망으로 들어가리라. (KJV)

여덟 번째이지만 그는 로마 제국(일곱 번째) 다음에 오는 왕일 것이다. "일곱 중에 속한 자라." 이것은 적그리스도가 오면 로마 제국(Pagan Rome)을 로마 카톨릭 교회, 곧 교황 로마(Papal Rome)로 인수할 것을 뜻한다. 그래서 적그리스도인 짐승은 오게 될 여덟 번째 왕인데 사탄의 일곱 머리 중 하나이다.

"전에는 있었다가 지금은 없어진 짐승"은 사탄의 첫 번째 머리인 구 바벨론으로 간주된다. 왜냐하면 이 짐승은 "여덟 번째이지만 일곱 중에 속한 자"인 바, 이는 로마 제국(일곱 번째)을 계승한 교황 로마(여덟 번째)로서 이 여덟 번째 머리 역시 바벨론이기 때문이다(5절). 더욱이 구 바벨론의 왕 니므롯은 역사상 적그리스도의 첫 번째 모형이었는데 이름의 수도 666이다. "구스의 아들 니므롯"(히브리어로는 NMRD BN KSH)은 수치가 666이 산출된다. 그래서 "전에는 있었다가 지금은 없어진 짐승"은 니므롯의 구 바벨론인데 그의 숫자는 '666'이고 용의 '첫 번째' 머리이다. 구 바벨론의 왕이었던 그의 영이 로마 제국(일곱 번째)을 계승한 교권 로마(여덟 번째)에 충만하기에 로마 카톨릭 역시 큰 바벨론인 것이다(5절).

여자가 타고 있는 붉은 짐승의 '열 뿔'에 대해 설명하고 있는 12절도 이 음녀가 로마 교회임을 가르쳐 주고 있다. 12절을 주의해 보라.

12. 네가 보던 열 뿔은 열 왕이니 아직 나라를 얻지 못하였으나
다만 짐승과 더불어 임금처럼 한동안 권세를 받으리라.

'열 뿔은 열 왕' 이라고 한 것은 다니엘 7장에 있는 넷째 짐승(로마 제국)의 열 뿔과 같은 열 뿔로서, 곧 로마에서 일어난 열 나라를 표상한 것이다(단 7:24). 요한 당시에는 아직 일어나지 아니하였으므로 아직 나라를 얻지 못하였다고 한 것이다. 그 나라들은 우리가 앞에서 살펴본 다음과 같은 나라들이었다.

1. 앵글로 색슨 (Anglo Saxons)	2. 프랑크 (Franks)
3. 알레마니 (Alemanni)	4. 부르군드 (Burgundians)
5. 롬바르드 (Lombards)	6. 서고트 (Visigoths)
7. 수에비 (Suevi)	8. 동고트 (Ostrogoths)
9. 반달 (Vandals)	10. 헤룰리 (Heruli)

이 나라들이 짐승으로 더불어 권세를 받으리라고 했듯이, 이 열 나라 가운데 세 나라는 교황권에 반대하다가 얼마 후 그 권세를 잃고 멸절했으나, 그 외에는 교황권에 복종하여 교황 로마와 더불어 왕으로의 권세를 받았던 것이다.

이 모든 것 외에도 짐승을 타고 있는 여자가 로마 교회라는 증거는 너무 많아서 의심을 불허한다.

4. 그 여자는 자주 빛과 붉은 빛 옷을 입고 금과 보석과 진주로 꾸미고 손에 금잔을 가졌는데 가증한 물건과 그의 음행의 더러운 것들이 가득하더라.

5. 그 이마에 이름이 기록되었으니 비밀이라. 큰 바벨론이라, 땅의 음녀들과 가증한 것들의 어미라 하였더라.

6. 또 내가 보매 이 여자가 성도들의 피와 예수의 증인들의 피에 취한지라. 내가 그 여자를 보고 놀랍게 여기고 크게 놀랍게 여기니

"그 여자는 자주 빛과 붉은 빛 옷을 입고" 짐승 위의 여자는 자주 빛과 붉은 빛 옷을 입고 있다. 진홍과 자색 빛의 음녀 복장은 어린 양의 아내가 입은 "빛나고 깨끗한 세마포"(계 19:8)와 대조가 된다.

자주 빛과 붉은 빛! 이 색은 바티칸의 공식 색상이다. 로마 교회의 고위 성직자들은 값비싼 옷감으로 된 진홍과 자색 빛 옷을 입는다.

붉은 빛은 죄의 상징이요 음란의 상징이요 또한 피의 상징이다. 음녀 곧 배교 교회를 식별하려면 그녀가 입는 의복의 색을 주시하라. 음녀는 자주 빛과 붉은 빛 옷을 착용한다. 로마 교회의 최고위 성직자들의 예복이 꼭 그런 색깔이다.

다음의 사진을 보라. 이 얼마나 놀라운 예언의 성취인가!

▲붉은 빛 옷을 입은 교황 베네딕토 16세

▲교황 베네딕토 16세와 그를 배알하는 추기경　모두 붉은 빛 옷을 입었다.

▲캔터베리 대주교와 교황 베네딕트 16세, 자주 빛, 붉은 빛, 황금

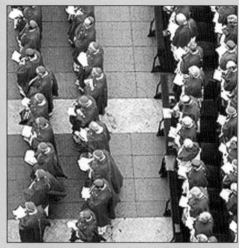

▲붉은 빛(좌) 자주 빛(우) 복장의 추기경과 주교들

▲자주 빛과 붉은 빛 옷을 입은 추기경들

(2005년 4월 8일)

▲사상 최대의 교황 장례식

▲교황 요한 바오로 2세의 관이 성 베드로 광장 제단 앞에 놓여
있다. 제단 뒤편에 붉은 빛 복장을 하고 있는 추기경들이 보인다.

▲자주 빛과 붉은 빛 옷을 착용한 사제들

▲자주 빛과 붉은 빛 복장을 한 고위 사제들

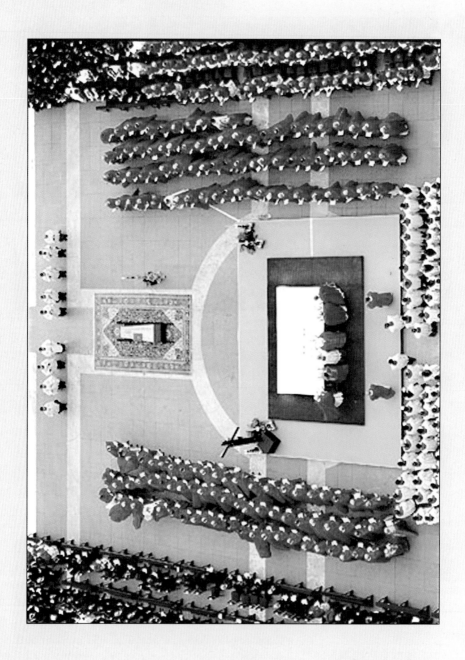

▲자주 빛과 붉은 빛 옷을 입고 있는 고위 사제들

▲추기경과 주교들의 복장 자주 빛과 붉은 빛 옷들

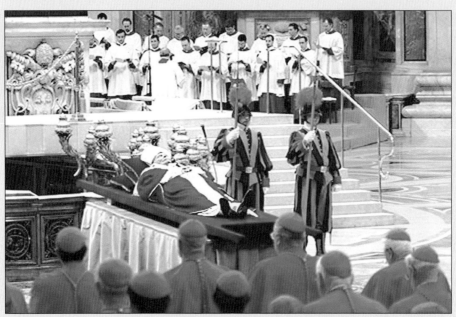

▲교황 요한 바오로 2세의 장례미사 모습
관 위의 교황의 옷도, 시신 앞에 서있는 추기경들의 옷도 붉은 빛이다.

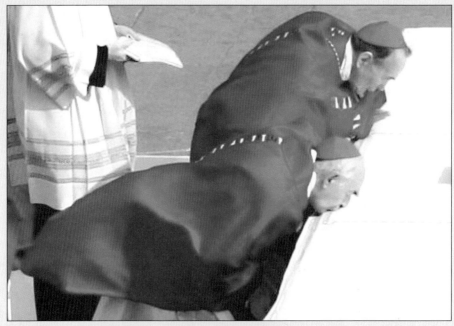

▲제단에 입 맞추는 추기경들

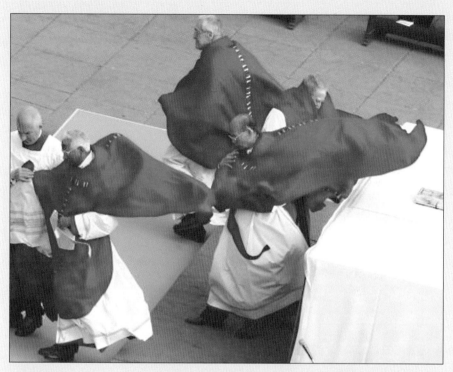

▲장례미사 중 강한 바람에 추기경들의 붉은 빛 사제복이 휘날리고 있다.

▲장례미사가 시작되자 붉은 빛 옷을 입고 있는 추기경들이 교황 요한 바오로 2세 관 앞에서 성호를 긋고 있다. 오른쪽에 서 있는 자들은 각 나라 대통령들이다.

▲자주 빛 옷을 입은 주교들

▲자주 빛 옷을 입은 사제　교황 요한 바오로 2세의 관이 옮겨지고 있는 모습.

▲붉은 빛 옷을 입은 사제
교황 장례식이 열릴 베드로 광장 바실리카 앞의 좌석들. 한 추기경이 그의 좌석을 찾고 있다.

▲주제단 앞에 부복한 교황과 추기경들

▲성 베드로 대성당 주제단의 모습
네 개의 거대한 뱀 기둥이 세워진 제단 정면 양쪽으로 붉은 빛 옷을 입은 고위 사제
들이 둘러 앉아 있다.

그리고 그 여자는 금과 보석과 진주로 장식하고 손에 금잔을 가졌다. "금과 보석과 진주로 꾸미고 손에 금잔을 가졌는데"(4절). 이것은 로마 교황의 부와 사치를 가리킨다. 로마 카톨릭 교회는 아주 부요하다. 교황은 제2차 바티칸 공의회 때까지 공식적으로 진주와 보석으로 장식된 '티아라(Tiara)' 라고 하는 삼중관을 썼다. 11개의 사파이어, 19개의 에메랄드, 32개의 루비, 252개의 진주와 529개의 다이아몬드로 장식된 '티아라(Tiara)' 가 있다.

▲교황 비오 12세　　　　　　▲교황 요한 23세

교황들은 왜 삼중관을 썼는가? 요한계시록 19장 11~14절에 그 해답이 있다. 거기에 보면 재림하시는 예수님의 모습이 나오는데, 그분의 머리에는 "많은 왕관" 이 있다고 기록되어 있다.

> 11 또 내가 하늘이 열린 것을 보니 보라 백마와 그것을 탄 자가 있으니
> 그 이름은 충신과 진실이라 그가 공의로 심판하며 싸우더라

12 그 눈은 불꽃 같고 그 머리에는 많은 관들이 있고
또 이름 쓴 것 하나가 있으니 자기밖에 아는 자가 없고

13 또 그가 피 뿌린 옷을 입었는데 그 이름은 하나님의 말씀이라 칭하더라

14 하늘에 있는 군대들이 희고 깨끗한 세마포 옷을 입고
백마를 타고 그를 따르더라

▲머리에 많은 왕관이 있는 예수님

예수님은 머리에 많은 왕관을 쓰고 계신다. 오직 그분만이 그렇게 많은 왕관을 쓰시기에 합당하신데, 예수님은 만왕의 왕이요 만주의 주이시기 때문이다. 그런데 적그리스도는 이것을 흉내 내기를 원한다.

아무리 세력이 당당한 황제도 삼중의 왕관을 쓴 적은 없었다. 차이나의 황제도 마찬가지였고, 감히 천황(天皇)이라 칭하는 일본의 국왕도 삼중관을 쓴 적은 없다. 유럽의 역사 중에 어떤 황제도 그런 삼중관을 쓴 적이 없었다. 역사 이래 그 어떤 영웅호걸이라도 삼중관을 머리에 쓴 인간은 없었다. 심

지어 재림주를 자처하는 통일교의 문선명 교주도 관을 쓰긴 했으나 삼중관은 아니다. 오직 교황만이 그리스도를 모방하려고 삼중관을 쓰는 것이다.

▲왕관을 쓰고 있는 문선명 부부
삼중관을 쓴 로마 교황만큼 그리스도를 모방하지 못했다.

　　이러한 사실은 그들 스스로가 시인하는 것이다. 카톨릭 사전은 삼중관(Tiara)에 대해 이것을 쓰고 있는 사람이 왕 중의 왕, 세상의 통치자, 구세주 예수 그리스도의 대리자임을 나타내준다고 설명한다(Catholic Dictionary, 1884, p.796).

　　로마는 엄청난 예술품들과 보화들을 소유하고 있다. 소장하고 있는 미술품만 해도 수십조 달러가 되는데, 이 세상 어디에서도 찾아볼 수가 없는 진귀한 것들이 소장되어 있고, 수억 달러에 달하는 금과 보석들이 엄중한 경계 속에 바티칸의 진열장에 진열되어 있다. 또한 교황은 이탈리아 주식의 27%를 독점하고 있으며, 세계 카톨릭 교회로부터 세금을 걷고 있는 것 외에 광대한 토지와 건물을 가지고 있고 여러 가지 사업을 장악하고 있다.

　　물론 교황은 실제로 손에 금잔을 지니고 있다. 그리스도는 가시 면류관 외에는 쓰신 것이 없으나 교황은 금잔을 손에 들고 많은 보석과 진주로 장식된 세 겹의 금관을 쓰고서 집전을 해왔다.

　　　　"…금과 보석과 진주로 꾸미고 손에 금잔을 가졌는데"(4절)

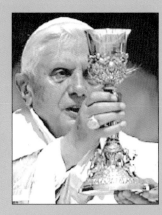

◀그 여자는 손에
금잔을 가졌는데...
(계 17:4)

▲손에 금잔을 들고 있는 교황 베네딕토 16세

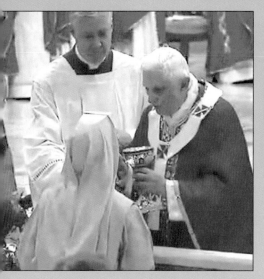

▲자주 빛 옷을 입은 교황 요한 바오로 2세(John Paul II)가 한 미사에서 금잔을 들고 있다(2000년 3월 10일).

▲붉은 빛 옷을 입고 손에 금잔을 들고 있는 교황

▲500개의 다이아몬드를 입힌 금잔
비오 9세(Pius IX)에 의해 1854년 12월 8일 마리아의 무원죄
잉태를 공포하는 미사에서 처음으로 사용되었다.

▲그 여자는 손에 금잔을 가졌는데...(계 17:4)

▲그 여자는 손에 금잔을 가졌는데...(계 17:4)

교황 베네딕토 16세가 교황으로서 그의 첫 미사를 거행하고 있다 (2005년 4월 20일).

▲교황 비오 9세(Pius IX)의 잔을 들고 있는 교황 요한 바오로 2세

▲1963년에 주조된 바티칸 동전의 뒷면을 보라 요한계시록에서 그녀는 금잔을 든 음녀로 묘사되지 않았는가!

▲교황 클레멘트 8세(Clement VIII)의 메달(1602년) 금잔을 들고 있는 여자 주위로 "UNES DEUS − UNA FIDES", 즉 "한 하나님 − 한 믿음"이라고 새겼다.

▲교황 이노센트 11세(Innocent IX)의 메달(1680년) 여자가 손에 금잔을 들고 있다.

▲보석으로 장식된 교황의 삼중관 (Tiara-Pius VII).

▲교황의 삼중관 PiusIX　　　　▲교황의 반지 PiusIX

▲"금과 보석과 진주로 꾸미고"

▲금과 보석과 진주로 꾸미고...(계 17:4)

▶금과 값 비싼 보석들과 진주들로 장식하고 가마 타고 운반되는 교황 비오 12세의 모습 (1951년). 역시 금과 보석들과 진주들이 있음을 볼 수 있다. 교황의 옥좌는 붉은색이다. 그리고 붉은 빛 예복을 입은 열두 명의 남자들에 의해 운반된다. 로마 카톨릭 교회에 있어서 대부분의 상(像)들은 금과 값 비싼 보석들로 덮여진다. 교황의 궁전은 전 세계에서 가장 사치스러움 가운데 존재해 왔다.

"손에 금잔을 가졌는데 가증한 물건과 그의 음행의 더러운 것들이 가득하더라"(4절). 사도 요한은 음녀가 들고 있는 금잔 속에 가증한 물건과 음행의 더러운 것들이 가득하다고 기록했다. 이것은 로마 교회가 지니고 있는 온갖 비성경적 행습들 및 거짓 교리들을 의미한다. 그것들 중 가장 현저한 것이 이교에서 카피해온 태양숭배 사상이다(부록2 참조).

▲로마교의 엠블럼은 금잔을 든 여자다. 그 여자는 그녀의 추행과 불결한 우상숭배를 만연시키려고 금잔을 사용한다(계 17:4, 렘 51:7). 위의 동전은 1959년에 주조된 교황 요한 23세 (Pope John XXIII)의 메달인데, 그 여자가 태양신 숭배의 음행을 채운 잔을 가지고 있음을 보여준다. 잔 위의 햇살을 보라.

"그 이마에 이름이 기록되었으니 비밀(MYSTERY=신비)이라, 큰 바벨론(BABYLON THE GREAT)이라…" 요한의 시대에는 음녀들이 머리띠에 자신의 이름을 기록하는 일이 유행하였다. 음녀의 이마에 기록된 이름을 보니 "비밀(신비)이라, 큰 바벨론이라…"고 되어 있었다. '비밀(신비)' 이라는 말은 데살로니가후서 2장 7절에 기록된 '불법의 비밀(신비)' 이 여기의 음녀와 관계가 있음을 제시해 주는 것이다.

> "**불법의 신비**가 이미 활동하고 있나니 현재는 막는 자가 있어 막을 것이나
> 그가 그 길에서 옮겨질 때까지만 그리하리라"(살후 2:7 KJV).

> "For **the mystery of iniquity** doth already work:
> only he who now letteth will let, until he be taken out
> of the way"(2Thessalonians 2:7 KJV).

그녀는 '신비(Mystery)'라는 이름을 지니고 있다. '신비'는 로마 카톨릭 교회에 의해서 미사에 관해 설명하는데 사용되는 용어이다. 독특하게 빵과 포도주가 그리스도의 몸과 피로 변한다는 화체설! 그것은 카톨릭 교리의 열쇠가 되는 요소이다. 다음은 사제가 하는 말이다(첫 줄은 라틴어):

HIC EST ENIM CALIX SANGUINIS MEI, NOVI ET AETERNI TESTAMENTI: MYSTERIUM FIDEI, QUI PRO VOBIS ET PRO MULTIS EFFUNDETUR IN REMISSIONEM PECCATORUM.

FOR THIS IS THE CHALICE OF MY BLOOD, OF THE NEW AND ETERNAL TESTAMENT, THE MYSTERY OF FAITH, WHICH FOR YOU AND FOR MANY SHALL BE SHED UNTO THE REMISSION OF SINS.

이것은 영원한 새 언약, 신앙의 신비, 당신을 위해, 그리고 많은 이들의 죄를 사하기 위해 흘리는 나의 피의 잔이다.

로마 교회의 미사에서 중심이 되는 것은 성찬식인데, 미사란 사제가 빵과 포도주를 문자적인 예수 그리스도의 살과 피로 초자연적으로 바꾸어서 희생 제물로 다시 바치는 의식이다(사제의 축성으로써 성찬식의 빵과 포도주가 그리스도의 몸과 피의 실체로 변화한다는 것은 거짓 이적이다). 로마 교회의 교리문답서를 보면 이 미신적인 교리를 설명하는 문구에 '신비'라는 용어가 등장한다.

"…이 신비가 거행될 때마다 '우리의 구원 사업이 이루어지고…'(교회 헌장 3항)"

(한국천주교중앙협의회 간 「카톨릭 교회 교리서」 제2편 p. 517)

▲교황 베네딕토 16세

그들은 미사가 거행될 때마다 그리스도의 대속 사역이 현재화되고 자기들의 구원 사업이 이루어진다고 주장한다. 그러나 대속 사역은 예수님께서 십자가 위에서 죽으셨을 때 완성된 일회적 사건이다. 하나님의 말씀에 의하면, 그리스도께서 십자가에서 한 번에 영원히 사람들의 구원을 이루기 위해 필요한 모든 것을 끝내셨다.

"It is Finished"

그분의 죽음은 세상에서 가장 놀라운 희생으로서 신성한 행위였다. 그것은 단 한번 일어났으며 다시는 반복되지 않는다(히 9:26; 10:10; 9:12; 7:27; 9:28; 10:12). 그럼에도 로마 교회의 입장은 완고하다. 교리문답서는 다음과 같이 적시하고 있다.

"그리스도께서 바치신 희생 제사와 성찬례 즉 미사라는 희생 제사는 유일하고 동일한 제사이다."

(위의 책, 제2편 p. 502)

이러한 발언은 전적으로 하나님을 모독하는 행위라고 지적하지 않을 수 없다. 모종의 종교적 의식을 수행하는 사제가 예수님께서 겪으셨던 고통스러운 죽음에 어떤 기여를 한다고 말하는 것은 신성 모독 외에 아무 것도 아니다. 사제가 집례하는 종교 의식을 그리스도의 십자가 사역과 연관시키려고 하는 것은 어이없는 것이다. 그것은 그리스도께서만 받으셔야 할 영광을 빼앗아 로마 교회의 사제 조직이 나누어 가지는 참월한 짓이다.

▲바벨탑

왜 이 여자에게 '바벨론' 이란 이름이 주어졌는가? 바벨론이란 낱말 자체는 바벨(Bable)에서 유래한다. '바벨탑' 이라 할 때의 그 바벨이다. 바벨탑을 쌓던 어느 날 일꾼들은 전혀 예기치도 않은 새 방언의 은사를 갑작스럽게 받게 되어 일대 혼란을 겪게 되었다. 그들은 갑자기 서로 알아들을 수 없는 말을 떠들게 되었던 것이다. 그들은 피차간에 알아듣게 대화할 수 없었다. 이리 하여 '바벨' 이란 말에 '혼잡' 이라는 부정적인 뜻이 부여 되었다(창 11:1~9).

로마 교회는 바벨론이라 불려 마땅하다. 왜냐하면 그녀는 기독교 신앙에 다 고대 바벨론의 이교 풍습 및 사상을 첨가해 예수 그리스도의 교회 가운 데 영적 혼란을 가져왔기 때문이다. 영적 바벨론의 가르침은 진리와 오류를 혼합시켜 사람들을 오도함으로써 대혼란을 야기 시켰다.

▲Joy in Suffering Algerius, Rome, 1557 (Algerius의 순교 장면 Jan Luyken의 동판화) **머리 위로 끓는 물을 붓고 있다. 사제가 십자가를 들고 개종을 강요하고 있다.**

"이 여자가 성도들의 피와 예수의 증인들의 피에 취한지라"(6절 상반절). 금 잔을 든 계시록 17장의 여자는 예수의 순교자들의 피에 취한 존재로 묘사되었다. 음녀는 교회를 핍박함으로서 중죄를 자기에게 쌓아올렸다. 오직 하나의 그리스도인 교회가 긴 박해 기간 동안에 같은 그리스도인들의 수천만의 죽음에 대하여 책임이 있다. 곧 로마 카톨릭 교회이다. 일찍이 인간 가운데 존재했었던 어떤 제도보다도 로마교회는 더 많은 무죄한 사람들의 피를 흘리게 했다는 사실이 역사에 대한 완전한 지식을 가진 개신교인에게는 의문의 여지가 없을 것이다.

우리는 다니엘 7장에서 '작은 뿔'의 신원을 밝히는 여덟 가지 특성들을 공부하는 가운데 어떻게 교황권이 지극히 높으신 자의 성도를 괴롭게 하였는지를 자세히 확인했다. 교황에 의해 잔인한 고문과 학살이 성도들을 대상으로 도처에서 자행되었다. 그것은 유럽 역사의 암흑시대(the Dark Ages)라고 불리는 시기에 발생했다. 그리스도인들은 성경을 소유했기 때문에, 라틴어 대신 일반 언어로 성경 구절을 말했다는 이유로, 즉 교황권의 정책을 부정했기 때문에 무수히 화형에 처해졌다. 화형은 죄인을 산채로 태워 죽이는 형벌로서, 생각할수록 끔찍한 것이 화형이다. 화형은 일찍이 제국 로마가 기독교도들을 박해할 때 종종 사용하던 형벌이었다. 그런데 이 잔인한 처형 방식을 이교 로마(pagan rome)를 계승한 교황 로마(papal rome)도 이단으로 정죄된 개혁교도들을 사형에 처할 때 애용했다.

화형 집행 방법이야 대강은 알고 있겠지만 프랑스의 사례를 좀 더 실감나게 소개하면 이렇다. 화형에 처할 죄수가 있을 경우 미리 선정된 장소에 화형집행대에 해당하는 기둥을 설치하였다. 그리고 사람의 키 높이까지 짚과 장작을 몇 겹씩 쌓아올린다. 물론 기둥 주변에 죄인이 들어갈 수 있는 입구와 죄인을 묶기 위한 공간을 별도로 만들었다.

죄수에게는 불에 잘 타게 하기 위해 죄수복 대신 유황이 칠해진 셔츠를 입혔다. 이윽고 죄수를 줄과 쇠사슬로 기둥에 단단히 묶은 후에는 죄수가 들어가던 입구 통로까지도 짚과 장작으로 채워 넣었다. 이렇게 한 후에 불을 붙이면 사방의 장작더미가 일시에 불이 붙었다고 한다.

▲화형당하는 개혁교회의 선구자(San Isidro, 1172년)

산 사람을 화마 속에 넣는 행위가 그 얼마나 잔인한 일인가! 이것이 그리스도의 대리자를 자처하는 로마 교황이 개신교도를 처형하는 방식이었다. 『고문실의 쾌락』(자작출판사, 2001)이라는 책자에 보면 1796년 1월에 이단자에 대한 화형 집행 장면을 목도한 사람의 편지가 실려 있다. 편지에는 화형이 얼마나 참혹했던가를 실감나게 표현하고 있는데, 내용은 이렇다.

"처형은 정말 잔인했습니다. 여자는 화염에 휩싸여 한 시간 반, 남자는 한 시간 이상 산 채로 고통 속에 몸부림쳤습니다... 죄인이 계속해서 갈구하는 것은 단지 몇 더미의 장작을 더 태워달라는 것뿐인데 받아들여지지 않았습니다. 화염은 타버린 만큼의 장작만 보충하면 똑같은 온도를 유지하며 탔습니다. 그의 간절한 탄원에도 불구하고 고통이 줄지도 않았고 땔감이 더 많이 허락되어 죽음이 앞당겨지지도 않았습니다."

▲존 올드캐슬 경(Sir John Oldcastle)의 잔혹한 화형
그는 산채로 쇠사슬에 묶여 그의 발 밑에 불을 붙임으로써 천천히 타죽게 되는 무서운 판결을 받고 잔인하게 순교당했다, 1417년
(출처: 존 폭스의 책 'Christian Martyrs of the world')

종교재판소에서는 끔찍한 고문들이 자행되었다. 셀 수 없는 수천만의 사람들이 이 박해기간 동안 학살을 당했다. 그리스도는 그렇게 하시지 않았

다. 그의 선지자들이나 사도들도 그렇게 가르치지 않았다. 그리스도인인 왕들도 사람들을 죽이라는 그 어떤 가르침도 받지 않았으며, 또한 피로 더럽히는 것이 그리스도를 섬기며 예배하는 것이라고 생각하도록 하는 교훈을 전혀 받지 않았다.

왜냐하면 신실하신 하나님은 강요된 것은 어떤 것도 원하시지 않기 때문이다. 그는 자발적인 예배를 바라신다.

따라서 참으로 그가 적그리스도인지, 참으로 그가 그리스도가 아닌지는 그의 상반된 행동이 폭로할 것이다. 그 자신의 피를 흘리는 자는 그리스도이다! 다른 사람들의 피를 흘리는 자는 적그리스도이다!

▲성경을 영어로 번역했기 때문에 화형 당한 윌리엄 틴데일(William Tyndale)

▲화형 당하는 후스
(Bohemian Richentalova Kronika, 15세기 초)

"교황은 교회의 머리가 아니며, 추기경들 역시
거룩하고 우주적인 교회의 전체 몸은 아니다.
오직 그리스도만이 머리이시며,
그의 택정함을 받은 자들만이 그 몸이며,
우리들 각자는 그 몸의 지체인 것이다."

- 존 후스 -

보헤미아의 개혁자 존 후스(1369~1415)는 그의 주요 저서 「교회 위에서(On the church)」를 통해 그리스도는 교회의 '머리' 이시며 '교회' 는 '그리스도의 몸(Body of Christ)' 라고 정의하였다. 후스는 성직자들의 전통적 권위를 부정했으며, 오직 주 하나님만이 인간의 죄를 용서할 수 있음을 가르쳤다. 그는 자신의 종교적 관점을 설명할 기회도 받지 못한 채 유죄 판결을 받고 화형에 처해져 죽음을 맞이했다.

후스의 이름은 보헤미아어로 '거위' 를 의미한다. 그래서 그의 대적들은 이러한 사실을 들어 후스를 조롱했다. 그러나 한번은 후스가 그들에게 이렇게 대답하였다. "미련한 거위 대신에 금후(今後)에는, 진리가 매서운 눈을 가진 독수리와 매들을 보내실 것이다." 이러한 말은 16세기의 종교개혁을 통하여 실현되었다.

존 후스는 화형대에서도 불타 죽기 전까지 앞으로 올 개혁에 대해 가장 깊이고 심오한 예언을 남겼다. "당신들은 지금 '거위' 를 굽고 있습니다. 그러나 앞으로 백년 안에 구울 수도 없고 그을릴 수도 없는 고귀한 백조가 나타날 것입니다. 그가 노래할 때 사람들은 그에게 귀를 기울일 것이고 하나님께서는 그가 살도록 허락하실 것입니다." 그의 예언대로 1517년 루터에 의해 종교개혁이 일어났다.

▲위그노(Huguenots) 교도 대학살

1572년 8월의 프랑스 개신교도들의 성 바돌로메의 날 대학살을 경축하는 교황 그레고리 13세(Gregory XIII, 1572~1585)의 메달. 제수이트, 도미니칸 파가 주동이 된 로마 카톨릭 교회의 프랑스 위그노 대학살을 기념하는 동전이다. 앞에는 교황의 흉상이 들어 있고 뒷면에는 한 손에 칼을, 다른 한 손에는 십자가를 들고 있는 천사와 그 앞에서 칼에 찔려 쓰러져 있는 위그노 교도, 그리고 두려워 떠는 얼굴로 도망하는 성도들이 새겨져 있다(대영 박물관에 소장되어 있다).

▲교황 그레고리 13세(Gregory XIII)의 용 메달

위의 메달을 제작한 교황 그레고리 13세(Gregory XIII)가 1582년에 주조한 메달로, 그는 날개 달린 용을 자신의 상징으로 채택했다. 날개 달린 용은 옛 뱀, 곧 마귀를 상징한다(계 12:9).

17세기에 있었던 왈도파에 대한 박해는 올리버 크롬웰(Oliver Cromwell)의 서기였던 존 밀턴(John Milton)이 쓴 유명한 서사시에 나타나 있다. 밀톤의 시는 읽어볼 만한 가치가 있다. 그는 다음의 시에서 계16:19, 17:5을 염두에 두고 있다. 그에게 있어 '바벨론' 은 음녀인 로마 교회를 말한다(그는 교황을 바벨론의 대제사장으로 불렀다). 밀턴은 예언을 바로 이해하고 있었던 것이다.

피이드먼트에서 일어난 최근의 학살에 대하여(1655년)

오, 주여! 주님의 죽임당한 성도들의 원한을 보수하소서.
그들의 뼈가 차가운 알프스 산맥 위에 흩어졌나이다.
우리의 모든 조상들이 막대기와 돌을 섬길 때,
그들은 주님의 진리를 그토록
순결하게 변함없이 지켰나이다.
주님의 책에 그들의 신음을 꼭 기록해 주소서.
저들은 주님의 양 우리 안에 있는 주님의 양떼들입니다.
주님의 양떼들이 피에 주린
피이드먼트 사람들에 의하여 피 흘리며 죽어가나이다.
아이를 가진 어머니도 돌에 맞아 쓰러지나이다.
그들의 울음소리가 골짜기와 하늘까지 울려 퍼집니다.
그 순교자들의 피와 재는
지금도 폭군들이 난무하는
온 이태리 땅에 씨가 되어
수백 배의 결실로 자라날 것입니다.
그 폭군들은 주님의 방침을 깨달은 후에
바벨론에 임할 재난과 함께 사라지게 될 것입니다.

요한이 이 '여자'를 볼 때 그는 충격을 받고 당황했으며, 그녀가 무슨 일을 하고 있는지 놀랐음을 주목하라. "내가 그 여자를 보고 놀랍게 여기고 크게 놀랍게 여기니"(6절 하반절). 만일 이 '여자'가 "로마 제국"이었다면 요한은 조금도 당황하지 않았을 텐데 이는 요한 자신이 로마의 박해로 90년경 밧모섬에 죄수로 있었기 때문이다! 왜 요한이 그리스도인들을 죽이는 로마 제국에 "놀랐겠는가?" 자신도 그들이 죽이려한 이들 가운데 하나였는데 말이다. 로마는 그를 죽이려고 하였다. 이것은 로마 제국이 아니다.

성령은 여기에서 교황들이 자기들의 정체를 가리기 위해 가르친 사적인 해석, 즉 과거주의 해석방식의 모든 체계를 엉망으로 만드신다. 지혜 있는 성도는 속지 않으리라!

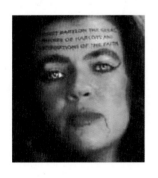

이것이 "로마 제국"이라면 요한이 무엇 때문에 놀랐을까? 그는 그렇게 멍청했는가? 로마는 그를 밧모섬에 유배하였고 그는 "하나님 말씀과 예수 그리스도의 증거" 때문에 박해 당했다. 만일 요한이 예수 그리스도의 종으로서 순교하였다면 로마가 그의 피를 흘리게 했을 텐데 왜 그가 자기 피를 흘리게 한 로마 제국이라는 이 "여자"에게 놀랐겠는가? 그럴 리는 전혀 없다. 이 여자는 교회, 곧 "음녀"였기 때문에 요한은 그렇게 크게 놀랐던 것이다. 교회가 어찌 성도들의 피에 취할 수 있단 말인가!

한 나라의 통치권을 잡게 되면 로마 교회는 그 나라 안의 모든 반대자들을 죽여 버렸다. 교황권에 의해 수천만의 기독교인들이 온갖 잔인한 형태로 학살되고 죽음에 처해졌다. 아래에 인용한 글은 「핼리의 성경 자습서」의 한 구절로서 음녀, 곧 로마 교회의 잔인성을 잘 보여주고 있다.

"거룩한 집"으로 불리는 종교재판소는 인노센트 3세에 의해 창설되어 두 번째 교황인 그레고리 9세 때에 완성되었습니다. 그곳은 이단자를 찾아내어 벌을 주는 교회 재판소였습니다. 누구든지 이단자에 대해서 정보를 제공해야 했습니다. 한 번 거기에서 의심을 받게 되면 고발자가 누군지도 모른 채 고문을 당해야 했습니다. 이것은 비밀리에 행해졌습니다. 재판관이 선고를 내리면 죄인은 민법회의에 넘겨져 종신형을 살거나 화형을 당했습니다. 죄인의 재산은 몰수해서 나라와 교회가 반씩 나눠가졌습니다.

인노센트 3세 이후로 이 종교재판은 남부 프랑스에서 가장 혹독하게 행해졌으며 그뿐 아니라 스페인이나 이탈리아, 독일, 네덜란드에서도 수많은 희생자를 냈습니다. 그 후로 종교재판은 종교개혁운동을 말살시키는 데 있어 교황권의 주된 역할을 했습니다.

한 푼의 동정심도 없이 무자비한 승려와 사제의 명령으로 무고한 사람들을 고문하고 산 채로 화형에 처했던 바, "그리스도의 대리자"의 명령에 따라 그리스도의 이름으로 그런 일을 했다고 생각해 보십시오. 종교재판은 역사상 가장 추악한 사건입니다. 그것은 교황의 제의로 이루어져 500년간이나 교황의 세력을 유지하는 도구로 사용되어 왔던 것입니다. 그러나 그 기록의 어느 부분도 "거룩하고" "흠이 없는" 교황이 사의를 표명한 곳은 없습니다.

그녀는 신성 모독하는 이름이 가득한 것으로 계시록 17장 3절에 묘사되었다. "내가 보니 여자가 붉은 빛 짐승을 탔는데 그 짐승의 몸에 하나님을 모독하는 이름들이 가득하고." 성경은 신성 모독에 관해 어떻게 정의를 내리는가? 여기에 성경적인 한 가지 정의가 있다.

> 막 2:5 예수께서 그들의 믿음을 보시고 중풍병자에게 이르시되 작은 자야 네 죄 사함을 받았느니라 하시니
>
> 막 2:6 어떤 서기관들이 거기 앉아서 마음에 생각하기를
>
> 막 2:7 이 사람이 어찌 이렇게 말하는가 신성 모독이로다 오직 하나님 한 분 외에는 누가 능히 죄를 사하겠느냐.

오직 하나님만이 죄를 사할 수 있는 권세를 갖고 있다. 그러나 로마 카톨릭 교회는 이 권세를 사제들이 갖고 있다고 주장한다. 이에 더하여, 수백 년 동안 로마 카톨릭 교회는 '면죄부'라고 불리는 것을 팔았다. 교회에 기부하는 것에 의해 사람들의 죄는 용서받을 수 있었다. 바티칸 그 자체는 이러한 방식으로 증식된 자금으로 건축된 것이다.

▲교황이나 대주교가 양피지에 쓰고 봉인이 첨부된 면죄부 판매 허용증

▲테첼에 의해 사용된 브란데부르크의 면죄부 구입자 이름과 날짜만 적도록 미리 인쇄되어 있었다. 죄사함을 이런 식으로 구입할 수 있었다.

▲그리스도와 적그리스도의 열정 성전에서 환전상을 내쫓는 그리스도(좌)와 이득을 위해 면죄부를 내미는 적그리스도(우) 교황을 적그리스도로 묘사했다. 루카스(Lucas Cranach)의 그림(1521년)

▲16세기의 목판화 교황, 추기경 그리고 주교가 개혁교도들을 면죄부와 로마 교황의 교서들로 꾀어내리려고 애쓰는 것을 보여준다.

▼존 테첼(John Tetzel)에 의해 판매된 면죄부

번역: 모든 성인들의 권위에 의거해, 그리고 당신을 향한 자비로서,
나는 모든 죄와 악행들로부터 당신을 방면하며 모든 형벌들을 면제합니다.
(By the authority of all the saints, and in mercy towards you,
I absolve you from all sins and misdeeds and remit all punishments for ten days.)

▲면죄부 판매 광경과 판매인 테첼 그가 판매한 면죄부는 로마 성베드로 성당의 재건축과 마인쯔의 대주교 알베르트의 매직(買職) 비용의 충당기금에 사용될 것이었다.

면죄부는 고해성사라는 형태로 오늘날 계속되고 있다. 천주교 신도는 사제 앞에서 월 1회 또는 최소한 1년에 1회는 고해성사를 해야 한다. 마가복음 2:3~5이 보여주고 있는 것처럼 이러한 것들이 계시록 17:3에 묘사된 신성 모독의 실례들이다. 성경은 하나님의 가족으로 태어난 사람은 죄를 용서받기 위해 하나님의 왕좌로 직접 나아갈 수 있다고 말씀한다. 다윗은 하나님께 그의 죄를 고백하고 용서를 받았다.

"내가 내 죄를 주께 시인하고 내 죄악을 숨기지 아니하였나이다.
내가 말하기를 '내가 내 죄과들을 주께 자백하리이다' 하였더니
주께서 내 죄의 악을 용서하셨나이다. 셀라"(시 32:5 KJV).

"만일 우리가 우리 죄를 자백하면 그는 미쁘시고 의로우사 우리 죄를
사하시며 우리를 모든 불의에서 깨끗하게 하실 것이요"(요일 1:9).

그러나 수백만의 독실한 카톨릭 신자들이 신부가 자기들의 죄를 사해 줄 권세가 있다고 믿으면서 고해소 앞에 줄지어 서 있다. 그들은 거짓 교훈에 기만당한 것이다. 마틴 로이드 존스는 로마 교회의 고해성사라는 것은 카톨릭 체제가 예수 그리스도와 성도들 사이에 끼어들어온 교묘한 수법이라고 아래와 같이 지적한다:

"…로마 카톨릭의 사제들은 특별한 존재들입니다. 그들은 모든 신자들의 보편적 성직체계를 믿지 않습니다. 성직자(사제)가 될 수 있는 자격은 오직 카톨릭 교회에서 훈련받고, 교회의 성직수임(聖職受任)을 받아, '사도적 계승'에서 나오는 권위를 부여받은 사람이어야만 합니다.

그러나 베드로전서 2장 9절 말씀은 우리 모두가 성직자들이라고 알려 줍니다 "여러분은 선택받은 세대요, 왕가의 성직자 체계입니다." 다시 말하면, '성직자들의 왕국(王國)'이란 말입니다. 로마 카톨릭에서는 전혀 "아니올시다"입니다. "당신들은 단지 평신도(平信徒)일 뿐, 결코 성직자가 아니며, 오직 카톨릭에서 수임을 받은 사람만이 성직자(사제)가 될 수 있다"고 합니다.

… 사제에 대한 언급을 마치기 전에 우리가 꼭 기억해야 할 것은 이것

이니, 로마 카톨릭의 사제는 우리가 그 앞에 나아가 우리 죄들을 고백해야 할 대상이라는 것입니다. 카톨릭에서 사제는 면죄(免罪)를 선언하고, 우리에게 죄사함을 베풀 수 있는 권세를 가졌기 때문입니다. 어느 누구도 이 특별한 능력을 할당받은 사제직(司祭職)에 속한 사람들 외에는 이런 일을 할 수 있는 사람이 없습니다.

그리하여 사람들은 그들에게 가서 죄를 고백하도록 교육을 받습니다. 성경에는 그렇게 하라는 말씀이 단 한 마디도 나오지 않지만 말입니다. 성경은 우리가 우리의 죄(허물)를 하나님께 고백해야 하고, 거듭난 크리스천들의 교회 안에서 서로에게 고백해야 한다고 가르치지만, '사제들'에게 고백하라는 말씀은 전혀 없습니다.

그래서 여기에 또 하나의 드러난 증거가 있습니다. 본인은 카톨릭 체제가 어떻게 주 예수 그리스도와 우리 사이에 교묘히 끼어 들어왔는지를 보여주는 것입니다. 여러분과 나는, 크리스천으로서, 죄를 고백하기 위해 주님께 나아가지만, 카톨릭 교도들은 사제들에게 갑니다."

(마틴 로이드 존스, 「로마카톨릭사상평가」, 안티오크, 1994, pp. 26~30)

▲고해소에서 소년이 사제에게 먼저 고백하라고 말하고 있다.

고해를 받은 사제는 고해자의 죄에 대해 철저히 비밀로 해야 한다. 그러나 간혹 비밀이 유출되어 신도들이 많은 어려움과 곤경을 당하는 경우도 있음을 역사는 말하고 있다. 한 가지 사례를 들어보면 일제 강점기인 1890년대 로마 교회의 조선 교구장이었던 프랑스인 뮈텔 신부는 밀고의 대가로 지금의 명동 성당의 앞길을 내는데 공헌을 했다. 현재의 명동 성당 앞 도로가 그때 애국지사를 밀고한 대가로 얻어낸 결과라는 사실을 아는 이는 적다. 그로 인하여 많은 애국지사들이 잡혀 갔다. 뮈텔 신부는 일기장에 다음과 같이 기록하였다.

"조선인들의 음모가 있었는데 거기서 안명근이 안중근 사건에 적극 가담했다는 사실을 빌헴 신부가 편지로 알려 왔다. 홍 신부의 요청에 따라서 나는 이 사실을 아카시(明石) 장군에게 알리려고 눈이 많이 내렸는데도 그를 찾아갔다"(최덕성, 「한국 교회의 친일파 전통」 81~82쪽에 인용된 뮈텔 신부의 1909년 1월 11일 일기장에 기록된 내용을 재인용하였음).

당시 뮈텔의 결정은 한국 천주교의 결정이었으며 교황의 대리자로서 내린 결단이었다. 안명근은 안중근 의사의 사촌으로 알려진 사람으로 안중근과 함께 이토 히로부미 저격에 동참했던 분이다. 그들은 모두 카톨릭 신자였던 것으로 전해지고 있다. 뮈텔 신부는 영원히 비밀로 해야 할 애국지사의 고해를 밀고한 것이었다.

이 사건은 유출이 아니라 사제의 밀고였다. 애국지사를 고발한 뮈텔 신부는 그 사건을 통해 자신이 교구장으로 있는 조선 천주교의 이익을 얻어 냈다. 뮈텔 신부가 애국지사를 고발하고 일제로부터 받아낸 것이 현재 명동 성당 앞 진고개의 개통이었던 것이다.

▲일제 때 진고개의 일본인 거리   진고개는 현재 충무로 2가의 고갯길로서 흙이 몹시 질어 진고개라는 지명이 생겼다.

◀옛 진고개(1904)
명동성당과 북악산이 보인다.

이제까지 살펴본 것을 정리해 보자. '여자'는 "땅의 왕들을 다스리는 큰 도성이며"(계 17:18), "땅의 왕들을 다스리는 큰 도성"은 '일곱 산'에 앉아 있고 (계 17:9), '여자'는 "성도들의 피와 예수의 증인들의 피에 취해 있고"(계 17:6), 자주색과 진홍색 옷을 입었으며(계 17:4), 상징은 '금잔'이다(계 17:4). 이제 '여자'의 신분은 의문의 여지가 없다. 여러분은 그 구절들의 어떤 것도 '해석'할 필요가 없이 그 '여자'가 누구인지 안다(이것을 읽는 사람 중에 그 '여자'가 누구인지 알지 못하는 사람은 없을 터인데, 만일 모른 척 한다면 그는 그 여자의 친척이기 때문일 것이다). 그 '여자'는 의심할 여지없이 로마 교회이다!

일찍이 성경이 예언한 종말론적 적그리스도가 로마 교황이라는 사실을 갈파(喝破)했던 루터는 1534년 출판된 『루터 성경(The Luther Bible)』에 요한계시록 17장에 나오는 짐승을 탄 음녀의 머리에 교황의 삼중관을 씌워 적그리스도의 정체를 삽화로 폭로했다.

▲ '바티칸은 바벨론의 매춘부' -루터- 1534년 판 루터 성경은 계시록의 짐승을 탄 음녀에게 교황의 삼중관을 씌워 적그리스도의 정체를 삽화로 드러냈다. 왕들과 주교들이 삼중관을 쓴 여자(교황권) 앞에 엎드려 경배하고 있다.

▲루터 성경 표지

　　로마 카톨릭 교회(Papal Rome)는 계시록 13장의 바다에서 올라온 짐승이며,
계시록 17장의 여자, '음녀'이다. 교황권은 계시록 13장의 적그리스도인데,
그의 수는 666이다. 그리고 다니엘 7장의 '작은 뿔'이며, 데살로니가후서 2
장의 '불법의 사람'이다. 지혜가 있는 사람은 그것을 분명히 안다. 그대는
지혜가 있는가?

음녀는 성도들의 피에 이렇게 취했다

"여자가 성도들의 피와 예수의 증인들의 피에 취한지라."
- 계 17:6 -

▲ 이탈리아 밀란에서 불에 타죽은 순교자
(폭스의 책 'Christian Martyrs of the World')

사진술이 나오기 전, 하나님께서는 섬세한 화가들을 기록의 선지자로 세우셨다.

▲종교재판소에 의하여 선고를 받은 성도들이 사형 집행을 당하는 모습

(1573. 5. 26 스페인 하렘)

▲사지(四支)를 찢어 죽이는 악형(惡刑)

이단자를 처형하는 방법 가운데는 화형에 버금가는 잔인한 방식이 있었다. 네 마리의 말이나 소가 사방으로 달려가면 사지는 찢어지고 몸은 산산 조각이 났다. 이런 끔찍한 일이 집행되는 동안에 성의를 입은 사제들은 십자가를 들고 지켜보면서 "내가 네 영혼을 마귀에게 주노라"는 말을 엄숙한 음성으로 선포한다. 그림 중앙에 사제가 십자가를 들고 서있다.

▲사지(四支)가 잘 찢어지도록 양 사타구니와 겨드랑이 부분을 날카로운 도끼로 미리 한 번씩 쳐주었다. (Pictorial History of the World, p.261)

▲화형을 당하는 성도들

▲존 위클리프의 유해를 불사르기로 한 콘스탄스 종교회의(1414-1418)의 결의에 따라 죽은지 41년이 된 그의 뼈와 유골을 불태워 강물 속으로 던짐.

▲도미니칸 수도승들이 그리스도인들을 건초더미 꼭대기에서 못이 거꾸로 박힌 널판 위로 떨어뜨려 창에 찔려 죽게 하고 있다.(이탈리아)

▲종교 재판에 의해 이단자로 정죄된 그리스도인들을 벌거벗긴 후 거꾸로 매달아 햇볕에 말려 죽였다.(암스테르담)

▼메리 여왕(영국)의
통치하에서 화형
당한 리들리(Ridley)
와 라티머(Latimer)
(촌 폭스의
「아메한 순교자들」)

제 5 장

어린 양 같은 짐승

요한계시록 13장의 둘째 짐승

"내가 보매 또 다른 짐승이 땅에서 올라오니 어린 양 같이
두 뿔이 있고 용처럼 말을 하더라"(계 13:11).

　이 짐승은 첫 번째 짐승(계 13:1~10)과 별로 다른 점이 없는 같은 짐승, 교황체
제이다. 첫째 짐승의 모습은 세속적-정치적인 교황권을 의미하며, 다니엘의
작은 뿔과 같다. 두 번째 짐승의 모습은 종교적-교회적인 교황권을 의미하
는데, 곧 종교적 체제인 로마 카톨릭의 사제 조직체를 뜻한다.

둘째 짐승은 짐승의 숭배를 도와주는데 사용되는 종교적인 세력, 로마 교회의 사제 조직체를 상징하는 것이다. 이는 나중에 그가 거짓 선지자라고 불린다는 사실로부터 분명히 드러난다(16:13, 19:20, 20:10).

이 둘째 짐승의 조직 체계는 교황을 정점으로 추기경, 감독〈주교〉, 신부들로 구성되어 있다. 두 번째 짐승에 대해 다음과 같은 묘사가 있다:

"어린 양 같이 두 뿔이 있고"

왜 성령은 이 짐승이 두 뿔을 지니고 있다는 사실에 주의를 환기시켜 주시는 것일까? 그 이유는 우리로 하여금 이 짐승의 정체를 식별하도록 단서를 주시기 위해서이다. 대주교와 주교들, 추기경들은 두 뿔이 달린 주교관(Mitre)을 쓴다.

▲ 다곤신

그것은 고대 바벨론의 물고기 신 다곤(Dagon)을 예배하는 데서 유래했다. 고고학자 Austen Henry Layard는 "물고기의 머리는 주교관으로 사람의 머리 위에 만들어졌고, 동시에 그 비늘이 있고, 물고기와 같은 꼬리는 덮개로 뒤로 떨어져 인간의 팔, 다리와 발만 노출되게 한다"라고 서술했다.

다곤(Dagon)은 신(神)의 이름으로 물고기 신이란 뜻이다. 그 기원은 바벨론의 이교주의에 있지만 후일 블레셋 사람들이 특별히 이 다곤을 숭배했다. 가장 유명한 다곤의 사원들은 가사(삿 16:21~30)와 아스돗(삼상 5:3,4; 대상 10:10)에 있었다.

▲메소포타미아의 다곤

　처음 4세기 동안에 그리스도인 교회의 배교자들로부터 흡수된 많은 불가사의한 숭배 가운데 하나는 블레셋의 다곤이라고 불리는 물고기 신에 관한 것이다. 교황이 로마에 있는 높은 제단에 앉아 추기경들의 찬사를 받을 때 쓰는 관은 두 개의 뿔이 달린 것으로 블레셋인들과 바벨론인들의 물고기 신인 다곤이 썼던 바로 그 관이다.

▲두 뿔 관을 쓴 교황　교황이 쓰는 관은 두 개의 뿔이 달린 것으로 바벨론인들의 물고기 신 다곤이 썼던 바로 그 관이다. 니느웨의 신의 머리를 둘러싸고 있는 물고기의 벌린 입은 로마에 있는 교황의 관을 형성하고 있는 두 뿔의 분명한 원형인 것이다.(두 개의 바벨론, p.308)

▲주교관(Mitre)은 물고기의 머리를 닮았다고 하여 어두관(漁頭冠)이라고 한다.

이것은 그 형태나 유래가 물고기신인 다곤 경배에 있다. 물고기의 머리가 사람의 머리 위에서 주교관의 모습을 하고 있고, 비늘로 되어 있는 부채 비슷한 꼬리가 밑을 덮는 망토 같이 늘어져 있으며, 인간의 수족을 드러내 보이고 있다. 후에 이것이 발전함에 따라 바로 윗부분의 물고기가 주둥이를 약간 벌리고 있는 모습이 주교관으로 남게 되었다. 로마 카톨릭 주교의 두 뿔 모자는 이 물고기 신의 주둥이에서 유래했다. (Babylon Mystery Religion, p.84)

▲교황 베네딕토 16세

두 개의 주교관의 끝은 서있는 뿔의 모습을 지니고 있으며, 중세시대에 그 주교관은 코뉴티(Cornuti) 뿔모자로 알려졌다. 양(羊) 역시 로마의 모든 대주교와 주교들의 가죽옷으로 쓰여졌었다. "어린 양 같이 두 뿔이 있고"(계 13:11).

그래서 우리는 두 번째 짐승이 교황권의 종교적-교회적 측면의 명시임을 알 수 있다. 이 짐승은 '세속적 권세' 와 '종교적 권세' 의 두 뿔을 모두 손에 쥐고 첫째 짐승을 위해 존재하는 교황권의 사제 조직체를 보여주는 것이다. 12절이 그것을 분명히 가르쳐준다.

> "그가 먼저 나온 짐승의 모든 권세를 그 앞에서 행하고
> 땅과 땅에 사는 자들을 처음 짐승에게 경배하게 하니
> 곧 죽게 되었던 상처가 나은 자니라"(계 13:12).

둘째 짐승은 첫째 짐승의 경쟁자가 아니라 그의 후원자이다. 그는 그 자신의 권세를 소유하고 있지 못하고 짐승과 연합함으로서 그의 권세를 얻을 수 있다. 그의 유일한 목적은 첫째 짐승을 위하여 사람들에게 종교적인 충성심을 갖도록 하는 것이다. 이 짐승은 첫째 짐승의 심복이다.

요한은 이 어린 양 같은, 즉 그리스도를 닮은 두 뿔 짐승을 보자 그 순간 이 새 짐승이 성도들을 보호하여 표범의 몸통을 가진 첫 번째 짐승으로부터 성도들을 구원해 줄 것으로 생각했다. 그러나 그의 기대는 실망으로 끝난다. 어린 양  같은 짐승이 뜻밖에 "용처럼 말하기" 시작했을 뿐만 아니라(11절 하반절), 땅의

주민들로 하여금 악한 첫째 짐승을 경배하도록 했기 때문이다. 이 짐승은 자신의 힘을 이용하여 첫 번째 짐승을 위해 우상을 만들게 하고, 손이나 이마에 짐승의 표를 받도록 강요하였다(계 13:14~17).

따라서 이 새끼 양 같은 짐승은 양의 탈을 쓰고 주님의 백성을 노략질하는 이리, 곧 거짓 선지자이다. 이 두 번째 짐승은 첫째 짐승의 머리 하나가 죽게 되었다가 살아났을 때부터, 즉 교황권이 출현하면서부터 존재하였던 바, 그리스도의 대리자를 사칭하는 교황을 우상화시키는 일을 해왔으며 예수님이 재림하실 때까지 첫째 짐승(교황권)과 더불어 거짓 선지자로 존속할 것이다.

"짐승(교황권)이 잡히고 그 앞에서 표적을 행하던
거짓 선지자(교황권 및 사제조직 체계)도 함께 잡혔으니
이는 짐승의 표를 받고 그의 우상에게 경배하던 자들을 표적으로
미혹하던 자라 이 둘이 산 채로 유황불 붙는 못에 던져지고"(계 19:20).

◀교황을 향해 엎드려 경배하는 사제들. **사도 베드로는 이러한 행위를 거부했다.**
행 10:25~26 마침 베드로가 들어올 때에 고넬료가 맞아 발 앞에 엎드리어 절하니 베드로가 일으켜 이르되 일어서라 나도 사람이라 하고

둘째 짐승은 의문의 여지없이 첫째 짐승의 후광을 엎고 그를 위해 존재하며 실제적인 권세를 행사하는 로마교의 사제조직 체제를 묘사한 것이다. 그들의 모습은 그리스도처럼 어린 양 같다. 그러나 실체는 양의 탈을 쓴 이리인 것이다. 주 예수님은 우리에게 다음과 같이 경고하셨다:

> "거짓 선지자들을 삼가라 양의 옷을 입고
> 너희에게 나아오나 속에는 노략질하는 이리라"(마 7:15).

사도 바울도 우리에게 이렇게 경고하였다:

> "내가 떠난 후에 사나운 이리가 여러분에게 들어와서
> 그 양 떼를 아끼지 아니하며"(행 20:29).

요한계시록에서는 16장 13절, 19장 20절, 20장 10절 등 세 차례에 걸쳐 어린 양 같이 두 뿔을 가진 짐승이 "거짓 선지자"로 일컬어지고 있다.

어린 양처럼 나타나지만, 용처럼 말하는 짐승

두 번째 짐승, 종교적 교황권은 이렇게 묘사되어 있다: "어린 양 같이 두 뿔이 있고 용처럼 말을 하더라"(계 13:11). 둘째 짐승은 외모가 양 같은데, 그의 말은 용 같다. 외모는 그리스도(어린 양)이나 그 중심은 용(사탄)인 것이다. 실로 양의 옷을 입고 나오는 이리의 모습이다(마 7:15).

"어린 양 같이"라는 말은 어설프게 그리스도를 모방한다는 것을 가리킨다. 이 짐승은 나중에 거짓 선지자로서 자세히 묘사된다(16:13; 19:20; 20:10). 용은 마귀를 상징한다(계 20:2). 그래서 용처럼 말한다는 것은 악마의 말을 한다는 것을 의미한다.

둘째 짐승은 어린 양의 모습을 하고 있지만, 목소리는 그의 모습이 거짓된 것임을 보여준다. 이 표리부동한 짐승의 주둥이에서 나오는 용처럼 말하는 언사들을 살펴보자.('생명의 서신'에서 번역 출간한 바론 포르첼리(Baron Porcelli)의 저서 「성전에 앉은 죄의 사람(The man of sin who sits in the temple)」에서 발췌 인용).

신부 리구리(Liguori)가 서적 「실바」에 기록한 말- "하나님의 신부(神父)는 지상의 모든 주권들과 천상의 높은 곳보다 더 높이 올라가고 있다." "신부들은 죄인들을 지옥에서 구원해 내고 그들을 천국에 이르게도 하며, 그들을 사탄의 노예에서 해방시켜 하나님의 자녀로 변화시킬 권능을 가지고 있다." "하나님의 활과 같은 활을 지니고 있는 자, 하나님의 뇌성을 발하는 목소리와 똑같은 목소리를 번쩍이는 자 그는 신부이다."

신부 케논 도일이 「백성(The people)」이라는 잡지에서 한 말(1895년)- "신부를 모독하는 자는 그리스도를 모독한다. 미사 하나로서 신부는 모든 천사들과 성자들이 하나님께 드릴 수 있는 영예보다 더 큰 영예를 준다. 신부들이 하나님을 부를 때마다 하나님이 그들의 말씀에 복종하여 온다. 그들이 하나님을 부를 때마다 하나님은 그들의 손 안에 좌정한다. 오신 하나님은 전적으로 그들의 뜻대로 행동하게 된다. 그들이 부탁하는 대로 하나님은 이곳에서 저곳으로 옮겨간다. 그들이 마음만 먹는다면 하나님을 성궤 안에 밀어 넣거나 하나님을 제단 위에 드러내거나 하나님을 교회 밖으로 몰아낼 수도 있다. 그들이 선택한다면 하나님의 육체를 먹을 수 있고, 하나님을 다른 사람들의 양식으로 내어줄 수도 있다. 사제의 위엄이 세상의 어느 위엄 중에서도 가장 고귀한 것이다. 지상의 왕들은 사제들에게 영예를 돌린다. 사제 층의 위엄이 천사들의 위엄을 훨씬 능가한다. 사제의 말씀이 예수 그리스도를 창조한다. 사제들은 지상에서 예수 그리스도의 자리를 차지하고 있다. 사제들은 지상에서 성부를 대표하는 자들이다. 하나님께서 홀로 전능하신 능력을 발휘하여 하실 수 있는 일을 사제들도 할 수 있다."

바바리아(Bavaria) 신부 킨젤만(kinzelmann)의 말(1872년)- "우리 신부들은 하늘이 땅 위에 존재하듯이 황제들, 왕들, 왕자들을 뛰어넘는 곳에 올라서 있다. 천사들과 천사장도 우리 아래 서있다. 우리는 성모가 있는 자리보다 더 우월한 곳을 차지하고 있다. 그렇다. 우리는 하나님 위에 존재한다. 누구나 항상 우리 뜻에 복종해야 한다."

(J. H. Kurtz 교수의 「교회사(Church History)」, 1893, 3권, p.248)

사제 그레고리(Gregory)가 한 말(1912년)- "나는 사제의 위엄과 힘을 과장할 수가 없다. … 그의 힘이 한 천사의 힘보다 더욱 크고, 그의 위엄이 마리아의 위엄을 능가하기 때문이다. 인간의 힘은 이 사제의 힘에 미치지 못한다. … 그의 힘은 틀림없이 하나님의 힘일 것이다."

(「토론토의 보초(Toronto Sentinel)」, 1912년 6월 6일)

퀘백시(Qubec city)의 한 사제는 자신의 설교에서 "사제는 예수 그리스도를 재창조한다"고 말하였다. 또한 "사제는 … 그 자신을 하나님과 동등한 위치에 올려놓는 능력을 낳는다"고 했다.

(「크리스챤(The Christian)」

교황청 신문의 편집자인 사제 펠란(Phelan)은 1915년 이런 내용으로 설교하였다. "나는 결코 하늘에서 천사를 초청해 미사를 경청하게 하지 않는다. 내가 이곳에 내려오도록 요청하는 하늘의 유일한 자는 예수 그리스도이다. 나는 그를 이곳에 내려오도록 명령한다. 내가 그에게 명령할 때마다 그는 기꺼이 와야만 한다."

(「미국의 시민(American Citizen)」, 1915년 7월 3일)

1860년 1월 1일 브롬프톤의 작은 예배당에서 훼버(F. W. Faber, D.D)는 그리스도가 지상에서 교황 안에 여전히 존재한다고 말했다. "우리들 중에서 예수의 현존을 세 번째로 눈앞에 드러낸 존재가 바로 주님이 되시는 교황이다. 교황 안에서 우리는 예수께 다가갈 수 있다."

(「교황에 대한 헌신(Devotion to the Pope)」)

아퀴나스(Aquinas)는 "교황과 예수 그리스도 사이에 아무런 차이점이 없다"고 말한다.

(xxxxiv, ED, Paria xx, 549~580)

진실로 양의 탈을 쓴 용의 목소리이다. 위의 사례들은 빙산의 일각에 불과한 것이다. 여기에 나오는 둘째 짐승의 용처럼 하는 말은 선지자 다니엘이 예언한 '작은 뿔' 의 입에서 나오는 '큰 말(great words)' 바로 그것이다(단 7:8, 25).

짐승이 행하는 이적

신약의 사도들이 예수 그리스도를 증거하기 위해 이적과 표적을 행하였음같이, 그리스도의 대리자를 참칭하는 교황을 위해 충성하는 존재인 둘째 짐승, 곧 교황권의 사제조직도 거짓 이적을 행한다.

▲비오 11세의 메달
베드로의 열쇠를 가지고 천국과 지옥의 문을 통제하는 교황의 권세를 표현했다.

"큰 이적을 행하되 심지어 사람들 앞에서 불이 하늘로부터
땅에 내려오게 하고 짐승 앞에서 받은바 이적을 행함으로
땅에 거하는 자들을 미혹하여…"(계 13:13,14)

"불이 하늘로부터 땅에 내려오게 하고" 이것은 확실히 데살로니가후서 2
장 9절에서 언급된 불법의 사람에 의한 "표적과 거짓 기적"과 같은 거짓 기
적이다.

여기에서 불이 하늘로부터 땅에 내려오게 하는 것은 구약성경 열왕기하
1장에 기록된 하나님의 선지자 엘리야가 행한 이적을 거짓 선지자가 모방한
것이다.

"엘리야가 오십부장에게 대답하여 이르되 내가 만일 하나님의 사람이면
불이 하늘에서 내려와 너와 너의 오십 명을 사를지로다 하매
불이 곧 하늘에서 내려와 그와 그의 군사 오십 명을 살랐더라"(왕하 1:10).

요한계시록 13장 11, 12절에서 짐승에게 경배하게 하는 어린 양 같이 생
긴 둘째 짐승도 거짓 표적이지만 그러한 이적을 행하여 사람들에게 두려움
을 주고 미혹한다.

"큰 이적을 행하되 심지어 사람들 앞에서
불이 하늘로부터 땅에 내려오게 하고"(계 13:13).

이 예언은 적그리스도가 창안하여, 그의 선교사인 로마 카톨릭 교회의 사
제들이 보급시킨 교황의 파문이란 형태로 분명하게 성취되었다. 로마 교황
은 카톨릭 교리를 어긴 사람들에게 하늘에 속한 심판의 불을 선언한다. 로
마 카톨릭 사제들은 파문이 효과가 있음을 깨달았다. 무지한 백성들은 교황

의 말을 하나님의 말로 믿게끔 현혹되었다.

또한 교황청에서 발하는 천둥과 번개는 교황이 주장한 말처럼 하나님의 분노로 믿었다. 교황이 내리는 파문은 큰 군대의 침략보다 더 무서운 것이었다. 파문이 내리면 전세계 국민이 그 자리에 멈추어 섰다. 교회 제단에서 빛이 사라지고, 교회 문들이 닫히고, 묘지에서 결혼식이 거행되었다. 고해성사에 의해 죄 용서를 받지 않고 죽은 사람은 도랑에 묻혀야 했다.

적그리스도의 저주로 천국 문은 닫혔으므로 그가 그 문을 다시 열 때까지 모든 사람은 저주 아래 있어야 했다. 실제로 사람들은 교황의 저주를 자신들을 태우려고 하늘에서 내려오는 진짜 불이라고 믿었다.

매우 막강한 왕들에게까지도 적그리스도가 내리는 파면 선고는 끔찍한 재난이었다. 저주를 받은 왕은 그의 군대조차도 그를 도울 수 없었기에 공포에 떨어야 했다. 사실 파면당한 왕의 부하들이 왕을 쫓아내려는 백성들 편에 가담하는 경우가 더 많았다. 적그리스도는 64명의 황제와 왕을 폐위시켰다. 여기에는 교황 알렉산더(Alexsander) 3세가 파면한 헨리(Henry) 2세와 교황 인노센트(Innocent) 3세가 파면한 존(John)왕, 교황 보니파티우스(Boniface) 9세가 파면한 리처드(Richard)왕과 에드워드(Edward)왕, 교황 클레멘트(Clement) 7세와 교황 바오로(Paul) 3세가 파면한 헨리(Henry) 8세, 교황 비오(Pius) 5세가 파면한 엘리자베스(Elizabeth) 1세가 포함된다. 스코틀랜드 국왕 로버트(Robert the Bruce 1274~1329년)도 교황에게 파면 당했으나 로버트 왕과 그의 신하들은 교황의 맹렬한 비난(파면 선고)을 거부했다.

적그리스도는 파면을 선언할 때 성경 예언에 기록된 바로 그 모습으로 나타난다. 교황 그레고리 7세는 헨리 4세를 파면할 때 마치 '번개가 치듯이' 파면 선고를 발표했다. 제1차 리용 공의회(Council of Lyons)*에서 교황 인노센트(Innocent)는 로마 황제 프레드리히(Frederick)의 파면 선언시 똑같은 표현을 사용했다.

공의회에서 공포된 파면 선언은 듣는 사람들에게 마치 번개가 번쩍이는 것과 같았으며 그들을 공포에 떨게 하였다. 교황과 그를 보좌하는 고위 성직자들이 촛불이 일렁거리는 가운데 더 이상 황제로 불리지 않을 프레드리히 황제에 대한 저주의 불빛을 무섭게 비추자, 황제의 대리인들과 친구들은 갑자기 심한 통곡을 하였고 분노와 저주의 그 날을 한탄했다.

이와 같은 적그리스도의 분노의 폭발은 1688년 영광스러운 종교개혁의 해까지 유럽에서 계속되었다.

종교개혁이 시작된 이후, 로마 카톨릭 교회는 온갖 개신교 종파를 파문했는데 그 가운데서도 칼빈파와 쯔빙글리파를 더욱 저주했다. 파문의 영역은 실로 광범위하였다. 간단히 말해서, 교황의 칙서 작성자들이 알게 된 모든 프로테스탄트 교파와 그 신도들이 파문 선언에 포함된다. 파문의 천둥소리는 기독교 세계 훨씬 너머까지 메아리쳤으며, 파문의 불빛은 육지의 칼빈주의자들 뿐만 아니라 바다의 잔인한 해적들에게까지 미쳤다.

---

* 제1차 리용공의회 : 1245년 소집되었고, 신성 로마제국의 황제 프리드리히 2세의 교황권에 대한 도전에 대처하고 교회 내에서 필요하다고 여겨진 개혁문제와 이슬람교도의 성지에 대한 위협 문제를 논의함.

파문은 화려하게 차려입은 추기경과 사제들 그리고 교황이 몸소 참석한 가운데 일 년에 한 번씩 공표되곤 하였다. 파문 의식은 성(聖)목요일 -부활절 직전의 목요일- 에 있었고, 보는 사람들을 위엄에 눌리게 하기에 충분한 많은 종교 의식이 뒤따랐다. 파문 선언은 대포를 발사하고 종을 울리며 나팔을 불고 횃불을 밝힌 가운데 라테란 성당의 위풍당당한 홀에서 낭독되었다. 저주의 말이 천둥치듯 낭독된 다음, 횃불을 꺼서 성당 바깥에 있는 광장 아래로 던진다. 이것은 모든 이단들은 결국 바깥 어둠에 던져질 것임을 뜻한다.

1770년 교황 간가넬리(Ganganelli)는 파문을 공개적으로 읽는 것을 금지했다. 그러나 의식은 다시 곧 부활되어 과거와 똑같이 공개적인 방식은 아니지만 지금도 계속되고 있다. 공개적인 의식이 중단된 것은 전혀 중요하지 않다. 그것은 여전히 유효하다. 모든 이단들은 파문당한 상태이다. 강조하여 말하지만, 제2차 바티칸 공의회는 로마 카톨릭 교회가 트렌트 공의회의 칙령들을 폐지하지 않았음을 다시 천명하였다. 로마 카톨릭의 파문은 지금도 유효하다. 무오하다는 적그리스도가 그것들을 명하였다.

거짓 불

교황권의 전성기인 1260년이 모두 지나간 오늘날 불이 하늘로부터 땅에 내려오게 하는 짐승의 거짓 이적이 놀랍게도 새로운 방식으로 성취를 보고 있다. 한편 불이 하늘로부터 땅에 내려오게 하는 것은 선지자 엘리야의 제단에 하늘에서 불이 내려와 제물을 태운 것을 연상하게 한다(왕상 18:38). 현금(現今) 거짓 선지자도 시대의 변화에 민첩하게 적응하여 이와 같은 '하나님의 불' 을 모방하는 거짓 이적을 행한다. 자신이 엘리야처럼 참된 하나님의 종이라고 사람들을 미혹하기 위해서다. 그것은 무엇일까?

오늘날 로마 카톨릭 사제들도 소위 '성령쇄신운동' 이라는 것을 하는데, 신도들로 하여금 하나님의 불, 곧 성령의 불을 받게 하고 있다. 그런데 천주교 성령운동 지도자들의 교훈에 의하면 성령의 세례를 받은 신도들의 특징과 열매는 한결같이 성모 마리아를 향한 신심이 더욱 심화된다고 한다. 이것은 천주교 성령쇄신운동에 종사하는 신부나 수녀들의 일치한 가르침이다. 물론 그러한 사상을 지니고 있는 천주교 성령운동지도자들은 당연히 누구보다 모범적으로(7) 마리아를 향해 기도를 하고 그녀의 우상을 숭배한다.

실로 그와 같은 행위는 진리의 성령께서 가장 혐오하는 비성경적 행습이 아닌가! 바로 이런 것이 거짓 표적이다. 단언하건데, 마리아를 의지하고 숭배하게 하는 영은 절대로 진리의 영이 아니다. 그 영은 예수의 영이 아니라 미혹의 영, 즉 귀신의 영이다. 그런 악한 영은 단호히 거부하고 대적해야 한다. 그리고 그런 사역을 하는 배교자들을 꾸짖어야 한다.

아래는 로마 교회의 성령쇄신운동 지도자인 로버트 드그란디스 신부가 쓴 「예언의 은혜」라는 책에서 발췌한 것이다. 그들의 은사 집회에서 예언의 은사를 통해 받은 것을 녹취했다는 글인데, 마리아에 대한 신심을 고취하는 내용이 들어있다. 주목해야 할 사실이다. 열매로 나무를 알리라!

「기도할 때 주님께서 예언의 선물을 통하여 우리에게 다음과 같은 말씀을 해주셨습니다:

"나는 너희 믿음을 더 크고 높은 수준으로, 과거 어느 때 보다도 훨씬 더 높은 수준으로 들어 올려 준다."

"나는 언제나 너희와 함께 있다. 와서 내 안에 쉬어라. 내가 너희를 쉬게 해주겠다."

"나는 내 성령의 능력으로 나가서 복음 선교자가 되어 나의 불을 전하도록 너희를 부르고 있다. 내 말을 전하여라. 믿음 안에 굳세어져서 나를 신뢰하여라. 너희 존재의 가장 깊은 데서부터 내 말이 솟아오르게 하여라. 나는 너희 한 사람 한 사람을 복음 선교자가 되라고 부르고 있다."

"너희가 너희 자신을 내게 바치니 내 너희를 힘차게 사용하리라. 내가 사랑하는 딸 마리아가 예수를 낳아 준 것처럼 너희도 성령이 너희를 감싸주어, 너희 마음을 내가 쉬는 곳으로 만들어서 마리아를 본받아 나를 세상에 줄 수 있도록 기도하여야 한다. 마리아가 이 새로운 성령강림에서 전파되고 있으니 너희는 마리아에 관하여 더 많이 말을 하여야 한다 … 마리아와 성령과 베드로는 내 성령이 일으키는 새로운 물결의 일부이다."

"나는 너희의 더 깊은 헌신을 원한다. 너희 자신, 너희 문제들을 잊어 버리고 너희가 누구인지 기억하지 말고 너희가 누구의 사람인지 기억하라…"』

(로버트 드그란디스 신부 저, 「예언의 은혜」, 백 젬마 마리 수녀 역, 성요셉출판사, 1990, p.84)

"마리아가 이 새로운 성령강림에서 전파되고 있으니 너희는 마리아에 관하여 더 많이 말을 하여야 한다." "마리아는 내 성령이 일으키는 새로운 물결의 일부이다." 이 예언이 과연 성령으로부터 온 것일까? 마리아가 성령이 일으키는 새로운 물결의 일부라고? 마리아가 이 새로운 성령강림에서 전파되고 있다고? 마리아에 관해 더 많이 말을 해야 한다고? 절대로 그렇지 않다.

성령은 오직 한 분 예수를 전파하기 위해서 오셨다. 주님의 성령은 마리아를 증거하는 영이 아니다. 오히려 진리의 영이신 성령님은 마리아를 높이거나 숭배하는 행위를 책망하신다. 예수의 영이신 성령님은 오직 예수의 영광만을 드러내신다.

그러나 로마 카톨릭 교회의 성령쇄신운동에 종사하는 신부나 수녀들은 그들의 은사 집회에 참석하여 성령의 불세례를 받으면 그 결과 마리아에 대한 신심이 더욱 고양된다고 가르친다. 그게 사실이라면 그것은 성령의 불이 아닌 '다른 불'임에 틀림없다. 이와 같은 것이 바로 속이는 영이 행하는 거짓 표적인 것이다.

오, 형제자매여, 속지 말라! 원래 가라지는 알곡과 구분할 수 없을 정도로 비슷한 게 현저한 특징이다.

▲파티마의 마리아(Our Lady of Fatima, Portugal) 동상을 바티칸의 베드로 광장에 옮겨놓고 특별미사를 드리고 있는 로마교황 요한 바오로 2세. 15만 명이 현장에서, 10억에 가까운 사람들이 TV 현장 중계를 통하여 이 장면을 지켜보았다(1984.3.24). 이것은 성경이 말하고 있는 기독교가 아닐 뿐더러 그 비슷한 것도 아니다.

▲루르드(Lourde)의 교황

성경은 모든 무릎이 예수 그리스도의 이름에 꿇어야 한다고 선언한다(빌 2:10). 마리아는 아니다. 하지만 천주교는 제2계명을 임의로 제거하면서까지 고집을 부리며 성모상을 비롯해 여러 가지 우상을 숭배한다. 성경은 우상 숭배자들을 향해 다음과 같이 경고하고 있다.

"그러나 두려워하는 자들과 믿지 아니하는 자들과 흉악한 자들과
살인자들과 음행하는 자들과 점술가들과 우상 숭배자들과 거짓말하는
모든 자들은 불과 유황으로 타는 못에 던져지리니
이것이 둘째 사망이라"(계 21:8).

하나님은 업신여김을 받지 아니하신다(갈 6:7). 요한계시록은 우상숭배자들은 구원을 받을 수 없다고 거듭 교훈하고 있다. 아래의 말씀을 보라. 성경의 경고를 받았음에도 우상을 숭배한 자들은 불못으로 가더라도 결코 변명할 수 없을 것이다. 알고도 거역한 죄는 더 크다.

"개들과 점술가들과 음행하는 자들과 살인자들과 우상 숭배자들과 및
거짓말을 좋아하며 지어내는 자는 다 성 밖에 있으리라"(계 22:15).

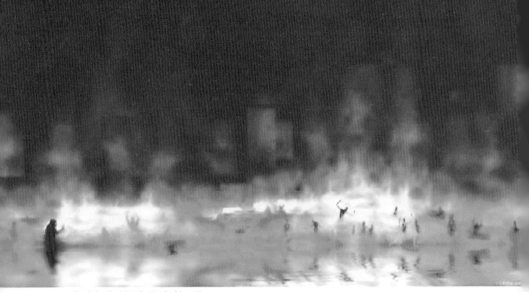

▲우상숭배자들이 들어가는 곳

가장 큰 거짓 기적

둘째 짐승이 행하는 거짓 표적 중에 가장 기만적인 것은 소위 성체(聖體) 교리이다. 로마교의 사제들이 성찬 미사를 행할 때 자기들의 신비한 주문에 의해 성찬용 빵과 포도주를 예수님의 실제 몸과 피로 변화시킨다는 교리(화체설)가 바로 그것이다. 로마 카톨릭은 이 기만적인 주장에 모든 종교체제의 기초를 두고 있다. 로마교 신도들은 미사 때마다 성체를 먹는다고 믿고 있는바, 이것이야말로 거짓 선지자들의 속임수이며 아주 현저한 거짓 표적이다. 로마 교회가 믿고 있는 화체설이 얼마나 참람한 것인가를 다음에서 읽게 된다.

"어떤 의미에서 사제는 그의 창조주(하나님)의 창조주라고 불리울 수도 있는데, 그 까닭은 (사제가) 성별(聖別)의 말을 하게 되면, 실제의 성찬(빵과 포도주)으로 예수께서 창조되시기 때문이다. … '사제의 능력은 하나님으로서의 능력인데, 이는 빵을 (실제의 몸으로) 변화시키는 것은 세상을 창조하는 것만큼의 능력을 요구하기 때문이다.' …제롬(Jerome)이 말한 바와 같이, 하나님께서 천지를 창조하신 것처럼 사제(priest)의 말은 예수 그리스도를 창조한다."

(Dignity and Duties of the priest:사제의 위엄과 의무, S.B.418, cited by Quimby, p.319)

"사제들의 세력을 눈여겨보라. 사제의 말은 빵 한 조각으로 하나님을 만들 수 있다. 그것은 세계를 창조하는 행위보다 위대하다. … 천사는 하나님의 친구이지만, 사제는 하나님의 자리를 붙들고 있는 자이다."

(「장 마리 비온시 회고, 주임신부 아르(Cured Ars)」, 1569, p.121)

마틴 로이드 존스는 그의 명저 『로마 카톨릭 사상 평가』에서 로마 교회의 화체설은 마귀의 교활한 속임수라고 다음과 같이 지적한다:

"그들은 주님의 만찬(晩餐)에서 빵과 포도주와 연관된 기적을 행할 능력이 있다고 주장하는데, 그들의 그 같은 능력을 '화체(化體)'라고 부릅니다.

빵은 더 이상 그냥 빵이 아니며 그리스도의 몸으로 변한다고 그들이 말하는데 겉모습과 색깔은 잔상(殘像)으로 남지만, 내용물은 그리스도의 몸으로 화체(化體)된다고 하며, 이러한 기적(奇蹟)은 그러한 기적을 일으킬 권능을 소유한 사제에 의해서라야 수행될 수 있다는 것입니다.

그 같은 주장은 당연히 성례전(聖禮典, 성사)에 관한 교리 전체로 이어집니다. 카톨릭엔 일곱 성사(성례전)가 있지만, 본인은 이 중 특히 세례성사(洗禮聖事)와 성체성사(聖體聖事)에 대해 관심이 있으며, 그들은 이 두 성사에 기적이 역사한다고 서슴없이 가르칩니다.

그들의 이론은 이러하니, 즉 사제의 역할에 의하여 물과 빵, 포도주에서 기적이 역사하게 되며, 그 결과 이것들에 특별한 방식으로 하나님의 은혜(恩惠)가 부여되는데, 그같은 기적적인 역사는 거의 자동적(自動的)으로 이루어진다는 것입니다. 이같은 현상을 그들은 "ex opere operato"를 이룬다고 말합니다.

다시 말해서, 그것은 더 이상 그냥 물이 아니라, 하나님의 은혜가 부여된 물이므로, 그 물을 어린아이 위에 부으면, 어린아이 안에서 기적이 역사(役事)하게 된다는 것입니다. 혹은 성찬식(聖餐式)에서 여러분이 빵을 취하게 되면 거기에 반드시 수반되어야 하는, 포도주는 마시지 못하게 하지만 여러분은 실제적으로 그리스도 자신의 몸을 먹는다는 것입니다.

여러분이 알다시피, 이것은 마귀의 교활한 속임수 그 이상도 그 이하도 아닙니다. 이 모든 것은 '첨가'된 것으로서, 거기에 대해 신약 성경에 단 한 단어의 언급조차 없습니다."

(마틴 로이드 존스, 「로마카톨릭사상평가」, 안티오크, 1994, pp. 27~29)

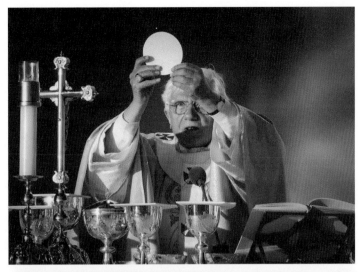

▲성찬용 빵과 포도주를 성체로 변화시키는 거짓 이적을 행하는 사제

종교개혁 전 중세 암흑시대에 모든 로마 카톨릭은 기적의 유물과 우상을 가지고 있었다. 그 우상들이 피를 흘리고, 말하고, 눈물을 흘렸다는 장소는 성지가 되었고, 그 성지를 순례하는 것이 당시 사람들의 종교적 의식이었을 만큼 참으로 로마 카톨릭은 수많은 사람을 속여 왔다. 그러한 미신적 대상으로 다음과 같은 것들이 있었다.

* 막달라 마리아와 살로메의 유골
* 천사의 날개
* 예수님의 옆구리를 찔렀던 창
* 노아 방주의 배 조각이었다는 나무토막들
* 많은 사람들에게 옷을 입게 해준 마리아의 의복류
* 우리 구주께서 쓰셨던 가시관에서 나온 많은 가시들

예수님의 못 자국 난 몸의 형상이 나타나 있어 실제 예수님의 수의라고 로마 카톨릭 신도들에게 숭배되고 있는 소위 '튜린 성당의 세마포'라는 것도 로마교가 지배했던 중세 암흑시대의 산물임을 보여주고 있는 것이다.

이러한 것들 중에 현재까지도 지속되고 있는 가장 거짓된 로마 카톨릭의 기적은 이른바 성모 마리아 발현이라는 사건이다. 프랑스의 루드르, 포르투갈의 파티마, 멕시코의 구아데로프, 그리고 아일랜드의 노크가 소위 마리아의 발현으로 유명한 지방이다.

현대에도 마리아상이 눈물과 피를 흘리는 것을 보았다는 목격담이 있다. 스페인에서는 1983년부터 마리아상이, 일본의 아카타에서는 마돈나상이 눈물을 흘렸는데, 모두 피가 흐르고 있었다고 한다. 두말할 나위 없이 거짓 표적이다. 신디 제이콥스(Cindy Jacobs)는 그러한 현상에 관해 다음과 같이 지적한다:

"어떤 동상이나 석상이 피를 흘리기도 하고 눈물을 흘리기도 한다. 이것을 비술적인 것이며 비록 그것을 성흔(聖痕)이라고 부르기도 하지만, 실상은 기만하는 불가사의이다(마 24:24; 막 13:22 참조)."

(신디 제이콥스, 「내 말을 네 입에 두었노라」, 고세중 역, 죠이선교회출판부, 1996, p.111)

▲거짓 기적

▲거짓 표적

짐승의 우상

*"땅에 거하는 자들에게 이르기를 칼에 상하였다가 살아난 짐승을 위하여
우상을 만들라 하더라 그가 권세를 받아 그 짐승의 우상에게 생기를 주어
그 짐승의 우상으로 말하게 하고 또 짐승의 우상에게
경배하지 아니하는 자는 몇이든지 다 죽이게 하더라"(계 13:14, 15).*

그리스도의 대리자를 참칭하는 교황을 선출해서 그로 하여금 교회의 머
리 노릇을 하게 하여 결국 그리스도가 받으셔야 할 영광을 교황이 가로채도
록 하는 것이 곧 짐승의 형상을 만들어 숭배하게 하는 행위이다. 문자적으로
우상 속에 생기를 불어넣어 조각한 목석 우상이 말을 하도록 초능력을 부리
는 게 아니다. 또한 우상 안에 컴퓨터 칩 같은 것을 넣어서 작동하게 하는 것
도 아니다. 이것은 말하는 우상이니 철이나 동으로 만든 것이 아닌 인격적인
우상을 뜻한다. 교황은 적그리스도의 영, 곧 사단의 생기가 들어가 있는 말
하는 우상이다. 마틴 루터는 선언하기를, "교황은 귀신이 충만한 자요 ... 하
나님의 원수요 적그리스도"라고 했고, 교황제도는 마귀적이라고 했다(Church
and Ministry III, p.363). 저명한 예언서 주석가인 뉴톤은 다음과 같은 글을 썼다.

"두 개의 뿔 달린 짐승 즉 배교한 성직자는 칼에 상하였다가 살아난
짐승의 우상을 사람들의 의식 속에 심거나 믿게끔 크게 영향력을 행사하
였음을 볼 수 있다. 짐승의 이러한 우상과 상징은 교황이다.

그는 당연히 교회의 우상이다. 교황은 짐승의 모든 권력을 나타내고
모든 권위의 우두머리이다. 두 뿔 달린 짐승 곧 배도한 성직자들이 그를
교황으로 선출함으로써 그에게 생명을 주어 연설할 수 있게 하고, 교황령

(소위 '교령'이라는 것)을 선포할 수 있게 하고, 그에게 순종하거나 경배하기를 거절하는 자는 얼마든지 박해하여 죽일 수도 있는 능력을 주기까지는 그는 권력과 권위가 없는 한 사람의 개인에 불과하다.

교황으로 선출되는 즉시 그는 교황의 제복을 입고, 관을 쓰고, 제단에 오르게 되며, 교황숭배(adoration)라는 의식을 통해 추기경들이 그에게 와서 발에 입을 맞춘다. 먼저 그들이 선출했고, 다음에 그들이 그를 경배하는데, 교황 마틴 5세의 기념 메달에서 두 명의 추기경이 교황에게 관을 씌우고, 또 두 명의 추기경은 그의 발 앞에 무릎 꿇고 있는 모습을 볼 수 있다. 그 메달에는 다음과 같은 문구가 새겨져 있다.

'QUEM CREANT ADORANT'
선출한 자를 경배하라

그는 짐승의 10개 왕국들의 본원이고, 그의 최고 권위를 인정치 않는 자는 죽음에 처하게 된다."
('생명의 서신'에서 번역 출간한 「The Mark of The Beast」(짐승의 표) p.74에서 발췌).

따라서 각 교황들이 짐승의 우상 또는 화신(化身)이 되고, 추기경들에 의해 선출되어 조직의 우두머리와 대변자가 됨을 알 수 있다. 자신들이 선출한 교황을 경배한다는 것은 인간이 자기를 위해 우상을 만들어 놓고 그 우상 앞에 절하는 행위와 흡사하다. 데살로니가후서 2:3-4이 말씀하듯 교황은 사람들에게 경배를 받고 있고 그들은 그 앞에서 절하며 전능하신 하나님 한 분 외에 어느 누구에게도 바칠 수 없는 경의와 흠모를 그에게 표시하고 있다.

▲교황을 향해 엎드려 경배하는 사제들. 사도 베드로는 이러한 행위를 거부했다.

행 10:25 마침 베드로가 들어올 때에 고넬료가 맞아 발 앞에 엎드리어 절하니

행 10:26 베드로가 일으켜 이르되 일어서라 나도 사람이라 하고

▲교황 앞에 부복한 사제들

▲사제들이 그들의 머리인 교황을 향해 부복하고 있다. **천사도 이러한 행위를 거부했다.**
계 22:8 이것들을 보고 들은 자는 나 요한이니 내가 듣고 볼 때에 이 일을 내게 보이던
천사의 발 앞에 경배하려고 엎드렸더니
계 22:9 그가 내게 말하기를 나는 너와 네 형제 선지자들과 또 이 두루마리의 말을 지
키는 자들과 함께 된 종이니 그리하지 말고 하나님께 경배하라 하더라

▲카톨릭교도들은 그들의 사제 앞에 엎드려 누워서 그들을 경배한다.

이처럼 짐승의 우상을 주교조직 즉 거짓 선지자인 둘째 짐승이 만드는 것이다. 그렇기에 짐승의 우상, 즉 교황이 자기들의 노선에 보조를 맞추지 않을 때에는 그는 쉽게 제거되고 교체될 수 있다. 1774년, 교황 클레멘트 14세가 예수회의 명령을 묵살하자 얼마 안 되어 의문의 독살을 당했고, 우리 세대에 와서는 교황 요한 바오로 1세가 바티칸의 재정 스캔들을 거의 밝히게 될 단계에 이르자 여러 가지 의혹이 가는 주변 환경 안에서 단지 33일간 즉위한 채 생애를 마쳤다.

▲"선출되어 경배 받으시는 자" 교황 마틴 5세(Martin V)의 메달로, 숭배의 대상으로 새로 선출된 교황을 묘사하고 있다.(1417년)

▲"그 앞에 꿇어 엎드려 신령과 진정으로 그를 경배하자" 교황 알렉산더 7세(Alexander VII)의 메달로, 그가 성체 즉 빵신(Wafer-god)을 붙들고 성체 현시대(顯示臺)와 함께 위풍 당당히 운반되고 있는 것을 묘사하고 있다.(1655년)

▲교황 바오로 6세(1963~1978)의 즉위식 광경.
가마에 태워져 운반되고 있다. 숭배 받는 교황은 살아있는 말하는 우상이다.

1850년 영국의 설교가 크리스토퍼 워즈워드(Christopher Wordsworth)가 교황숭배에 관하여 다음과 같은 글을 썼다('생명의 서신'에서 번역 출간한 「is the church of Rome The Apocalypse?」 〈로마교회는 계시록의 바벨론인가?〉 pp.45~46에서 인용).

『선출된 교황은 설명된 대로 옷을 입고서 로마의 성 베드로 대성당 바실리카, 혹은 교회로 간다. 그는 제단으로 인도되어, 그 앞에 처음으로 무릎을 꿇고서 기도한다. 이리하여 그는 제단의 거룩함을 선언한다. 그는 신의 자리인 그 제단에 무릎을 꿇고 그 앞에서 기도한다. 우리는 다음 내용을 읽을 수 있다.

"교황은 일어나서 그의 관을 쓰고, 추기경들에 의해 일으켜 세워져서 그들에 의해 제단 위에 놓아진 다음 거기에 앉는다. 주교 중 한 명이 무릎을 꿇고 'The Deum'을 시작한다. 동시에 추기경들은 교황의 발과 손과 얼굴에 입을 맞춘다."

이와 같은 것이 교회와 세상을 향해 교황이 처음으로 등장하는 방법이다. 이 의식은 수세기 동안 지켜져 왔으며, 비오 9세의 취임식에도 행해졌는데, 이 의식은 로마 작가들에 의해서 보통 "숭배(Adoration)"라고 불린다. "Quem creant, adorant"-"그들이 만들어 낸 인간(교황)을 그들이 숭배한다"는 전설과 함께 교황의 주조소에서 주조한 주화에 이 사실이 나타나있다… 얼마나 놀라운 고백인가! 다음 표현은 추기경 Colonna에 의해 교황 이노센트 10세의 숭배 의식에서 그에게 바쳐졌던 것이다.

"가장 거룩하며 축복을 받은 아버지, 교회의 머리이시며, 세상의 통치자이신 당신에게 하늘 왕국의 열쇠가 주어졌고, 당신을 하늘의 천사들이 경배하며, 당신을 지옥의 문이 두려워하고, 당신을 온 세상이 숭배하는데, 우리는 특별히 당신을 숭앙하고, 경배하고, 숭배하며, 우리와 우리에게 속한 모든 것을 당신의 거룩한 처분에 맡깁니다."

전능하신 하나님 자신에 대해서 이 이상의 어떤 말을 할 수 있겠는가? 그러나 돌아가서 이 '숭배'의 성격을 검토해 보자. 이 숭배는 무릎을 꿇고 얼굴과 손과 발에 입맞춤으로써 거행된다. 그리고 하나님의 신비의 경쟁자에게 주어진 경배를 묘사하는데 성 요한에 의해서 9회 사용된 단어는 무엇인가? 그것은 '프로스퀴네인'(προσκυνειν)으로서 그 앞에 무릎을 꿇고 입맞추는 것이다.

그 다음에, 이 숭배가 교황에게 행해지는 장소를 고려해 보자. 하나님의 성전이다. 로마의 주 성전은 성 베드로 성당이다. 교황이 이 숭배를 받을 때의 태도를 관찰해 보라. 그는 앉는다. 그가 앉는 장소를 보라. 그 장소는 하나님의 제단이다.

이와 같은 것이 교황의 취임식이다. 그는 추기경들에 의해 하나님의 제단에 올려진다. 거기에 그는 왕좌에 앉듯이 앉는다. 그 제단은 그의 발등상이며, 추기경들은 그 앞에 무릎을 꿇고 지존하신 분의 제단을 밟고 있는 발에 입을 맞춘다.

이제 사도 요한에게 주의를 돌려 보자. 그가 묘사한 권세는 신비이며, 혐오스러운 것들이며 창녀들의 어미라고 불린다. 그리고 혐오스러운 것이라는 말은 성경에서 흔히 우상을 의미한다. 그리고 성경의 예언에서, 혐오스러운 것은 우상 숭배의 특별한 형태를 묘사한다. 황폐케 하는 혐오스러운 것은 우리가 살펴 본 것처럼 하나님의 성전 제단 위에 우상 숭배의 대상물을 갖다 놓는 것을 말한다.

그와 같은 것이 유대인의 성전에 안티오쿠스가 세운 우상이었다. 그리고 우리의 주님께서는 황폐케 하는 혐오스러운 것이 거룩한 장소에 설 것이라고 묘사하신다. 그리고 사도 바울은 신이라 불리는 모든 자 혹은 숭상의 대상이 되는 모든 것 위에 자신을 높여서, 신으로서, 하나님의 성전에 앉아서 -혹은 하나님의 성소로 운반되어, 거기에 앉혀져서- 자기를 신이라고 나타내는, 그가 신비라고 부른 권세의 일어남에 의해서 이어질 것이라고 예언한다.』

이렇게 짐승의 우상을 숭배한다는 것은 문자적으로 교황의 형상(우상)을 숭배하는 것이 아닌데, 북녘 동포들이 김일성 동상 앞에 꽃을 바치고 머리를 숙이는 행위는 생기가 없는 그 동상을 숭배하는 것이 아니라 김일성을 숭배하는 행위에 불과한 것처럼, 교황숭배를 우상숭배라는 표현 방식으로 상징화한 말씀이다. 로마의 교황은 지상의 하나님으로서 성전에 앉아(살후 2:4) 숭배 받고 있기 때문에, "생기가 들어있고, 말하는, 살아있는 우상"인 것이다. 리차드 십스(Richard Sibbes) 목사는 다음과 같이 지적했다:

"로마 카톨릭 교회의 수장은 아주 끔찍한 우상입니다. 교회의 머리가 되는 것은 오직 그리스도께 속한 고유 권한임에도 불구하고 교황주의자들은 교황을 교회의 수장으로 삼습니다. 하지만 교회는 교황의 통치 아래 있는 것이 아닙니다. 교회는 다만 교회의 영적 머리되시는 그리스도의 전적인 통치를 받을 뿐입니다. 그렇기 때문에 사도 바울은 골로새서 2장 19절에서 머리를 붙들지 아니하는 사람들에 대해서 책망을 한 것입니다. …… 로마 카톨릭 교회 사람들은 머리를 붙들지 않습니다. 다시 말해서 그리스도를 붙들지 않는다는 것입니다. 왜냐하면 그들은 그리스도의 고유 권한에 속한 것을 교황에게 주기 때문입니다. …… 교황주의자들은 여러 가지 방식으로 교황을 하나의 우상으로 만듭니다. 그리스도께 속한 것을 그에게 넘겨줌으로써 그를 우상으로 만드는 것입니다."(리차드 십스, 「돌아오는 배역자」, 지평서원, 2001, p.429)

실제로 조직으로서 로마 교회의 수장 교황은 철저히 우상화 되어 있다. 한 가지 예를 들면 로마 카톨릭 교회에서 사제가 사해줄 수 없는 죄가 있다. 그것은 교황을 모욕하거나 그에게 폭력을 가하는 것이다. 이것은 그들의 법이다. 천주교의 교회법 1370조에 그렇게 명시하고 있다.

"…또 짐승의 우상에게 경배하지 아니하는 자는 몇이든지 다 죽이게 하더라"(계 13:15). 두 개의 뿔 달린 짐승 -교황체제의 종교적 현시(顯示)- 은 자기의 우상, 즉 머리, 대변인, 입술이 되는 교황에게 경배나 복종하기를 거부하는 자를 핍박하거나 죽일 수 있는 권한을 가졌다. 이교 로마(Pagan Rome)를 교권 로마(Papal Rome)가 승계하면서 '작은 뿔' 즉 교황권이 출현할 때에 계시록 13장의 첫째 짐승이 나타났고, 교황권이 나올 때 둘째 짐승, 곧 주교조직도 출현하였다. 그리고 과연 로마 카톨릭 교회에 의해 짐승의 형상에게 경배하지 않는 자는 화형, 참수형 등 극형을 당하고 생존이 불가능한 때가 '마흔두 달'로 묘사된 교황권의 전성기에 있었던 것이다.

▲가마에 태워져 운반되는 교황 pius XII (1951년)

◀보석들로 꾸민 삼중관을 쓰고
가마로 태워져 운반되는 교황
비오 12세(1939~1958)
그는 나치 히틀러와 협력하여
유대인 학살을 도운 자다.

▲가마에 태워져 운반되는 비오 12세(1951년) 교황의 보좌는 붉은 빛이며, 붉은 빛 예복을 입은 열 두 사람에 의해 운반된다. 그리스도의 대리자를 사칭하며 숭배 받는 교황은 살아있는 말하는 우상이다.

▲이집트의 사제이자 왕인 파라오가 그가 섬기는 신의 신전으로 예배하러 가는 모습. 가마 후미의 부채(파벨룸)와 파라오가 타고 있는 이동식 옥좌를 로마 교황의 그것들과 비교해 보라. 이교도의 우상을 숭배했던 파라오의 모습과 교황의 모습이 똑같지 않은가!

▲왼쪽은 교황의 행렬이고, 오른쪽은 이집트 왕의 행렬.
운반되는 형태가 사람들이 들고 있는 큰 부채(파벨룸)까지 똑같다.

▲신(神)으로 숭배 받던 이집트 왕 파라오가 가마를 타고 가는 모습의 모형.
큰 부채(파벨룸)는 파라오를 위해 햇빛을 가리는 용도로 사용되었다. 가마로 운반되며
숭배 받는 교황은 이교도 파라오를 모방했다.

표(Mark)를 갖고 있는 짐승

"그가 모든 자 곧 작은 자나 큰 자나 부자나 가난한 자나
자유인이나 종들에게 그 오른손에나 이마에 표를 받게 하고
누구든지 이 표를 가진 자 외에는 매매를 못하게 하니 이 표는
곧 짐승의 이름이나 그 이름의 수라"(계 13:16,17).

짐승의 표(Mark)는 무엇인가? 짐승은 하나의 구별되는 표를 가지고 있다. 무엇이 그의 표인가? '666'이 짐승의 표인가? 그렇지 않다. 앞서 지적했듯이 '666'이란 숫자는 짐승의 정체를 식별하는 하나의 특징일 뿐이다. 즉 누가 짐승인가를 확인할 수 있는 한 가지 방법이 '666'인 것이다. 그러면 짐승의 표는 무엇인가?

오늘날 예언 해석의 미래주의, 곧 비성경적 세대주의 종말론으로 인해서 적그리스도를 말세에 나타나 고작 3년 반 동안 세계를 통치할 한 사람의 개인적 인물로 잘못 알고 있는 사람들이 아주 많다. 그들은 짐승의 표를 바로

그 세계 독재자가 3년 반 기간에 사람들의 이마나 오른손에 받도록 할 "컴퓨터 바코드 번호"라고 해석한다. 즉 오른손이나 이마에 문자 그대로 받게 될 실제적인 표가 짐승의 표라고 믿고 있다는 것이다. End Time에 관한 미래주의자들의 공상소설 같은 이론에 세뇌를 당한 결과다. 최근에는 장차 지구 정부의 독재자가 인간을 통제하기 위한 수단으로 사람의 몸 안에 집어넣을 칩(Biochip)이 짐승의 표라는 신종 이론도 나타났다. 이 또한 예언의 진정한 뜻을 모르는 세대주의자들이 지어낸 공상소설 같은 이야기일 뿐이다.

우리는 지금까지 상징들을 다루어 왔다. 우리가 짐승의 표가 무엇인지를 올바로 이해하려면, 우선 요한계시록은 상징의 책이라는 사실을 기억해야 한다. 계시록은 많은 상징으로 기록된 책이라는 것을 알아야 하겠고, 짐승의 표는 반드시 문자적인 손 또는 이마에 있어야 하는 어떤 실체가 아니다.

손은 사람의 활동을 상징하며, 이마는 사람의 사고를 상징한다. 손에 표가 있다는 것은 사람의 행동을 지배함을 의미하고, 이마에 표가 있다는 것은 사람을 마음을 지배한다는 뜻이다. 즉, 오른손이나 이마에 받게 한 표는 사람의 활동과 사고에 대한 지배 및 통제를 상징하는 것이다. 하나님께서 이스라엘 백성에게 그분의 말씀으로 손의 기호와 미간(이마)의 표를 삼으라고 명하신 것도 본질은 이런 의미인 것이다(출 13:9; 신 6:4-8). 말씀이 행동과 사고를 지배해야 한다는 뜻이다.

본문에 표에 대해 사용된 헬라 원어의 의미는 표를 받은 사람이 그에게 그 표를 새긴 사람이나 조직의 소유물임을 나타내는 것이다. 소유물은 그 소유주의 지배와 통제를 받는다. 실제로 사도 요한이 계시록을 기록할 당시에는 노예들에게 낙인이나 화인으로 오른손 또는 이마에 표를 찍는 관습이 있었는데, 그 표는 주인에게 있어서 소유권의 표시였고 노예에게 있어서는 자신이 누구의 소유라는 소속의 표시였다. 그리고 이 노예들은 주인으로부터 그의 모든 활동과 생각을 통제받고 지배당하였다. 그들은 자기 주인의 뜻대로 생각하고 말하고 행동해야 했다.

그러므로 본문에 "모든 자 곧 작은 자나 큰 자나 부자나 빈궁한 자나 자유한 자나 종들로 그 오른손에나 이마에 표를 받게" 한다는 예언은, 그 논점에 있어서 사회의 모든 계급들이 그 표를 받게 한 짐승 체제에 의해서 지배 및 통제를 당해야 하는 노예가 될 것을 보여 주는 것이다. 다시 말하면 서민이나 귀족이나 부자나 빈자나 자유로운 자나 구속된 자나 어떤 계층의 사람이든 간에 그 체제, 조직에 의해 예속되어졌음을 뜻하는 것이다.

따라서 표가 없는 사람은 그 짐승 체제, 곧 교황권의 지배 아래 복종하며 살기를 거부한 무리들을 말하는 것이다. 본문에 의하면 그들은 매매를 금지당한다. 즉 그들은 정상적인 매일의 삶을 향유할 수 있는 권리가 박탈당한다는 것이다. 실제로 교황 조직은 하나의 구별되는 표(Mark)를 갖고 있으며, 그 표를 받지 아니한 자들 즉 교황의 존재를 무시하고 짐승의 소유물이 되기를 거절했던 참된 하나님의 백성들은 공민의 자유가 거부되었던 시대가 교회사 속에 있었다. 즉, 사고 팔 수 있는 권리와 일상적인 매일의 생활을 유지할 수 있는 권리가 박탈되었던 때가 중세 암흑시대에 있었다는 것이다.

그러면 짐승체제하의 사람들에게 새겨지고 찍혀지는 이 표는 과연 무엇일까? 짐승, 곧 교황권은 하나의 구별되는 표시나 상징, 표를 갖고 있는가? 물론 가지고 있다. 그것은 바로 라틴 십자가(The Latin Cross)이다. 이 라틴 십자가 표시가 666표 곧 짐승의 표인데, 이것이야말로 로마교가 기만당한 추종자들에게 태어나서 죽을 때까지 찍어주는 상징이다.

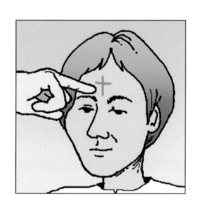

북아일랜드의 학자 알렌 캠블(Alan Campbell)은 그의 책 "짐승의 표"(The Mark of the Beast)에서, 그 표에 대해 다음과 같이 설명하고 있다.

『짐승 체제의 노예들에게 찍히고(stamped) 표되었던(marked) 이 표는 무엇이었는가? 짐승, 즉 교황권은 하나의 구별되는 표시(Sign)와 상징(Symbol)

곧 표(Mark)를 갖고 있는가? 그 대답은 두 말할 나위 없이 "예"이다. 그것은 라틴 십자가(The Latin Cross)이다. 바로 이것이 로마 교회가 현혹된 그 추종자들에게 요람에서부터 무덤까지 찍어주는 상징이다.

세례식 때, 오래 전에 갈대아(인용자 주: 바벨론)에서 행해졌던 것같이 사제는 아기의 가슴, 어깨, 귀, 코 위에 십자가 표시를 한다. 그러나 무엇보다 이마 위에 표시를 하는 것이 로마 교회로 입교하는 주된 표시이다. 예식법에는 실제로 다음과 같이 기술되어 있다.

"사제는 '그대는 그대의 마음 안에서와 같이 그대의 이마 위로 십자가 표시를 받아들일지어다' 라고 말하면서 이마 위에 십자가 표시를 엄지손가락으로 그어야 한다."

"다음에 그는 '우리가 그의 이마 위에 준 거룩한 이 십자가 표시를 그대의 저주받은 악마는 결코 더럽히지 말지어다' 라고 말하면서 세례 받은 자 이마 위에 자신의 엄지손가락으로 십자가 표시를 한다."

교황 클레멘트 8세(Clement Ⅷ)와 우르반 3세(Urban Ⅲ)의 명령에 의해 편집된 로마 교회의 예전서에 보면 다음과 같은 문구가 있다.

"그는 성유(聖油) 속에 오른손 끝을 담그고, '나는 그대에게 십자가 표시를 하노라' 라고 말한다. 이 말을 하면서 엄지손가락으로 이마 위에 십자가 표시를 긋고는 '구원의 성유로 그대에게 견신례를 행하노라'고 말한다."

이마가 어린이의 로마교 입교에 중요하다면, 손은 사제들이 카톨릭 신

비종교에 들어가는 성직 수임식이나 입회식에 중요한 표상이 된다. 다시 로마교의 전례 법규를 보면:

"성직 수임자는 성직 수여자 앞에 차례대로 한 명씩 무릎을 꿇는다. 수여자는 성유로 부유성사를 행하는데, 두 손은 십자가 모양으로 서로 맞잡는다. 결합한 손을 위로 오른손 엄지손가락을 가지고 두 개의 선을 긋는다. 즉 오른손 엄지에서 왼손 집게손가락까지, 왼손 엄지에서 오른쪽 집게손가락까지이다."

다음에 그는:

"성직 수임자들의 손들 위에 그의 오른손으로 십자가 표시를 긋는다."

십자가 표시와 함께 손의 부유성사는 로마 교회의 사제와 주교의 서품식에 있어서 필수적인 부분이다.

라틴 십자가(The Latin Cross)는 전 카톨릭 조직에 찍힌다. 그것은 미사 때 사용되며, 교회 기도문에 군데군데 신비한 신호로 삽입되고, 사제의 가운, 교회의 성구와 건조물에 장식된다. 라틴 십자가 우상은 로마 교황, 곧 짐승의 지시에 따라 로마의 가장 높은 예배 형식으로 주어졌으며, 오직 전능하신 하나님, 그리고 성체(인용자 주: 미사의 빵)에게만 일치가 된다.

가엾은, 미혹된 로마 카톨릭 교인이 임종하게 되어, 마지막 의식을 받게 될 때, 즉 로마 교회의 일곱 번째 성례식(인용자 주: 종부성사) 때에도 그들은 한 번 더 라틴 십자가로 부유성사를 받게 된다. 우리는 독실한 카톨릭 교인들이 사순절의 첫날인 재의 수요일(Ash Wednesday)에 짐승의 표(The

Mark of the Beast), 즉 라틴 십자가를 그들의 이마에 기름과 재로써 붙이는 것을 보아왔다.」

(by Alan Campbell 「The Mark of the Beast」, p.40).

이처럼 로마 교회는 그의 모든 추종자들에게 태어나서 죽을 때까지 라틴 십자가를 표해 주는데, 이것이 바로 로마 교황권이 가지고 있는 하나의 구별되는 표(Mark)로서, 짐승의 표 곧 666표이다. 그들은 그것이 라틴어의 카락테렘(Characterem)이라는 영혼에 지울 수 없는 표(Mark)라고 믿고 있다. 이러한 행위는 적그리스도가 예수 그리스도께서 하시는 일을 모방하는 것이다. 왜냐하면 그리스도께서 그의 소유된 백성들을 이 세대의 아들들과 구별하기 위해 하나님의 인으로 자기 백성들의 이마에 표하시기 때문이다(계시록 7장). 마찬가지로 짐승도 그의 소유를 표시하기를 원하는 것이다.

어떤 사람들은 라틴 십자가는 기독교의 상징이며, 갈보리에서 그리스도께서 성취한 일의 상징이라고 생각할 것이다. 그러나 라틴 십자가는 경우가 다르다. 라틴 십자가는 로마 교회의 대부분의 다른 그릇된 행습들처럼 그 기원이 바벨론 신비종교(Chaldean Mystery Religion)에서 유래하였다.

고대 바벨론에서는 우상 제사에 입교하는 자들의 이마와 손 위에 라틴 십자가가 놓여 졌었다. 또한 그것은 바알(Baal) 제사장의 예복에 장식되었으며, 이교 로마의 베스터 여신(the Vestal Virgins)을 섬기는 여사제의 목걸이에도 매달려 있었다. 바벨론인의 메시아인 담무즈와 연관되어 있고, 고대 이집트에서는 생명의 표시로 숭배되었다.

원어에서 라틴 십자가는 그리스에서는 'KRAUO' 로, 고대 로마의 라틴 지방에서는 'CRUX' 로 언급되어졌다. 이 두 단어는 모두 예수님께서 피 흘려 돌아가신 갈보리의 나무를 묘사하는 데는 사용되지 않는 용어이다. 예수님의 사형 도구는 헬라어로 'STAUROS' 와 'XULON' 를 사용했는데, 나무, 나뭇조각, 말뚝을 언급하는 것이며, 결코 †모양의 라틴 십자가는 아니었던 것이다.

성경에서 그리스도인의 영광이 있는 십자가라는 말은 그리스도께서 십자가 위에서 이루신 일을 뜻하는 것으로서, 우리의 죄를 사하시기 위해 의인이 죄인을 대신하여 험한 막대기, 기둥, 교수대 같은 나무 위에서 머리 위로 손에 못이 박힌 채, 자신의 고귀한 피 안에 있는 생명이 부어졌을 때 다 이루신 그리스도의 속죄를 의미한다. 라틴 십자가는 카톨릭 짐승의 우상일

뿐이다. 우리는 소위 십자 성호를 긋거나 십자가 형상 앞에서 경배하는 그
들의 미신적 행습을 거부한다.

▲짐승의 표를 받는 철모르는 어린이들 교황 요한 바오로 2세가 바티칸 성 베드로 성
당의 미사에서 어린이들의 이마에 오른손으로 십자가(✝)표시를 하며 축복하고 있다.

▲로마 카톨릭 교도들이 그들의 이마에 짐승의 표를 받고 있다.

하나님께서는 어떤 형상이든지 만들지 말라고 명하셨고(출 20:4), 집안에 가증한 것을 두지 말라고 하셨기 때문에(신 7:26) 십자가 목걸이나 배지(badge), 형상 등을 신성이 여기거나 숭배해서는 안 되며, 오직 기록된 말씀(고전 4:6)만 우리의 신앙과 생활의 유일한 법칙과 규범으로 삼아야 할 것이다. 그러나 로마 교회는 고대 바벨론 비밀종교에 그 뿌리가 있는 라틴 십자가를 신성하게 여기며, 그의 미혹된 추종자들에게 이 표를 찍어 주는 것이다.

그런데 교황과 그들의 그릇된 교리에 순종하기를 거절하므로 그 표를 받지 않게 된 참된 하나님의 백성들은, 사도 요한의 예언처럼 실제로 사고 팔 권리가 거부되어서 일상적인 생활을 도저히 유지할 수 없었던 수난의 때가 교황권 치하의 암흑시대에 있었던 것이다.

A.D. 1179년 라테란 공의회(The Lateran Council)에서는 아무도 '이단자들과 왕래하지 말라' 고 명령했다. 그리하여 개혁교회의 성도들은 시장이 있는 도시로부터 한적한 고을과 마을들로 쫓겨나야 했다. 1184년 교황 알렉산더 3세(Alexander Ⅲ)는 왈덴스(Waldenses)파와 알비젠스(Albigenses)파와의 상업을 금하는 한

유사한 법을 통과시켰다. 다시 1414년에는 한 유사한 교령(敎令)이 로마 교황의 콘스탄스 공의회(Council of Constance)에 의해 발표되었다. 개혁교도들은 교황의 교령(Quicurque Hiereticos)에 의해서 장례식조차 거부가 되었다.

　　사회로부터 추방된 자들로 간주된 가련한 개혁교도들은 단란한 가정과 생계 수단으로부터 쫓겨나 동물처럼 사냥이 되었으며 참혹하게 죽음으로 던져졌다. 참된 성도들은 로마 카톨릭 교도가 아니라는 이유로 마을과 도시로부터 추방당하고 삶의 터전을 잃고 궁벽한 곳으로 쫓겨 다니며 추위와 굶주림 그리고 종교재판 아래서 잔인하게 죽음을 당했다. 종교재판관들은 개신교도들을 살해하면서 강제로 이마에 뜨거운 인두로 십자가 표시를 하고 죽인 사례들도 있었다. 그것은 짐승, 즉 로마 교황의 지극히 높으신 자의 성도를 박해하는 권세였던 것이다(계 13:7; 단 7:25).

▲목 베임을 당하기 전에 짐승의 표로 낙인찍힌 개신교 순교자들. 형을 집행하기 전에 개신교도의 이마에 라틴 십자가를 새겨 넣었다(좌측 상단). 라틴 십자가를 손에 들고 있는 사제(중앙) 앞에서 이러한 만행이 자행되었다.(The Mark of The Beast p.91)

오늘날은 짐승이 전성기(한 때 두 때 반 때, 마흔두 달, 1260일)를 보내고 세속권을 상실했기 때문에 중세 암흑시대처럼 성도들을 학살할 수 없게 되었다. 그러나 하나님의 백성을 증오하고 박멸하려는 짐승의 정신은 지금도 여전하다. 현 교황 베네딕트 16세는 "카톨릭 이외의 다른 기독교 종파는 진정한 교회가 아니다. 카톨릭만이 인간을 구원할 수 있는 유일한 길이다"라고 용처럼 말하지 않았던가(2007년 1월10일).

짐승의 권세는 회복될 것인가

로마 교회가 중세 암흑시대처럼 다시 한 번 (진리를) 핍박하는 유력한 세력으로 등장하겠는가? 성경은 그러한 사상을 부인한다. 짐승(The beast)은 역사적 종말이 이를 때까지 우리와 더불어 계속 존재할 것이다(계 19:20; 살후 2:8; 마 13:29~30). 하지만 세계의 독재군주 노릇을 했던 암흑시대의 영광과 위상은 다시 회복하지 못할 것이다. 예언의 말씀에 의하면 그에게 허락된 특정한 세력 기간은 오직 1260일(마흔두 달, 한 때 두 때 반 때) 뿐이기 때문이다. 하나님은 그 짐승이 미쳐 날뛰는 것의 끝을 예비해 두셨다.

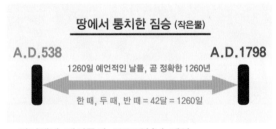

▲다니엘과 계시록의 1260일/년 예언

1260년
(42달)

A.D. 538
교황이 교회의 머리로 공포됨

A.D. 1798
나폴레옹에 의해 포로로 붙잡힘

이 시기의 교회는 이스라엘 민족이 당했던 육체적 속박보다 더 고통스러운 영적인 속박 안에 갇혀있었다. 그것은 교회의 바벨론 유수였다. 하지만 교황권의 전성기인 1260년은 이미 다 지나갔다. 짐승의 능력은 다만 한정된 기간에만 그에게 주어진 것이다. 이제 그 짐승은 교권과 속권을 다 장악한 채 성도를 박해하는 괴물로 또 다시 등장할 수 없다. 이러한 사실은 로마 교회를 음녀로 묘사한 계시록 17장이 재확인해 준다.

> "네가 보던 열 뿔은 열 왕이니 아직 나라를 얻지 못하였으나
> 다만 짐승과 더불어 임금처럼 한동안 권세를 받으리라
> 그들이 한 뜻을 가지고
> 자기의 능력과 권세를 짐승에게 주더라"(계 17:12~13).

여기에 나오는 '열 뿔'은 '열 왕'을 나타내는데, 다니엘 2장과 7장의 열 왕과 같다. 사도 요한 당시는 로마 제국이 한 나라였으나 게르만족의 침입과 더불어 로마 제국은 10개의 왕국으로 분열되어 망했다. 그것이 다니엘 2장에 나오는 신상의 열 발가락이며, 7장의 열 뿔에 해당한다. 이 게르만족의 열 왕국들이 근대 유럽의 모체가 된 것이다. 여기 계시록 17장의 열 뿔도 다니엘 2장과 7장에 나오는 그것과 동일한 열 나라를 가리킨다.

그런데 교황권인 작은 뿔(단 7:8,20)이 세 왕국(헤룰리, 반달, 동고트)을 멸망시키면서 강력한 정치세력으로 등장하자 결국 열 종족이 모든 권세를 교황권에게 넘겨주었던 것이다(계 17:12). 그들은 로마 교황의 분봉왕 노릇을 하면서 유럽 전역에서 성도들에 대한 교황청의 종교재판이라는 악명 높은 박해를 집행하며 교황에게 충성했다. 그리고 유럽 제왕들의 대관식에서 머리에 왕관을 씌워주던 교황은 실로 왕 중 왕이었다.

> "그들이 어린 양과 더불어 싸우려니와 어린 양은 만주의 주시요
> 만왕의 왕이시므로 그들을 이기실 터이요…"(계 17:14).

교황의 전성기에 열 뿔인 유럽 국가들은 개신교도들에 대한 종교재판 등의 박해를 통해 수많은 성도들의 피를 흘려 주 예수님께 전쟁을 일으켰다. 그러나 예수님은 패하지 아니하셨고 앞으로도 승리하실 것이다.

한편 열 뿔, 유럽의 제왕들은 교황권에 예속되어 로마의 지배를 받으면서도 그들 속에는 교황의 통치에 대한 적개심이 있었다. 마침내 작은 뿔, 즉 교황권의 전성기인 1260년이 거의 차매 열 뿔은 그 음녀를 미워하여 망하게 하고 벌거벗게 했다. 교권과 속권을 모두 쥐고 세상을 통치하던 교황에 대한 열 뿔의 증오심이 폭발한 것이다.

> "네가 그 짐승에게서 본 열 뿔은 그 음녀를 증오하며,
> 그녀를 패망시키고 벌거벗기며,
> 그녀의 살을 먹고 그녀를 불로 태우리라"(계 17:16 KJV).

　프랑스 혁명을 기화로 유럽 전역에 혁명의 불길이 타오르면서 바티칸은 권력과 부동산과 재물들을 빼앗기게 된다. 프랑스에서는 공포 시대에 로마 카톨릭 교회가 불타고, 수천 명의 사제와 수사 수녀들이 살해당했다. 유럽의 근대 혁명은 교황이 지녔던 세속 권력을 회수하고, 영토와 재산을 빼앗음으로써 그녀의 살까지 먹고 불태워 버렸던 것이다.

　그 열 뿔은 이미 그 음녀의 권력과 영광을 대부분 앗아간 상태이다. 한때 그 음녀(로마 교회)가 취했던 넓은 영토 가운데서 이제는 바티칸 시의 0.44㎢에 불과한 지역만이 남았을 뿐이다. 1870년에 가리발디가 이탈리아를 통일시킴으로써 교황의 통치로부터 그 나라를 해방시켰다. 독일, 프랑스, 영국이 로마의 꼭두각시 노릇을 그만둔 지도 오래 되었다.

　그러므로 17장에서 묘사하는 내용은, 요한계시록이 기록된 때를 기준으로 할 때는 미래적인 일이지만 이제는 이미 이루어진 사건인 것이다. 분명히 교황권의 전성기는 지나갔다. 그러므로 음녀가 아닌 신부 교회는 계속 회복을 향해 나아갈 것이다. 빌 해몬(Bill Hamon, CI 설립자) 박사는 다음과 같이 선언한다.

"암흑시대의 크나 큰 배교(apostasy)는 단일적 세계교회 체제와 함께 성경에 나타난 예언들을 대부분 이루었습니다. 우리는 암흑시대와 배교 그리고 교회의 깊은 타락의 기간을 경험하였기 때문에 다시금 교회의 회복을 위하여 노력하게 되었고 최근 500년의 기간 동안 대회복의 과정을 겪어왔습니다. 이제 교회시대의 종말이 가까이 올수록 성령님의 회복사역은 더욱 활발해 질 것입니다. 이 회복사역은 앞으로 오실 그리스도께서 그의 성도들 가운데 온전히 영광을 받으시고 사람들이 진리의 충만함 가운데로 걸을 수 있도록 만들 것입니다."

(빌 해몬, 「영원한 교회」, CI코리아, p.154).

만일 짐승의 권세가 회복된다면

성경이 예언한 짐승의 세력 기간은 끝났다. 그러나 만약 로마 교황이 전성기에 누렸던 세속권을 또다시 획득한다면 개혁교도들의 운명은 어떻게 될까? 그것은 자명하다. 로마 교회의 온갖 비성경적 교리와 행습들에 반대하며 끝까지 진리 편에 선 소수의 충성된 성도들은 사형당해 마땅한 이단자들이 되어 다시금 큰 환난을 당하게 될 것이다. 일찍이 어떤 현자(賢者)가 갈파하였듯이, "로마 교회는 자신들이 불리한 입장에서는 양처럼 온순하고, 동등한 처지에서는 여우처럼 교활하지만, 번성하게 되면 이리처럼 사나워지기" 때문이다.

그렇다! 로마 교회는 그들이 소수일 때는 종교적 자유를 옹호하지만 그들이 압도적인 다수가 될 때에는 종교적 차별을 실천한다. 팀 라하이(Tim Lahaye) 목사는 그의 저서 《요한계시록 해설》에서 그것을 아래와 같이 직시하고 있다.

"내가 아는 한도 내에서 로마는 신교도들에게 가한 핍박을 죄로 자인한 적이 한 번도 없습니다. 우리를 '분열된 형제'라고 부르는 것은 신교도들에게 인정을 얻기 위한 방편에 불과합니다. 로마의 권력이 다시 강화되면 다시 한 번 종교 재판이 일어나리라는 것은 틀림없는 사실입니다. 오늘날 구교가 지배적인 국가 콜롬비아, 스페인 등을 보면 신교도들을 이방인처럼 취급하여 교회를 불사르는 등 종교적인 자유를 박탈하고 있습니다."

(팀 라하이, 「요한계시록 해설」, 김의자 역. 서울: 보이스사, 1980, p.426)

공신력 있는 기독교 기관인 "카톨릭 정보 연구국"(CRIB, Catholic Research Information Bureau)은 다음과 같은 경고의 나팔을 불었다: "속지 말라. 로마 카톨릭 교회는 카멜레온과 같다. 카톨릭은 프로테스탄트 국가들 내에서는 관용적이고 우호적이며 도덕적 권위가 지고한 듯 보이지만 국민 다수가 로마 카톨릭인 곳에서는 전혀 딴 판이다. 그들은 자유의 수호자도 결코 아니다. 그들은 상황에 따라 색깔을 바꾸지만, 겉으로 드러나는 색깔은 절대로 카톨릭의 진짜 색깔이 아니다."

강정훈 목사는 《로마에서 시작된 카톨릭 교회》라는 책에서 역시 다음과 같이 지적하고 있다.

"어떤 이들은 제2차 바티칸 공의회 이후 로마 카톨릭 교회는 변화되어 가고 있다고 말한다. 무엇이 변했단 말인가? 그들의 교리가 변했는가? 사실상 변한 것은 아무 것도 없다. 오직 기독교와의 대화를 시도하고 있다는 것 밖에는 달라진 것이 없다. 그들의 기독교와의 대화는 '타종교와의 대화' 이상의 아무것도 아니다. 그들은 기독교와의 대화를 통해 '떨어져나간' 기독교를 다시 교황청의 지배권 아래 넣으려 하고 있고, 타종교와의 대화를 통해서는 혼합 종교를 만들어 세계를 통치하려는 야욕을 갖고 있을 뿐이다. 그들은 기독교와의 연합과 대화를 가장하여 기독교를 혼란시키며 파괴시키려 하고 있을 뿐이다."

(강정훈, 「로마에서 시작된 카톨릭 교회」, 서울: 푸른초장, 1991, p.203)

이와 같은 진술들은 과장된 것이 결코 아니다. 로마 카톨릭만이 유일한 교회이며 개혁교회는 진정한 교회가 아니라는 현 교황 베네딕토 16세의 망언이 그것을 입증한다. 로마교는 지금도 개혁교회의 성도들을 "짐짓 참교회에서 떠난 구원을 받을 수 없는 열교도"라고 간주하고 있다. 아래는 천주교의 《간추린 교리문답》에서 인용한 것이다.

- 문: 천주교 밖에서 구원받을 수 있습니까?
- 답: 자기 탓으로 천주교회 밖에 있는 이들은 구원을 받을 수 없습니다.

- 문: 천주교 밖에 있는 이는 누구입니까?
- 답: 천주교회 밖에 있는 이는 영세하지 않은 미신자들과 천주교의 신덕도리를 하나라도 일부러 믿지 않는 열교인(裂敎人)들과, 천주교회의 최상 통치권을 배척하는 이교도들과 파문을 받은 신자입니다.

(변기영 「뜨리뗀 공의회 간추린 교리문답」, 한국 천주교 중앙협의회, 1983, p.24-25)

위에서 "천주교의 신덕도리를 하나라도 일부러 믿지 않는 열교인"이란 개혁교회의 그리스도인들을 말하는 것이다. 개혁교회에 대한 바티칸의 근본적인 입장은 "신교는 예수 그리스도께서 세우신 교회가 아닌 구원이 없는 교회이다"라는 것이다.

교황의 최상 통치권을 배척하는 개혁교회의 성도들은 그들이 볼 때 이교도들과 조금도 다를 바가 없다. 2007년 7월 10일 교황 베네딕토 16세가 신교는 교황의 존재를 인정하지 않기 때문에 올바른 교회가 아니라고 선언한 것은 전혀 새로운 사실이 아니다.

그러나 그들이 제2차 바티칸 회의(1962~65) 이후 개혁교회의 성도들을 향해 '분열된 형제'라 부르며 부지런히 '화해'와 '일치'를 외쳐온 것은 강정훈 목사의 지적처럼, 다만 개혁교회를 교황권 아래로 흡수하여 이의 없이 전 세계의 교회를 다스렸던 중세 암흑시대의 위상을 되찾고자 하는 야심 때문인 것이다.

**짐승의 표를 받지 않는 사람들은 매매를 할 수 없게 된다는 예언은
세상 끝에 있을 사건이 아니라 교황의 전성기,
곧 적그리스도의 때에 문자 그대로 정확히 성취를 본 것이다.**

적그리스도가 그의 표를 가지지 않는 사람들은 사거나 팔 수 없도록 한다는 사실은 장래의 어떤 사건에서가 아니라, 교황의 지배 하에서 실제로 성취되었다. 그레고리 7세가 증인인데, 그는 Guliel. Conquestori의 저자로서 "사도좌에 복종하지 않는다고 그가 알고 있는 사람은 누구나 어떤 것도 사거나 파는 것을 허락하지 않았다"고 말했다(Bertold. append. ad Hern Contr., A.D. 1084).

알렉산더(Alexander) 3세는 Synodo Turomensi에서 교황청에 복종하기를 중단한 사람들에 대하여 "그들이 밝혀지면, 그들에게 은신처나 보호처를 제공하는 것과, 그들과 사업 거래를 하는 것이 금지된다"고 선언했다(Gulielm. Neubrig. Rerum Anglic., 1. ii., 15장).

마찬가지로 라테란 공의회도 알비젠스에 대해 "우리는 그들의 옹호자 및 은닉자들과 함께 알비파가 파문의 대상임을 선언하며, 파문의 고통 하에 그들을 자신의 집이나 땅에 숨기고 있다고 추정되거나, 그들을 지지하는 자들과 거래하는 것을 금한다"(Decret. Greg., 1.v.t.7.c.8)고 공표했다.

이 예언을 가장 잘 성취한 마틴(Martin) 5세는 위클리프와 후스의 잘못을 정죄하는 교서에서 (콘스탄틴 공의회의 결의에 부가된 교서), "이 부류의 사람들이(즉, 이단자) 주택을 소유하는 것, 가족을 갖는 것, 계약을 하는 것, 도매업과 무역을 하는 것이나, 그리스도의 충실한 신도들에 의한 인도적인 위안이 허용되는 것"을 엄격하게 금한다고 기술했다.

영국왕인 헨리 8세에 대한 바오로(Paul) 3세의 교서도 그와 같은 것이었는데, 그 이유는 헨리 8세가 교황의 멍에를 매기를 거절했기 때문이다. 모든 그리스도인들에게 지시된 이 교서는 "헨리 및 그 신민과 사업 거래를 하거나, 헨리와 계약을 체결하는 것" 등을 금했다.

나아가서, 우리는 이와 같은 선언은 오늘날도 교황들 가운데서 지속되고 있다는 것에 유의해야 한다. 그들의 가혹한 가르침은 이 사실을 바로 확인하게 한다. "이단자에게서 재산을 약탈하는 것은 합법적이다."(Caus.15, quaest.4, Glossa). "이단을 고집하는 아들에게 아버지가 유산을 물려주지 않는 것은 합법적이다. 아들은 이단의 아버지로부터 법적 책임을 빼앗는 것이 허용된다. 이단의 남편에게 선의를 나타내는 것은 아내의 의무가 아니다."(시만쿠스-Simanchus의 글에서).

벨라민은(5권, de R. P., 7장), "나는 이단의 군주에게 신민들이 복종하기를 거절하는 것을 허용한다. 그리스도인들은 이단의 왕이 그의 이단을 받아들이도록 강요한다면 그냥 있어서는 안 된다"라고 했다.

로마 카톨릭 교황들의 판결에 따라, 가장 정통적일지라도, 그의 신앙이 로마 교회의 신앙 및 그들의 신앙과 일치하지 않으면, 누구나 이단으로 결정되었다. 그리고 이단으로 정죄된 성경대로 믿는 그리스도인들은 교황의 지시에 따라 사회에서 기피를 당하고 사거나 파는 것이 허락되지 않았던 것이다.

그러니까 짐승의 표를 받지 않는 사람들은 매매를 할 수 없게 된다는 이 예언은 세상 끝에 있을 사건이 아니라 교황의 전성기, 곧 적그리스도의 때에 문자 그대로 정확히 성취를 본 것이다.

한 장의 그림이 천 마디 말보다 낫다.
아래의 사진들은 교황이 '살아있는 말하는 우상' 이라는 사실을 보여준다.

▲적그리스도 경배자들이 짐승의 형상을 만들었다.

▲성경은 모든 무릎이 예수의 이름에 꿇어야 한다고 선언한다(빌 2:10). 교황은 아니다.

▲교황 요한 바오로 2세의 조각된 형상에게 경배하는 세뇌된 학생들.

"나는 여호와이니 이는 내 이름이라 나는 내 영광을 다른 자에게, 내 찬송을 우상에게 주지 아니하리라"(사 42:8).

개신교를 그리스도께서 세우신 참된 교회로 인정하지 않는 로마교의 편협한 자세는 직전 교황이었던 요한 바오로 2세의 발언을 통해서도 확인된 바 있다.

스페인과 포르투갈의 침공을 받아 카톨릭을 받아들인 라틴 아메리카는 수백 년 동안 오직 카톨릭 신앙이 사람들의 의식과 행동을 지배하는 카톨릭의 아성으로 존속해 왔다.

그러나 그러한 남미에서 카톨릭 교세에 위협을 가할 정도로 개신교인이 급속히 불어나고 있다. 남미는 1960년대 1천 5백만 명의 개신교인이 있는 것으로 타임지에 의해 추산됐으나, 오늘날 4천만 명으로 늘어났으며 이 같은 수치는 4억 인구 중 10%에 해당하는 것이라고 한다.

세계복음주의개혁운동(W.E.C.) 대표 패트릭 존스톤은 지난 25년간 라틴 아메리카에서는 개신교인이 3배 가까이 늘어났으며, 많은 곳은 여섯 배가 늘어난 곳도 있다고 밝히고, 이러한 추세라면 2천 년대 초에 천주교 전성시대가 끝나고 대표적인 개신교 국가들이 될 것으로 내다보면서, 16세기 당시 유럽에 불어 닥쳤던 것보다 더 강한 개신교 바람이 라틴 아메리카에서 불 것이라고 예측했다. 과테말라의 경우, 이미 30%가 개신교 신자로서 최초로 기독교인 대통령이 선출되기도 했으며, 브라질에서는 매년 60만 명의 로마교 신자들이 기독교로 개종하는 것으로 알려지고 있다.

그런데 교황 바오로 2세는 1991년 브라질을 방문했을 때, 이렇게 놀라운

속도로 성장하는 복음적인 개신교를 '거짓 망상' 으로 사람들을 부추기며, '왜곡한 단순한 것들로써' 잘못으로 이끄는 '사이비 종교 집단' 이라고 비난하였다.

그는 또한 "전통적인 로마 카톨릭 국가 내에서 카톨릭 복음 전도 캠페인을 하여 경쟁적 종교(개신교)의 급격한 팽창을 저지하라"고 브라질의 감독들을 격려하였고, "지난 몇 년 동안에 라틴 아메리카 전역에서뿐만 아니라 브라질에서의 폭발적인 팽창은 당신들에게 '심각한 대상' 이되어야만 한다"고 감독들에게 말했다(LA 타임즈 1991년 10월 14일자 보도).

▲교황 요한 바오로 2세

세계적 종교의 중심이며 동시에 땅의 많은 백성을 다스리는 정치적 독립 국가인 바티칸 지도자가 표출했던 이 격렬한 적대감은 무엇을 보여 주는가? 그것은 로마교가 개신교를 그리스도께서 세우신 그리스도의 교회로 전혀 인정하지 않고 있다는 사실을 명백히 폭로해 준 것이다.

모교회(母敎會)인 로마 교회의 진정한 의미

개혁교회에 대한 로마교의 한결같은 신념은 "개신교는 16세기에 모교회(母敎會)인 로마 교회를 이탈, 분열해 나간 열교(裂敎)로서, 참교회를 떠났으니 구원이 없는 교회"라는 것이다. 그들은 개신교를 부질없이 어머니 교회를 뛰쳐나간 가출 소년 취급을 하고 있다. 그러나 이는 아주 큰 착각이다.

로마교가 주장하는 바와 같이 로마 교회는 모교회(母敎會)이며 개신교는 열교(裂敎)이고 16세기부터 시작된 것인가? 개신교란 명칭은 교황 제도로부터 그 때에 분리되어 생긴 것이지만 개신교의 사상만은 그러한 것이 아니었다.

개신교는 오순절부터 시작된 것이다. 개신교는 성경을 통하여 성령으로부터 나온 것이다. 이는 개신교의 사상이 초대교회 사도들의 교훈과 합치된 것으로 증명된다. 회복되고 부흥한 것뿐이다. 초대 교회로 돌아가 예수님을 유일의 중보자와 교회의 머리로 삼고, 성령으로 인도자를 삼으며, 오직 성경만을 하나님의 계시로 믿고 신앙과 행위의 유일한 법칙과 기준으로 삼게 된 것 뿐이다.

성경을 기준으로 한다면 어느 교회가 사도적인 교회이며 참된 교회가 되는가? 비성경적 행습과 사상들을 다 버리고 오직 진리의 말씀만을 따르는 교회를 가리켜 진정한 교회라 할 것이다. 개신교란 중세 로마 교황권이 온갖 비성경적 행습과 사상들로 배도를 주도함으로써 암흑 중에 잠긴 교회를 다시 광명한 곳으로 인도한 것뿐이다. 즉 교황의 거짓된 교리와 방종한 행동을 반대하고 교회의 머리는 오직 예수님뿐이라는 것과, 또 구원은 오직 예수의 흘리신 보혈의 공로를 믿음으로만 된다는 것을 주장하게 된 것이다.

그런즉 로마 교회는 그들이 주장하는 바대로 '모교회'이거나 '큰 집'이 결코 아니며, 개신교가 16세기에 비로소 생겨난 '열교(裂敎)'이거나 '작은 집'도 절대로 아니다. 로마교에서 흔히 개신교를 향하여 '열교(裂敎)'라 하면서 '모교회(母敎會)'로 돌아오라고 하는데, 적반하장(賊反荷杖)이요 어불성설(語不成說)이 아닐 수 없다.

로마 교회가 '모교회(母敎會)'라면 그것은 다만 "음녀들의 어미"로서의 '모교회(母敎會)'일 뿐이다. 로마 교회가 자처하는 '모교회(母敎會)'의 진정한 의미는 오직 하나 그것 뿐이다.

"그 여자는 자주 빛과 붉은 빛 옷을 입고 금과 보석과 진주로 꾸미고
손에 금잔을 가졌는데 가증한 물건과 그의 음행의 더러운 것들이
가득하더라 그의 이마에 이름이 기록되었으니 비밀이라, 큰 바벨론이라,
땅의 음녀들과 가증한 것들의 어미라 하였더라"(계 17:4~5).

▲베드로 대성당 주제단 앞에 둘러 앉아 있는 천주교 고위 사제들
음녀의 복장인 붉은 빛과 자주 빛 옷을 입고 있다.

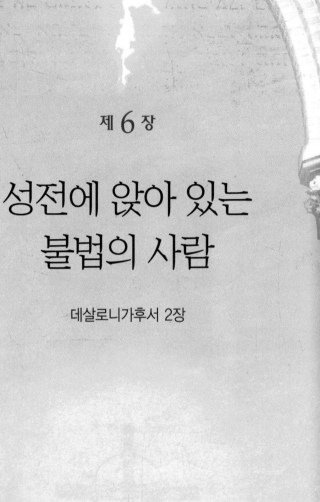

제 6 장

성전에 앉아 있는
불법의 사람

데살로니가후서 2장

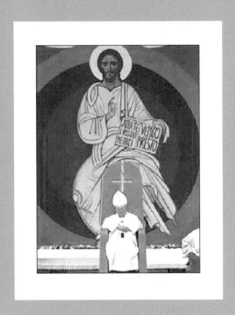

"나는 전혀 주저하지 않고 로마 카톨릭주의로 알려진 이 체제야말로
'마귀의 가장 뛰어난 걸작품'이라고 단언할 수 있습니다!
이 체제는 기독교의 믿음과 성경의 가르침에서 심하게 이탈된 체제이므로
나는 주저하지 않고 16세기의 종교개혁자들과 더불어
이 체제를 '배교 체제'라고 단언하는 바입니다."

마틴 로이드 존스(D. Martyn Lloyd Jones)

**"누가 어떻게 하여도 너희가 미혹되지 말라 먼저 배교하는 일이 있고
저 불법의 사람 곧 멸망의 아들이 나타나기 전에는 그 날이
이르지 아니하리니 그는 대적하는 자라 신이라고 불리는 모든 것과
숭배함을 받는 것에 대항하여 그 위에 자기를 높이고 하나님의 성전에 앉아
자기를 하나님이라고 내세우느니라"(살후 2:3~4).**

미래주의자들은 불법의 사람의 출현에 대한 바울의 예언을 잘못 이해하고 있다. 그들은 여기에 나오는 '성전'이라는 말을 '유대인 성전(Jewish Temple)'을 뜻한다고 해석한다. 그리하여 이 구절의 의미를 종말에 한 개인적 인물인 적그리스도(단일유럽 대통령)가 나타나 재건된 '유대인 성전'에 좌정하여 세계를 호령할 것이라고 설명하고 있다.

이 구절의 의미가 과연 그것인가? 결코 그렇지 않다. 다니엘서 2장에서 지적한 바대로 단일유럽 대통령과 같은 인물은 영원히 출현할 수 없다. 또한 신약시대의 하나님의 성전은 가시적 건물인 유대인 성전이 아니라 그리스도의 몸된 교회이다. 데살로니가후서를 기록한 바울은 이렇게 썼다.

"너희가 하나님의 성전인 것과 하나님의 성령이
너희 안에 계시는 것을 알지 못하느냐"(고전 3:16).

"하나님의 성전과 우상이 어찌 일치가 되리요
우리는 살아 계신 하나님의 성전이라 이와 같이 하나님께서 이르시되
내가 그들 가운데 거하며 두루 행하여 나는 그들의 하나님이 되고
그들은 나의 백성이 되리라"(고후 6:16).

"그의 안에서 건물마다 서로 연결하여 주 안에서 성전이 되어 가고
너희도 성령 안에서 하나님이 거하실 처소가 되기 위하여
그리스도 예수 안에서 함께 지어져 가느니라"(엡 2:21, 22).

구약 시대에 성전은 예루살렘에 있었으나 신약시대의 성전은 우리들의 몸으로서 성령의 성전인 우리들의 육체이다. 또한 성전된 신자들의 모임, 곧 교회가 성전인 것이다. 이 성전 외에는 신약 시대엔 더 이상 어떤 성전도 없는 것이다. 그러므로 존 스토트(John R. W. Stott)는 오늘날 유대인 성전을 하나님의 성전으로 여긴다는 것은 엄청나게 시대착오(時代錯誤)적이라고 지적했다:

"그것은 예루살렘에 있는 성전을 말하는 것인가, 아니면 교회를 말하는 것인가 아니면 그도 저도 아닌가? 비록 AD 70년 예루살렘 성전이 파괴되기 전에 몇 차례에 걸쳐 그 성전을 모독하는 일이 있었다고는 하지만, 예루살렘을 –비록 거기에 신전이 있다 해도– 적그리스도의 전 세계적 운동의 중심지로 만드는 것은 엄청나게 시대착오적인 듯하다. 그 대신 바울은 몇 번에 걸쳐 교회를 하나님이 거하시는 성전으로 묘사했으므로 교회를 언급하고 있는지 모르며, 적그리스도가 기독교계에 침투해서 공략할 것임을 암시하고 있는지도 모른다. 그러나 데살로니가 교인들이 이러한 암시를 깨달았는지는 의심스럽다."

(존 스토트, 「복음 · 종말 · 교회」, 정옥배 역, IVP, 1995, p.194).

실로 예루살렘을 적그리스도의 본거지로 만드는 것은 엄청나게 시대착오적인 발상이 아닐 수 없다. 신약 시대는 교회가 하나님의 성전이기 때문이다. 바울은 데살로니가인들에게 보낸 편지에서 적그리스도가 교회 안에 등장할 것을 암시했던 것이다.

성경은 스데반을 통해 다음과 같이 교훈한다. "지극히 높으신 이는 손으로 지은 곳에 계시지 아니하시나니"(행 7:48). 스데반은 이어서 이사야 66장 1절을 인용한다. "하늘은 나의 보좌요 땅은 나의 발등상이니 너희가 나를 위하여 무슨 집을 짓겠으며 내 안식할 처소가 어디뇨"(행 7:49). 성막과 후대의 예루살렘 성전은 구약시대에 탁월한 위치를 점유했다. 하지만 성전과 성전예배 조차도 심판의 대상이 될 수 있었다. 이스라엘이 하나님을 충성스럽게 섬길 때 하나님은 성전 안에 계시겠다고 약속하셨다. 하지만 백성이 하나님을 배신하면 성전도 혐오거리가 될 것이라고 말씀하셨다.

신약성경은 예수님이 부활하신 이상 하나님 백성의 공동체인 교회 자체가 하나님의 성전이라고 분명하게 가르친다. 건물이 성전일 수는 없다. 건물은 하나님의 거처가 아니다. 하나님의 성령은 온 우주를 채우고 계신다. 성령은 특히 신실한 신자들의 공동체 안에 거주하신다. 건물마다 서로 연결하여 주 안에서 성전이 되어간다(엡 2:21)는 말씀은 건물이 아니라 그리스도인 공동체를 의미한다.

예수님의 피를 통해 성령으로 맺어진 새 언약 하에서 구약성경의 '성전'과 '건물' 언어는 하나님의 백성 즉 교회에 관한 묘사로 바뀐다. 그 근거는

예수님 자신이 참 성전으로, 죽음과 부활을 통해 파괴되고 다시 일으킴을
받았다는 사실이다(요 2:29). 그러므로 예수님과 연합하는 자는 참 성전의 부분
이 된다.

만일 누군가 아직도 벽돌로 세운 건물을 하나님의 거처인 성전으로 여긴
다면 그것은 이단적이 아닐 수 없다(그러나 바울은 결코 이단적이 아니다). 왜냐하면 예수
님께서 자신의 몸을 제물로 드려 단번에 그리고 영원히 구원을 완성하신 이
후 더 이상 다른 희생이나 제물을 드려야 하는 구약적 성전은 존재할 필요가
없게 되었기 때문이다. 이제는 주님의 몸된 교회가 하나님의 성전인 것이다.

따라서 성경 중의 데살로니가후서의 위치로 봐서, 그 성전은 유대인 성전
을 가리키는 것이 아닌 그리스도의 몸 되신 교회라고 결론짓는 것이 온전한
신학적 해석이다. 더구나 데살로니가후서는 교회에 보내어진 편지로서 유
대인 성전이 파괴된 A.D. 70년 이후에 쓰여졌으며, 바울은 새 성전 건물에
대한 언급을 한 일이 없다.

그러므로 데살로니가후서 2:3~4의 예언은 미래주의자들의 이론처럼 말
세에 재생 로마 제국의 단일 대통령으로 등장한 적그리스도가 재건된 유대
인 성전에 들어가 앉아서 하나님을 모독할 것이라는 교훈이 절대로 아니다.
바울이 의도하는 바는 장차 교회에 배교가 일어날 것이며, 적그리스도가 그
배교 타락교회 가운데 나타나서 하나님을 모독할 것이라는 교훈인 것이다.

'배교' 란 말은 그리스어의 apostasia에 해당하며 진실에서 멀어짐을 뜻한

다. 따라서 이스라엘 역사에서나 마찬가지로 기독교 역사에서도 하나님의 말씀과 멀어지는 '배교'가 있을 것이며, 그에 따라 적그리스도가 흥기할 것이다. 바울은 그 적그리스도를 '그 불법의 사람'이라고 표현했다.

이와 같은 결론은 문맥상으로 볼 때도 필연적이다. 문맥을 살펴보라. '불법의 사람'이 나타나리라는 바울의 이 예언은 3절 초두의 '배교하는 일이 있고'라는 말로서 시작된다. 여기서 배교란 성경적 교리의 타락을 말하는 것으로 타종교나 교회 밖이 아닌 교회 내부에서 발생하는 일인 것이다. 배교는 복음을 받은 자들의 배반을 의미한다. 그러므로 적그리스도는 이교도의 나라에서 출현하지 않고 오히려 기독교가 알려진 또는 그리스도가 존중된 적이 있는 교회로부터 나타나는 것이다.

적그리스도의 자리는 재건된 예루살렘 성전이 아니다. 그러한 가정은 예루살렘 성전이 다시 건축되는 일이 결코 없을 것이라고 가르치신 그리스도의 말씀과 상충하는 것이며(마 23:28; 24:2; 눅 19:44), 복음에 의해서 이제는 폐지된 레위 지파의 의식이 재시행될 것이라고 하는 성경 구절은 어느 곳에도 없다.

그러므로 적그리스도가 앉을 것으로 언급된 성전은 영원한 멸망의 저주를 받은 예루살렘 성전이 아니라, 성경에서 하나님의 성전이라고 하는 교회가 되지 않을 수 없다. 적그리스도가 침투해 들어가서 그의 가장 성스러운 자리를 만드는 장소는 하나님의 교회인 것이다. 그리고 그 본거지는 바로 '로마'이다. 결코 예루살렘이 아니다.

그러나 오늘날 많은 종말론 연구가들이 미래주의자들의 그릇된 이론을 분별없이 수용하여 근일 추진되고 있는 유대인들의 예루살렘 성전 재건운동을 말세에 3년 반 동안 적그리스도가 들어가 앉을 처소가 준비되고 있다면서 대단히 종말론적 의미가 있는 현상으로 단정하고 있다. 진리에서 이탈한 아주 어리석은 생각이다.

유대인들이 성전을 재건하든 안하든 그 건물은 결코 신약성경이 의미하는 성전이 아니다. 하나님은 더 이상 벽돌로 지은 건물을 성전으로 여기시지 않는다. 유대인들이 성전을 재건한다면 하나님은 그 건물을 당신의 지상 거처로 삼으실까? 더욱이 예수님을 배척하고 있는 그 유대인들이 말이다. 절대로 그렇지 않다. 따라서 그것은 아무리 웅장하게 지어도 전혀 성전이 될 수 없다. 오늘날은 예수님의 몸된 교회가 하나님의 성전인 것이다.

데살로니가후서 2:3-4의 실제적인 뜻은 '불법의 사람' 이 하나님의 교회(성전)에서 주(主)로 자처하고 하나님이 가지실 주권을 참람되이 취함을 가리키는 것이다. 그가 누구인가? 바티칸의 권좌에 앉아 있는 로마 교황이다. 교황은 바울이 예언한 '불법의 사람'으로서 보이는 배교의 인간적 머리이다. 로마의 교황권의 직을 대표하는 그가 바로 하나님의 성전에 앉아 있는 죄의 사람인 것이다. 주석가 메튜 헨리(Matthew Henry)는 불법의 사람에 대한 바울의 예언을 다음과 같이 정확히 해석했다.

하나님께서 과거에는 성전에, 지금은 그의 교회 안에 그리고 교회와 함께 계시면서 경배를 받는 것처럼, 여기서 언급되고 있는 적그리스도는 기독교 교회 안에서 하나님의 권위를 찬탈하고, 신적 영예를 주장한다. 이런 인물에 해당되는 자로서 로마 카톨릭 교황청의 사제들 말고 누가 더 적당하겠는가? 그들에게는 다음과 같이 아주 신성모독적인 호칭들이 부여되어왔다: 우리 주 하나님이신 교황(Dominus Deus noster Papa), 땅에 계시는 또 다른 하나님(Deus alter in terra), 하나님과 교황의 통치는 동등하다(Idem est dominium Dei et Papa). (메튜 헨리 주석, 데살로니가후서, 기독교문사, p.584).

▲바티칸 교황청

적그리스도는 '앉아' 있을 것이다. 이는 어떤 의자에 앉아 있다는 뜻이 아니다. 성경 언어에서 '앉는다(sit)' 는 말은 권좌에 있음을 뜻한다. 예수 그리스도는 이제 하나님의 오른편(권위에) '앉아(sits)' 계신다(막 16:19). 예수님은 우리의 최고 권위자이며 오직 한 분뿐인 하나님과 사람 사이의 중보이시다(딤전 2:5). 바울에 따르면 적그리스도 역시 권좌에 '앉아' 기만할 것이라고 한다.

신약 교회는 사도와 선지자의 터 위에 세움을 받았다(엡 2:20). 배교란 교회가 사도적 교훈에서 이탈하는 것을 말한다. 그렇다면 배교는 이미 로마 교회 안에서 오래 전에 시작되었고 여전히 진행 중이다. 오른쪽의 도표가 그것을 입증해 준다. 이교에 기원을 둔 비성경적 교리와 행습들이 로마 교회 안에 가득하다. 데살로니가후서 2장의 '배교하는 일' 은 이교도에 의하여 사도들의 교훈을 부패케 하므로 로마 카톨릭 종교가 생겨나게 된 것에 대하여 말하고 있는 것이다. 마틴 로이드 존스(D. Martyn Lloyd Jones)는 이렇게 지적했다.

"나는 전혀 주저하지 않고 로마 카톨릭주의로 알려진 이 체제야말로 '마귀의 가장 뛰어난 걸작품' 이라고 단언할 수 있습니다! 이 체제는 기독교의 믿음과 성경의 가르침에서 심하게 이탈된 체제이므로 나는 주저하지 않고 16세기의 종교개혁자들과 더불어 이 체제를 '배교 체제' 라고 단언하는 바입니다."

디모데전서 4:1~3에서 바울은 후일에 어떤 이들이 믿음을 떠나서 결혼을 금하고 음식을 삼가라고 명할 것이라고 말했다. 로마 카톨릭의 배교에 대한 하나의 분명한 예언인 것이다. 로마 교회의 배교는 아직도 진행되고 있다.

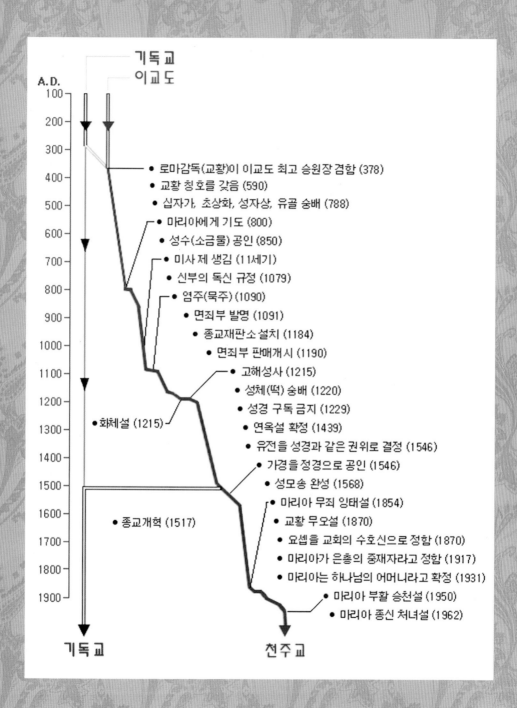

A.D.

기독교
이교도

100
200
300
400 · 로마감독(교황)이 이교도 최고 승원장 겸함 (378)
500 · 교황 칭호를 갖음 (590)
· 십자가, 초상화, 성자상, 유골 숭배 (788)
600 · 마리아에게 기도 (800)
· 성수(소금물) 공인 (850)
700 · 미사 제 생김 (11세기)
800 · 신부의 독신 규정 (1079)
· 염주(묵주) (1090)
900 · 면죄부 발명 (1091)
· 종교재판소 설치 (1184)
1000 · 면죄부 판매개시 (1190)
1100 · 고해성사 (1215)
· 성체(떡) 숭배 (1220)
1200 · 성경 구독 금지 (1229)
· 연옥설 확정 (1439)
1300 · 화체설 (1215) · 유전을 성경과 같은 권위로 결정 (1546)
1400 · 가경을 정경으로 공인 (1546)
· 성모송 완성 (1568)
1500 · 마리아 무죄 잉태설 (1854)
1600 · 종교개혁 (1517) · 교황 무오설 (1870)
· 요셉을 교회의 수호신으로 정함 (1870)
1700 · 마리아가 은총의 중재자라고 정함 (1917)
1800 · 마리아는 하나님의 어머니라고 확정 (1931)
· 마리아 부활 승천설 (1950)
1900 · 마리아 종신 처녀설 (1962)

기독교   천주교

'막는 자' 였던 로마 정부

그러나 '불법의 사람', 교황권은 로마 정부가 멸망하기까지는 출현할 수 없었다. 즉 로마 정부는 사람의 영적인 문제들과 정치적인 권세를 다 통치하려는 권력에 굶주린 로마 감독들의 의도를 수세기 동안 견제해 왔던 것이다. 이러한 사실에 관해 바울은 다음과 같이 예언하였다:

> "너희는 지금 그로 하여금 그의 때에 나타나게 하려 하여 막는 것이
> 있는 것을 아나니 불법의 비밀이 이미 활동하였으나 지금은 그것을
> 막는 자가 있어 그 중에서 옮겨질 때까지 하리라"(살후 2:6~7).

불법의 사람이 나타나는 것을 제지하는 그 무엇이 존재한다(6절). 바울은 이것이 무엇인지에 대하여는 말하지 않는다. 바울은 이 제지하는 능력을 인격으로 구체화시켰다. 이 막는 자가 없어질 때 불법의 사람은 나타나게 될 것이다. 여기서 '막는 자'(the restraining force)란 로마 제국을 가리키는 것인데, 실로 로마 제국이 정치적인 세력을 갖고 있는 동안 '불법의 사람'(교황권)의 출현은 제재를 받았던 것이다. 메튜 헨리(Matthew Henry)는 "지금은 그것을 막는 자가 있어 그 중에서 옮겨질 때까지 하리라"는 구절에 대해 다음과 같이 설명했다.

"여기서 적그리스도의 출현을 제지하고 있는 세력은 로마 제국의 권력이라고 상정되는데, 바울은 당시에 그것이 로마 제국의 권력임을 명백히 말하는 것이 적절치 않다고 생각했다. 이 권력이 지속되는 동안 로마 주교들의 독재권 행사가 저지를 받은 것은 잘 알려져 있다. 그러나 로마 제국의 쇠퇴와 함께 그들의 권세가 기승을 부리게 되었다."

(메튜 헨리 주석, 데살로니가후서)

바울 당시는 로마 제국의 시대였다. 그래서 바울은 로마 제국을 명시적으로 언급하는 것을 피하고자 은어(隱語)로서 '막는 자'라고 말했던 것이다. 만약 바울이 "로마 제국이 망하고 나면 불법의 사람이 출현한다"라고 드러내어 말했다면 그는 정치범이 될 수도 있었다. 그래서 로마 제국의 권력을 '막는 자'라는 말로써 암시적으로 언급한 것이다. "현자에게는 한 마디면 충분하고 암시로 족하다. 암시 이상이라면 위험할 것이다."(핀들레이)

추기경 뉴먼(Newman)은 "제국의 힘이 800마일이나 떨어진 콘스탄티노플로 옮겨갔을 때, 로마의 교황은 독립된 주권을 지니게 되었다"고 말한다(「Historic Essays」, 제2권 p. 152). 그리고 재차 그는 설명하기를 "교황권은 로마 제국이 와해되자마자 곧 형성되기 시작했다. 그리고 제국이 몰락하자 더욱 발전되었다"고 썼다(「Development」, p.152).

미래주의자들은 '막는 자'를 교회가 휴거될 때 세상에서 철수할 성령을 가리킨다고 해석하는데, 바울이 성령을 언급하고자 했다면 그처럼 모호하게 말하지 않고 분명하게 밝혔을 것이다.

뿐만 아니라 예수님이 재림하실 때 성령이 세상에서 떠나실 것이라는 구절은 신약 성경 어디에도 없다. '막는 자'가 성령이실 것이라는 주장에 대해 죠지 래드(George E. Ladd)는 다음과 같이 비판한다.

"그들은 교회가 휴거될 때 성령님도 세상에서 떠나시게 될 것이라고 생각한다. …그러나 이 견해를 뒷받침할만한 자료는 부족하기만 하다.

▲오순절 성령 강림(행 2:1~4)

오순절에 강림하신 성령이 재림시에 세상을 떠나리라는 사실을 암시하는 구절은 없다."

(G.E. 래드 지음, 「신약신학」, 이창우 옮김, 성광문화사, 1988, p.797)

적그리스도의 등장을 제지하는 원리인 "막는 자"가 로마 제국이라는 견해는 현대 신약신학계의 대표적 학자인 죠지 래드(George E. Ladd)도 다음과 같이 지지한다.

"전통적인 견해에 의하면 제지시키는 원리는 로마 제국이며 제지시키는 자는 황제라고 한다. 이 견해나 혹은 약간 수정시킨 견해는 바울의 신학과 잘 조화된다. 바울은 로마서 13:4에서 통치권을 가진 자를(비록 로마가 이방나라였을지라도) '네게 선을 이루는 하나님의 사자'라고 말했던 것이다.

하나님께서는 질서를 유지시키기 위하여 인간적 권세를 제정하셨다. …바울이 살던 당시에 하나님께서는 이러한 권세를 로마 제국과 그의 우두머리인 황제에게 부여하셨다. 바울은 법적인 통치가 붕괴되고 정치적인 질서가 무너지면 더 이상 불법의 원리를 제지할 수 없을 때가 오리라고 예견한다."(앞의 책, p.798)

예언이 의도하는 바를 정확히 간파한 바른 해석이다. 참으로 로마 제국의 황제가 권력을 유지하던 상황이, 바로 그 괴물의 활동을 억제하던 실체였다. 그러나 주후 476년 로마 제국이 무너지면서 그 괴물을 억제하던 실체도 사라지게 되었다. 그리고 제국 로마를 계승하여 하나님께만 속하는 주권들을 참칭하며, 왕과 군주와 나라와 백성을 다스리는 로마 교황권이 출현한 것이다. 그가 바울이 예언한 '불법의 사람'이요, 다니엘이 일찍이 예언한바 '작은 뿔'인 것이다. 그러니까 성경이 말하는 종말론적 적그리스도의 정체는 무신론자이거나, 세상 끝에 출현해서 잠깐 활동할 한 개인적 인물이 아니다.*

적그리스도는 세계적인 배교를 시작한 자이며 그것의 현저한 머리이기 때문에(살후 2:3; 계 13:16), 한 번의 짧은 기간의 한 사람의 활동이 아니라 수세기에 걸친 여러 사람들의 활동인 것이다. 적그리스도는 로마 제국이 붕괴되면 드러날 것이었고, 그리스도의 오심에 의해서 멸망할 것이기 때문에(살후 2:8), 논리적으로 적그리스도는 단지 한 사람이 아니라 계승하여 이어지는 여러 사람이 되지 않을 수 없다. 그가 바로 배교 교회의 머리인 로마 교황인 것이다.

▲그리스도와 적그리스도. 16세기 개혁교회가 그림으로 나타낸 교황과 예수의 대조적인 모습. 왼쪽에서는 그리스도께서 제자의 발을 씻기고 있고, 오른쪽에서는 적그리스도인 교황이 독일 황제에게 자기 발에 입을 맞추게 하고 있다.

바울 시대에 이미 시작된 불법의 비밀

타락하여 '불법의 사람'이 나타나게 한 불법의 비밀은 바울 시대에도 이미 역사하고 있었다. "불법의 비밀이 이미 활동하였으나"(살후 2:7). 바울은 이미 하나님을 대항하여 활동하고 있는 반역과 배반의 영을 볼 수 있었다. 그때 벌써 사도 바울은 교회에 침투한 오류들이 교황권의 출현을 준비하고 있음을 보았던 것이다. 불법한 사람의 "나타남"은 새로운 사건이 아닐 것이며, 바울이 살던 시대에도 활동하던 영의 최종적인 출현에 불과한 것이다.

거짓 교리가 이미 발전되어 가고 있는 것과 부여되지 않은 권세를 탈취할 것을 보여주는 많은 참조 구절들이 신약 성경에 있다(유 4; 요삼 9; 행 20:29~30; 벧후

2:1; 골 2:8). 사도들이 아직 살아있을 때 원수가 와서 곡식 가운데 가라지를 덧뿌리고 갔다. 불법의 비밀은 이미 작동하고 있었다. 그것은 로마 카톨릭 교회 안에서 점차 거대한 높이로 솟아올라 가시화된다.

불법의 비밀은 처음에는 조용히 은밀하게 조금씩 스며들었으나, 세력이 커지고 사람들의 마음을 통제할 수 있게 되자, 그 기만적이고 불경스런 일을 보다 공개적으로 추진하기 시작했다. 이교의 관습이 슬며시 교회 안으로 들어왔다. 박해가 그치고 기독교가 왕궁으로 들어가게 되자, 교회는 이교 사제들과 관리들의 허세와 교만을 충족시켜 주기 위해 그리스도와 사도들이 지녔던 겸손과 단순성을 제쳐 놓았다. 또한 하나님의 요구 사항들을 인간의 이론과 전통들로 대체했다. 이러한 4세기 기독교의 상황에 대해 미국 프린스턴 신학교 출신의 장로교 신학자 뵈트너(Lorain Boettner) 박사는 다음과 같이 설명한다.

"4세기 초 서방을 다스리던 콘스탄틴 황제가 그리스도교에 호의를 베풀기 시작하고… 324년 그리스도교를 공식적인 종교로 만들었다. 결과로 신자가 되면 누릴 수 있는 특전을 얻기 위해 수많은 이교도들이 교회로 밀려들어왔다. 그들은 교회가 미처 가르치고 동화(同化)시킬 수 있는 것보다 더 많은 숫자였다. 더 화려한 이교 의식에 익숙한 그들에게 단순한 그리스도교 예배는 만족을 주지 못했으므로, 그들은 자신들의 이교적(異敎的)인 신조와 행습들을 끌어들였다. 성경을 소홀히 함과 백성들의 무지를 통하여 교회는 점차적으로 그리스도교의 교회라기보다는 오히려 이교의 교회가 되기에 이르기까지 이교 사상은 더욱 더 소개되었다.… 이러는 동안 교회 안에는 화려한 복장을 차려입고 제사를 드리는 사제(司祭)와 화려한 의식, 성상(聖像)들, 성수(聖水), 분향, 수사(修士)들과 수녀(修女)들, 연옥의 교리, 구원은 은혜보다는 행함에 의하여 이루어진다는 신앙이 일반에게 나타났다. 로마제국 전역의 교회들에서도 그랬지만, 로마에 있는 교회는 더 이상 사도적인 교회가 아니었으며, 하나의 종교적인 기형체가 되었다."

(Lorain Boettner, Roman Catholicism, p.11)

▲화려한 복장을 한 교황 베네딕토 16세

이러한 사실은 로마 카톨릭 추기경 뉴만(John H. Newman)의 저서 「그리스도교의 발전」에서도 다음과 같이 확증되고 있다.

"성당들, 분향, 등(燈), 봉헌물, 성수(聖水), 성일들과 절기들, 행진(processions), 땅을 축복하는 일, 사제의 복장들, 체발(剃髮), 성상(聖像)들, 이 모든 것들은 이교적인 기원(起源)이다."(위의 책, p.10)

▲그릇된 성직제도

4세기 초 콘스탄틴(275~337, 흥상) 황제의 명목상의
개종은 큰 기쁨을 안겨 주었다. 그러나 그 반면에
세상이 의(義)의 모습으로 위장하고 교회 안으로 들
어 왔다. 이제 부패의 역사가 급속하게 진전되었
다. 이교는 가면을 집어던지고 정복자가 되었다.
마침내 교회는 가라지가 차지했고(마 13:24~30), 이교
정신이 교회를 지배하기에 이르렀다. 그 교리들과
의식들과 미신들이 기독교인들의 믿음과 예배에 흡수되었다.

이교와 기독교 사이에 이루어진 이러한 타협은 바울이 예고한바 하나님
을 대적하고 하나님보다 자기를 높이는 "불법의 사람"을 키우는 결과를 초
래했다. 이 거대한 거짓 종교 조직은 사탄의 세력이 만든 걸작품이다. 이것
은 용이 세상을 마음대로 주무르기 위해 보좌에 앉고자 기울인 노력들이 낳

은 기념비이다. 교황은 온 세계의 주교들과 사제들에 대한 수장권을 위임받은 그리스도의 모든 교회의 가시적 머리라는 것이 로마 교회의 주요 교리들 가운데 하나이다.

교황은 한 술 더 떠서 신의 칭호를 자기에게 적용했다. 그는 "주 하나님 교황"으로 자처하고, 무오성(無誤性)을 주장해 왔으며, 만민에게 경배를 요구한다. 그러므로 사탄은 그리스도를 광야에서 유혹할 때 내세운 것과 똑같은 요구를 여전히 로마 교회를 통해 역설하고 있으며, 수많은 사람들이 거리낌 없이 그에게 경의를 표하고 있다.

극악한 배교자는 자신을 신이라고 불리는 모든 것과 숭배함을 받는 것에 대항하여 그 위에 자기를 높이는데 성공했다(살후 2:4). 알렉산더 히슬롭(Alexander Hislop)은 그의 명저 『두 바빌론(The Two Babylons)』에서 이렇게 말한다:

> "불법의 신비는 교황제도로서 구체화 되면서
> 완전히 새로운 전기를 맞게 된다."

적그리스도가 점점 다가오는 발자국 소리를 들으면서, 성령의 감동함을 입은 사도 바울은 삼, 사백년 동안이 아니라 세상 끝날 때까지 전 세계를 흑암에 처하게 하려고 이제 막 일어난 큰 그림자에 대해 가장 예리한 영적인 통찰력을 나타내 보였다.

교황들은 자신들이 땅 위에 있는 "전능하신 하나님"이라고 주장했다!

The Popes claim to be God Almighty upon the earth!

▲삼중관을 쓴 적그리스도가 가마로 행렬 속에서 운반되고 있다.

(교황 레오 13세, 1878~1903 재위)

▲교황 비오 11세의 즉위식 광경. 가마를 탄 교황을 보라.

▲"전능하신 하나님"이 시스틴 성당(the Sistine Chapel)에서부터 가마로 운반되고 있다.

▲가마를 타고 이동하고 있는 교황 바오로 6세.
온유하고 겸손하신 그리스도는 나귀 새끼를 타셨다(마 21: 1~9). 그러나
그리스도의 대리자를 참칭하는 로마 교황은 크고 화려한 가마를 탔다.

영국 역사상 가장 위대한 설교자인 찰스 스펄전이 데살로니가후서 2장의 말씀을 읽으면서, "적그리스도라는 혐의로 교황을 체포하라!"고 외쳤던 것은 당연한 행동이었다.

하나님께서는 그의 말씀 속에 어떤 사람을 교회의 머리로 임명하셨다는 암시를 주신 적이 없다. 교황 수장권 교리는 성경의 가르침과 정면으로 충돌한다. 교황은 찬탈하지 않고서는 그리스도의 교회에 대해 어떠한 권세도 가질 수 없다. 교회의 머리가 되는 것은 오직 그리스도께 속한 고유 권한임에도 불구하고 교황주의자들은 교황을 교회의 머리로 삼는다. 하지만 교회는 교황의 통치 아래 있는 것이 아니다. 교회는 다만 교회의 영적 머리되시는 그리스도의 전적인 통치를 받을 뿐이다.

교황 숭배자들은 교황의 통치를 거부하는 프로테스탄트들을 참된 교회에서 제멋대로 분리해 나간 이단이라고 정죄한다. 그러나 이러한 비판은 오히려 그들 자신에게 적용된다. 그들은 그리스도의 깃발을 내리고 "성도에게 단번에 주신 믿음"(유 3)에서 떠난 자들이다.

교황 베네딕토 16세는 진정한 기독교 교회는 로마 카톨릭뿐이라는 문서를 발표해 파문을 일으켰다. 그는 "개신교는 교황의 존재를 시인하기를 거부하기 때문에 올바른 의미에서의 교회라고 볼 수 없다"고 했다.

도둑이 도리어 매를 들고 주인을 나무란다는 적반하장(賊反荷杖)이 이런 경우를 두고 하는 말이다. 교황이라는 존재가 그리스도의 대리자를 사칭(詐稱)

하며 교회의 머리 노릇을 하는 로마 교회야말로 올바른 교회가 아니다. 교회의 머리는 오직 한 분 그리스도이시기 때문이다.

예수님은 모세처럼 위대한 인물이라도 당신의 대리자로 세우시지 않는다. 왜? 만약 그런 존재가 있다면 그리스도가 받으셔야 할 영광을 필경 그 대리자가 가로채거나 나누어 갖게 될 것이기 때문이다. 거룩하신 하나님은 그러한 일을 절대로 허락하시지 않는다. 성경은 다음과 같이 말한다.

**"나는 여호와이니 이는 내 이름이라 나는 내 영광을 다른 자에게,
내 찬송을 우상에게 주지 아니하리라"(사 42:8).**

인간은 그 어떤 존재도 감히 주님의 영광을 나누어 가질 수 없다. 그리스도의 대리자를 사칭하는 교황은 적그리스도(antichrist)로서 오직 예수님만 받으셔야 할 영광을 가로채는 죄의 사람이다(살후 2:3~4).

헬라어 '안티(Anti-)'의 이중 의미

'적그리스도'(Anti Christ)라는 헬라어는 그리스도에 '안티'(Anti-αντι)가 붙어있을 뿐이다. 헬라어의 안티(anti)라는 용례는 두 가지가 있다. 첫째는 '~대해 반대편에' 라는 뜻으로서 대적자(against)라는 의미이다. 따라서 적그리스도는 예수 그리스도의 대적자이다.

예수님을 대적하는 '안티' 의 용례는 딤후2:25, 마5:22, 눅12:58, 18:3, 벧전5:8, 히12:4, 눅13:17, 21:15, 갈5:17, 행20:15 등이 있다.

적그리스도의 안티(Anti-αντι)의 두 번째 용례는 '~대신에' 라는 뜻이 들어있어 누구를 '대신하다' 의 뜻이다. 적그리스도는 자칭 예수님 대리자이다. '안티' (αντι)가 '대신에' 라고 표기된 구절은 눅11:11, 고전11:15, 약4:15, 마5:38, 히12:2 등이고 '대속물' 이란 용어에도 '안티' 가 표기되었다(딤전 2:6, αντι μερω).

그러므로 적그리스도는 예수님의 대적자이면서도 예수님의 대리자로 행세하고 다니는 자이다. 그는 자신을 그리스도의 큰 대적으로 나타내면서, 그 자신을 경쟁자로서 그리스도와 동등하게 하고, 그리스도의 대리자로서이 땅에서 그리스도의 자리를 차지하고 있다고 공언한다. 사탄이 적그리스도를 그리스도의 대리자로 주제넘게 내세우는 목적은 다름이 아니라 그리스도를 보다 쉽게 공격하기 위해서이며, 경건의 모습을 갖추어 그 자신을 위장하기 위해서이다.

1. 안티, anti, ɑʋτι = 대적자, 원수 **(그의 실체)**

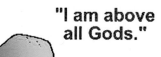

적 그 리 스 도 (Antichrist)

2. 안티, anti, ɑʋτι = 대리자, 가장하는 자 **(그의 외적 모습)**

적그리스도는 그리스도가 계실 때만 그도 존재한다. 그러므로 예수님 때부터 적그리스도의 영은 항상 있어왔는데, 콘스탄틴부터 오늘까지 교황권이 적그리스도인 것이다. 예수님은 항상 계시고, 교황은 늘 죽지만 다시 새 교황이 한 시대에 한 명씩 계속된다. 그것이 '대적자' 요 '대리자' 인 적그리스도인 것이다. 단순히 대적자에만 해당되는 네로, 히틀러, 유럽 독재자는 결코 적그리스도가 아니다. 대리자, 대적자 모두를 충족시키는 안티(anti)는 역사상 교황권 외에는 없었다.

'적그리스도' 와 '속이는 자' 는 사도 요한의 시대 이후로 교회 안에서 세력을 펼쳐 왔었다(요일 2:18). 교회 바깥에 적그리스도가 있는 것이 아니라 교회 안에서 사악한 세력이 거의 이천 년 동안 '성전의 주인' 으로 행세하였다. 그가 곧 배교 교회의 우두머리인 로마 교황이다.

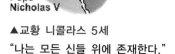

"I am above all Gods."

Pope Nicholas V

▲교황 니콜라스 5세
"나는 모든 신들 위에 존재한다."

그리스어인 적(anti-)은 이중의 의미를 갖는다.
첫째 의미는 '~에 대한 반대'라는 의미이다.
둘째는 덜 알려진 의미로서 '대리', '대체' 또는 '~대신에'라는 뜻이다.
그러므로 적그리스도는 이중성에 의하여,
예수 그리스도의 이름으로, 그분의 대리자로서 올 것이나,
그의 행위와 말에 의하여 예수 그리스도에 반대할 것이다.
이 두 가지 조건이
모두 일치하는 존재는 로마 교황뿐이다.

독일의 신문에 비친 교황 (요한바오로 2세)
그리스도의 대리자(교황)가 그리스도보다 높고 강한 사실을 보여준다.

"주님, 여기는 지나가시지 못합니다.
당신의 대리자가 사목 방문중입니다."

---

* 요한계시록 7:4에 보면 인침을 받은 이스라엘 자손 14만4천 중에 단지파가 누락되어 있는데, 그 이유에 대한 기독교계의 통속적 해석 가운데 창세기 49:17을 근거로 적그리스도가 단지파에서 나올 것이기 때문이라는 이론이 있다(이레니우스, 어거스틴...). 즉 적그리스도는 세상 끝에 등장할 한 개인적 인물인 바, 그는 유대인 중 한 사람이라는 것이다. 이와 같은 이론은 순전히 선입견으로서 유대인을 나쁘게 평가하려는 이방인들의 반유대적 성향에 의해 생긴 것이다. 다니엘서의 적그리스도에 대한 개념은 명확히 이방인을 묘사하고 있다. 유대인 적그리스도에 대한 미래주의자들의 교훈은 거짓이다.

제 7 장

짐승의 멸망

누가 어떻게 하여도 너희가 미혹되지 말라
먼저 배교하는 일이 있고
저 불법의 사람 곧 멸망의 아들이 나타나기 전에는
그 날이 이르지 아니하리니 그는 대적하는 자라
신이라 불리는 모든 것과 숭배함을 받는 것에 대항하여
그 위에 자기를 높이고 하나님의 성전에 앉아
자기를 하나님이라고 내세우느니라

- 살후 2:3~4 -

　적그리스도는 '멸망의 아들' 이다. 성경 말씀은 아들이면 또한 후사(상속자)라고 강조한다. 멸망의 아들인 적그리스도는 멸망의 상속자이다. 그가 나타나기 전에 성경은 그가 '멸망한다' 고 기록했다.

　하늘에 계신 왕(하나님)이 한번 명령을 내리면 그것은 바뀌지 않는다. 역대 교황이 영광을 누린 것이 분명하듯이 그들의 멸망도 분명하게 닥칠 것이다. 어떻게?

　계시록 13장의 짐승은 바울이 말한 불법의 사람 곧 멸망의 아들과 일치한다. 따라서 데살로니가 교회에 전한 서신에서 이 짐승의 운명이 다음과 같이 정해져 있음을 알 수 있다.

> "주께서 자기 입에서 나오는 영으로 소멸하시고
> 그의 찬란한 오심으로 제거하시리라"
> - 살후 2:8 KJV -

그러므로 짐승에 대한 심판은 본질과 특성에 있어 다음 두 가지 양상으로 실현된다. (1) 점진적으로, (2) 갑작스럽고 무서운 멸망. 교황들의 멸망은 이와 같이 두 부분으로 나뉘어 성취된다.

멸망의 이중성은 다니엘서 7장의 작은 뿔이 나타난 이후, 성경 예언에서 특별히 언급되어 왔다. 다니엘서 7장 26절을 보면, 심판이 시작되어 그의 권세를 빼앗기고(consume) 끝까지 멸망한다(destroy). 이 사실은 다니엘서 7장의 '작은 뿔'이 사도 바울이 말한 적그리스도라는 또 하나의 증거가 된다. 적그리스도의 멸망은 다음과 같이 두 단계로 이루어진다.

주님의 입에서 나오는 영이 서서히 소멸하신다

"주께서 자기 입에서 나오는 영으로 소멸하시고"(살후 2:8 상반절) 주님의 입에서 나오는 영이란 무엇일까? 요한복음 6:63에 해답이 있다. "…내가 너희에게 이른 말은 영이요 생명이라." 그러니까 주님의 입에서 나오는 영이란 하나님의 말씀을 의미한다.

주님의 입에서 나오는 영이 그를 서서히 태운다! 이것은 하나님의 말씀이 전파됨을 뜻한다. 성경이 번역되어 보급되면서 이 일이 계속되어 왔다. 종교개혁은 사람들에게 로마 카톨릭의 끔찍한 거짓을 보여 주었고, 로마 카톨릭의 속박 아래 있던 전 세계를 풀어 주었다. 하나님의 말씀이 전파되지 않으면 교황의 세력이 번창한다.

그분의 말씀은 영이요 생명이다. 이 살아있는 주님의 말씀 앞에서 짐승의 권세는 소멸할 수밖에 없는 것이다. 실로 그것은 짐승을 죽이는 양날 선 검이다.

**"하나님의 말씀은 살았고 활력이 있어
좌우에 날선 어떤 검보다 예리하여…"(히 4:12)**

또한 다시 오시는 예수님에 대한 구절에 다음과 같은 말씀이 기록되어 있다.

"그의 입에서 예리한 검이 나오니…"(계 19:15)

주님의 입에서 나온 말씀 또는 영은, 성경이란 모습으로 인간 사회에 영향을 미치고 있다. 이 귀한 성경은 위클리프 시대 이후부터 지금까지 로마 교황권과 로마 카톨릭 교회를 소멸시켜 왔다. 성경이 배포되고 연구되는 곳마다 교황의 세력이 무너졌다. 이것은 분명히 데살로니가후서 2장 8절 말씀의 성취이다. 이 말씀은 주께서 강림하여 적그리스도를 멸망시킬 때 최종적으로 성취될 것이다.

종교개혁 이후로 남녀 누구든지 언제 어디에서나 스스로 성경을 읽을 수 있게 되어 로마 카톨릭의 흑암의 권세에서 그리스도 안에 있는 구원의 빛과 자유로 나오게 된 것은 사실이다. 루터가 '의인은 믿음으로 살리라' 라는 위대한 발견을 한 이후 약 490년 동안 오늘날까지 그리스도의 입의 기운, 곧 하나님의 말씀은 로마 카톨릭 체제를 죽이고 있다. 현재 카톨릭 국가들인 중남미에서 복음주의와 은사주의에 속한 개신교도들의 수는 계속 증가하고 있다.

▲요한계시록 19장 11~16절

재림하시는 주님의 빛이 멸망시킬 것이다

그러나 로마 카톨릭의 완전한 멸망은 갑자기 그리고 끔찍하게 이루어 질 것이다. 그리스도께서 영광의 보좌를 떠나 직접 적그리스도와 대면하고 그의 모든 사제들과 그를 섬기던 모든 사람들과 함께 그를 멸망의 구덩이에 던져 넣을 것이다. 하나님은 그 날을 서두르고 계신다.

"이에 한 힘 센 천사가 큰 맷돌 같은 돌을 들어 바다에 던져 이르되
큰 성 바벨론이 이같이 비참하게 던져져 결코 다시 보이지 아니하리로다"
(계 18:21).

비로소 그때에야 성도들이 '할렐루야' 를 외칠 것이다. 소멸되는 과정에 있음에도 불구하고 짐승은 역사의 마지막 시점까지 우리와 같이 존재할 것이다. 알곡과 가라지가 공존한다(마13:24-30).

그러나 유일하고 참된 왕 중의 왕이요, 만주의 주되시는 예수 그리스도께서 영광과 위엄 중에 재림하실 때에 짐승과 그의 추종자들은 완전히 멸망할 것이다.

"또 내가 하늘이 열린 것을 보니 보라 백마와 그것을 탄 자가 있으니
그 이름은 충신과 진실이라 그가 공의로 심판하며 싸우더라…
짐승이 잡히고 그 앞에서 표적을 행하던
거짓 선지자도 함께 잡혔으니 이는 짐승의 표를 받고
그의 우상에게 경배하던 자들을 표적으로 미혹하던 자라
이 둘이 산 채로 유황불 붙는 못에 던져지고"(계 19:11~20).

▲잡히는 짐승

▲불못에 떨어지는 짐승과 거짓 선지자

제 8 장

하나님의 인과
인침 받은 무리

스코틀랜드 자유교회 창시자들 중 하나이며
초대 의장을 역임한 토마스 찰머스(Thomas chalmers) 목사는
데살로니가후서 2장을 강해할 때 이런 기도를 했다.

"주님, 우리의 약함을 도우사

주님을 배반한 큰 배도자를 기다리고 있는

멸망의 구덩이에 빠지지 않도록 하소서.

우리는 로마 교황이 예수 그리스도의 자리를 침해할 것에 대해

성경에 분명하게 지적되었음을 보았습니다.

따라서 로마 카톨릭 교회와 연합하지 않고

매우 가증한 그들의 배교에 대해

계속 굳건하게 대항하도록 하여 주소서."

　하나님 또한 그 분의 소유되는 자들에게 인을 치신다는 사실을 간과해 버린다면 짐승의 표에 대한 연구는 충분하다고 할 수 없을 것이다. 창세기 17장 10절을 보면 육체의 할례는 아브라함과 약속한 표 즉 인이었다는 사실을 알게 된다. '인을 치다' 라는 동사의 뜻을 사전에서 찾아보면 '보장하다, 확인하다, 시인하다, 맹세하다, 확증하다' 로 설명되어 있다.

> "…여호와께서 그 가는 베 옷을 입고 서기관의 먹 그릇을 찬 사람을 불러
> 여호와께서 이르시되 너는 예루살렘 성읍 중에 순행하여
> 그 가운데에서 행하는 모든 가증한 일로 말미암아
> 탄식하며 우는 자의 이마에 표를 그리라 하시고"(겔 9:3,4).

　이 말씀은 예루살렘을 향한 북쪽으로부터의 심판이 행해질 때에 관한 예언적인 구절이다. "가증한 일로 인하여 탄식하며 우는 자" 란 불의와 야합하지 않고 끝까지 하나님을 따르는 '남은 자' 를 뜻한다. 하나님은 그 귀한 성도들의 이마에 표시를 하라고 말씀하신다. 전능하신 하나님은 남아 있는 의로운, 인 맞은 무리를 소유하고 계신다.

또 내가 보니 보라 어린 양이 시온 산에 섰고 그와 함께 십사만 사천이 서 있는데
그들의 이마에는 어린 양의 이름과 그 아버지의 이름을 쓴 것이 있더라.

내가 하늘에서 나는 소리를 들으니 많은 물소리와도 같고 큰 우렛소리와도
같은데 내가 들은 소리는 거문고 타는 자들이 그 거문고를 타는 것 같더라.

그들이 보좌 앞과 네 생물과 장로들 앞에서 새 노래를 부르니 땅에서
속량함을 받은 십사만 사천 밖에는 능히 이 노래를 배울 자가 없더라.

이 사람들은 여자와 더불어 더럽히지 아니하고 순결한 자라
어린 양이 어디로 인도하든지 따라가는 자며 사람 가운데에서
속량함을 받아 처음 익은 열매로 하나님과 어린 양에게 속한 자들이니

그 입에 거짓말이 없고 흠이 없는 자들이더라. (계 14:1-5)

여기에 나오는 십사만 사천은 "땅에서 속량함을 받은" 자들이니(3절), 전
세계의 구원 받은 성도들을 대표한다. 그들은 누구인가? 여자와 더불어 더
럽히지 아니한 자이다(4절). 여기에서 '여자'란 계시록 17장의 '음녀'를 뜻한
다. 그렇다면 여자와 더불어 더럽히지 않는 것이란 무엇을 의미할까? 곧 로
마 카톨릭, 바벨론, 계시록의 음녀와 음행의 딸 되는 교회들의 악한 교리를
받아들이지 않는 것이다. 바로 그들이 여자로 더불어 더럽히지 아니한 순결
한 자들이다.

"그녀로부터 네 길을 멀리하고, 그녀의 집 문에도 가까이 가지 말라"(잠 5:8 KJV)

오늘날 지난 시대의 성도들이 목숨을 버리면서까지 수호했던 성경의 진리들이 연합이라는 미명하에 타협되며, 또 완전히 배제되고 있다. 오류로 가득한 로마의 교리를 묵인하는 것은 바로 그것을 거부했기 때문에 박해받고 죽임을 당한 순교자들의 피를 부정하는 것이다.

"만약 당신이 로마의 교리에 동의한다면
순교자들의 피를 부인한다는 것을 매우 진지하게 경고하고자 합니다!"

- 마틴 로이드 존스 -

거룩하신 하나님은 순교자들의 피를 갚아 주신다(계 6:9-11). 그러므로 순교자들의 피를 부정하는 것은 하나님과 반대편에 서는 것이다. 그들은 누구인가? 바로 천주교의 비성경적 행습과 교리에 침묵하면서 바티칸과 야합하는 기독교 목사들 및 신자들이다.

"여자와 더불어 더럽히지 아니한 자"란 그 음녀와 사귀지 아니하는 순결한 자들을 뜻한다. 유니티(Unity 연합)보다 더 중요한 것은 퓨리티(Purity 순결)이다. 일치라는 미명 아래 매춘부와 교제할 수는 없다. 그것은 연합이 아니라 야합이다. 바울은 사도들의 교훈을 거역하는 자들과 사귀지 말라고 다음과 같이 권면했다.

"누가 이 편지에 한 우리 말을 순종하지 아니하거든
그 사람을 지목하여 사귀지 말고 그로 하여금 부끄럽게 하라"(살후 3:14)

위대한 설교자 찰스 스펄전은 배교자들과의 분리는 분열이 아니라 하나님께서 모든 사람에게 기대하시는 것이라고 말했다:

"그 무엇도 거짓된 것들과의 단절보다 더 강하게 참된 신앙인들의 통일을 요구하지 않는다. 근본적인 오류를 허락해 주거나 부패해 가는 영혼에게 주어야 할 '생명의 떡'을 주지 않는 그러한 자들로부터의 분리는 분열이 아니라, 진리와 양심과 하나님이, 진실되게 발견되기를 원하는 모든 자들로부터 기대하시는 것이다."

나는 최근 모 교회의 집회에서 강사로 초청된 모잠비크 국적의 흑인 목사가 설교 중에 자신이 바티칸과 특별한 교제를 하고 있다는 것을 자랑하는 소리를 들었다. 심지어 그는 로마를 방문했을 때 공중에 거대한 천사가 있는 것을 보았다고도 떠들었다. 나는 즉시 그의 영을 분별할 수 있었다. 사람들의 마음을 로마 교황에게 돌리고 바티칸으로 향하게 하는 영은 단언하건대 성령이 아니다. 그는 여자로 더불어 자신을 더럽혀 순결을 잃은 자였다. 그는 한 구멍으로 단물과 쓴물을 내는 자였고, 성령님을 매우 근심케 하고 있었다. 음녀와 사귀고 있는 그는 매춘부의 죄에 동참하는 자였기 때문이다. 성경은 이렇게 경고하고 있다:

"나의 백성아, 그녀에게서 나오라.
그리하여 그녀의 죄들에 동참자가 되지 말고 그녀의 재앙들을 받지 말라"
(계 18:4 KJV)

나는 그 흑인 목사를 초청해 집회를 연 교회가 나중에 교회적으로 큰 시련을 겪는 것을 보았다. 오, 형제여! "여자로 더불어 더럽히지 아니하고 순결한 자"(계 14:4)만을 당신의 교회에 강사로 허락하라.

우리는 다윗처럼 "배교자들의 행위를 내가 미워하오니 나는 그 어느 것도 붙들지 아니하리로다"(시 101:3하반절) 라고 굳게 다짐해야 한다. 그러나 오늘날 알게 모르게 종교 통합운동을 주도하며 음녀와 연합하여 로마 카톨릭 교회의 사악한 제도를 다시 세우려고 시도하는 자들이 적지 않다. 그들을 향해 설교의 왕자(Prince of Preachers)요 은혜의 복음만을 전파했던 스펄전(C. H. Spurgeon, 1834~1892) 목사는 "···누구든지 일어나서 이 여리고성을 건축하는 자는 주님 앞에서 저주를 받을 것이라···"(수 6:26)*는 말씀을 인용하며 다음과 같이 선언하였다.

"여리고 성을 건축한 자가 저주를 받았으니 우리 가운데 로마 카톨릭 교회를 재건하려고 애쓰는 자에게는 큰 저주가 있으리라. 우리 선조 시대에 로마 카톨릭 교회의 거대한 벽이 믿음의 힘으로, 노력의 인내로, 그리고 복음의 나팔로 무너졌다. 그런데 지금 그 옛 터전 위에 그처럼 저주받은 제도를 재건하려는 자들이 있다.

우리는 로마 교회의 죄악에 대해 동조하는 자들에게 사려 깊게 그러나 담대하게 경고해야만 한다. 우리는 젊은이들에게 복음의 진리를 가르치고 선조 때에 로마 교회가 저지른 죄악의 진상을 이야기해 주어야만 한다. 사제들이 올빼미처럼 햇빛을 싫어하므로, 우리는 보다 철저하게 온 땅에 빛을 전파해야만 한다.

로마 교회에 독과 해가 되는 성경을 반포하기 위해 우리는 무엇을 하고 있는가? 우리는 건전한 복음 책자들을 해외에 보내고 있는가? 한때 루터는 '악마는 거위 깃털 펜을 싫어한다'고 말한 적이 있는데, 사실 그는 성령의 은혜로 쓰여진 책들이 마귀의 왕국에 막대한 피해를 입혔다는 사실에 대해 확실하고도 충분한 체험적인 이유를 가지고 있었다.

로마 카톨릭 교회의 이리들이 교훈을 받지 못한 양무리들을 약탈하고 있으니, 올바른 가르침만이 우리들 속에 들어와 종횡무진하고 있는 이단들로부터 양떼들을 보호하는 최선의 길이다."

(From "Evening By Evening" by Charles Spurgeon, Uhrichsville, Barbour and Company, 1991)

음녀와 부적절한 애정을 나누며 자신의 영을 더럽히는 위선자들이 꼭 경청해야 할 예언적 음성이다. 오늘날 그들 중에는 대형 교회의 목사들도 있고, 주의 이름으로 선지자 노릇을 하는 자들도 있으며, 주의 이름으로 권능을 행하는 자들도 있다. 그들이 기억해야 할 예수님의 말씀이 있다.

> "그 날에 많은 사람이 나더러 이르되 주여 주여 우리가 주의 이름으로 선지자 노릇 하며 주의 이름으로 귀신을 쫓아내며 주의 이름으로 많은 권능을 행하지 아니 하였나이까 하리니 그 때에 내가 그들에게 밝히 말하되 내가 너희를 도무지 알지 못하니 불법을 행하는 자들아 내게서 떠나가라 하리라"(마 7:22, 23).

마틴 로이드 존스(사진)는 성경에 유일한 권위를 부여하는 사람들은 로마 카톨릭 교회와의 타협이 있을 수 없고 필연적으로 개혁자 루터의 길을 따르게 될 것이라고 했다. 아래는 「Unity in Truth」라는 그의 강연집에서 발췌한 예언적 메시지이다.

"…합동과 연합을 말하기 전에 '교회란 무엇인가' 하는 첫 번째 질문을 제기하도록 합시다. 우리가 이러한 질문에서 시작한다면 마틴 루터가 밟는 길을 따르는 자신을 발견하게 될 것입니다. 그것은 필수적인 일입니다.

왜일까요? 다음과 같은 이유에서 입니다. 이런 경험을 알고 있는 사람에게, 즉 성경에 유일한 권위를 부여하는 사람에게는 무엇보다도 로마 교회와의 타협이 있을 수 없습니다. 이러한 질문들을 제기하고 영적인 해답을 발견하는 사람은 로마와 타협하는 것이 불가능합니다. 로마 카톨릭 교회는 '또 다른 복음'에 대해 가르칩니다. 그것은 전혀 다릅니다.

주교를 교회의 본질이라고 말하는 사람들과 복음주의자들은 타협을 할 수 없습니다. 복음주의자가 감독의 서품을 받지 않은 사람은 진실로 서품을 받지 않은 것이라고 말하는 사람과 타협을 할 수 없습니다. 그것은 불가능한 일입니다. 복음주의자와 신성 모독적인 '미사'를 믿는 사람들 사이에는 타협이 있을 수 없습니다. 복음주의자와 침례에 의한 거듭남을 믿는 사람 사이에는 타협이 있을 수 없습니다. 그것은 불가능한 일입니다.

루터는 로마서와 시편과 갈라디아서를 연구하고 강의나 설교를 준비하면서 그것이 불가능하다는 것을 발견했습니다. 따라서 단절은 불가피한 일이었습니다.

그러나 복음주의자들에게 있어서 그런 사람들과의 타협이 불가능할뿐만 아니라 기독교 신앙의 본질을 부인하는 교회 내의 다른 사람들, 그리고 하나님의 본질을 부인하는 것처럼 보이고 주 예수 그리스도가 호모였다는 식으로 받아들이는 사람들과 함께 멍에를 매는 것 역시 그에게는 불가능한 일입니다. 복음주의자들과 그런 가르침 사이에는 일치점이 없습니다. 왜냐하면 그것은 빛과 어두움의 문제이기 때문입니다.

…그런데 어떤 사람은 이에 대해 항의하면서 이렇게 말합니다. "하지만 당신은 로마 교회가 변하고 있음을 잊고 있지 않습니까? 당신은 루터에 빠져있지 않습니까? 당신이 20세기에 살고 있다는 사실과 로마 교회가 변하고 있다는 사실을 잊고 있습니까?"

그 변화를 시험해 봅시다. 로마 교회는 오늘날 루터 시대의 교회와 동일하지 않습니다. 어떤 점에서 그런가요? 그 이후 로마 교회는 '교황 무오설'의 교리를 확실하게 공표 했습니다. 그것은 1870년에 행해졌습니다. 또 다른 것은? 로마 교회는 마리아의 '원죄 없는 잉태론'과 '성모몽소승천'교리도 확실하게 공표했습니다. 더구나 성모 마리아 숭배는 굉장히 증가했습니다. 그 당시 로마 교회와 현재의 로마 교회 사이의 유일한 차이는 지금이 훨씬 나쁘다는 것입니다. 그렇습니다. 그들은 루터 시대 이후로 면죄부의 악습 문제를 처리했습니다. 그러나 그들은 또한 교리의 가치를 절하하여 루터 당시보다 훨씬 더 나쁘게 만들었습니다. 그 점을 잊지 맙시다.

그 다음에 다른 사람들은 이렇게 말합니다. '성경에 대한 그들의 새로운 태도는 어떤가?' 그것을 살펴봅시다. 여러분은 로마 교회의 성경에 대한 새로운 태도가 주로 고등 비평적인 태도이며, 로마 교회로 들어오는 것이 복음주의가 아니라 근대사상, 자유주의, 고등비평이라는 것을 알고 있습니까? 친구 여러분, 속지 마십시오! 그것이 로마 카톨릭 교회의 진상입니다.

…이제 한 가지를 여러분에게 간구함으로서 마칠까 합니다. 우리 주변의 상황은 급속도로 발전하고 있습니다. 에큐메니칼 운동은 날마다 발전

하고 있으며 로마의 방향으로 움직이고 있습니다. 이것은 제 말이 아닙니다. 위대한 메서디스트 구약 교수인 노만 스네이스(Noman Snaith)가 최근에 그것을 책에서 기술했습니다. '그것은 로마를 향하고 있다.' 그렇습니다. 그러나 그 운동은 로마뿐만 아니라 소위 세계 종교라고 하는 것과의 통합을 꾀하고 있습니다. 틀림없이 거대한 세계종교협의회 – 권력과 권세를 쥐기 위한 무엇인가로 끝나고 말 것입니다. 우리는 그 점을 깨달아야 합니다. 또한 각 지방의 지역교회협의회는 복음주의 원리들을 타협하는 대가로서만 가능하다는 것도 깨달아야 합니다. 복음주의자들이 조직된 교회, 특히 로마 카톨릭 교회에 스며들어 개혁하고 복음적인 교회로 변화시킬 수 있다는 생각은 정말 말도 안 되는 생각입니다. 어떤 단체도 일찍이 진정으로 개혁된 경우는 없었습니다. 이것은 역사의 평가입니다. 이와 같은 때에 중립을 지키는 것은 비겁한 짓입니다. 사실을 몰라서 그런 것이 아니라면 그것은 매우 잘못된 것입니다.

그렇다면 복음주의자인 우리는 이런 상황에서 무엇을 해야 할까요? 제 대답은 우리가 요한계시록 18장 4절의 "내 백성아 거기서 나와라"는 위대한 훈계에 귀를 기울여야 한다는 것입니다. "나의 백성아, 그녀에게서 나오라. 그리하여 그녀의 죄들에 동참자가 되지 말고 그녀의 재앙들을 받지 말라"(계 18:4 KJV). 거기서 나오라! 그러나 같은 마음을 지닌 모든 그리스도인과 교제하는 데로 들어가십시오. 진리를 수호하고 타협과 주저와 중립과 로마 카톨릭의 계획과 에큐메니칼 운동에 기여할 뿐인 모든 것을 거부하는 복음주의 협의회와 같은 연합체로 들어가십시오. 나와서 들어가십시오!"

(마틴 로이드 존스, 「진리로 하나」, 목회자료사, 1998, p.61~63)

여기서는 인용하지 않았지만 존스 박사는 이 연설에서 "연합의 죄"라는 표현을 사용하였다. 그는 이 말을 사용함으로써 '저급한 분열'을 옹호하고 종파주의의 길을 걸은 것이 아니다. 그의 관심은 오직 복음의 일치와 교회의 순결에 있었던 것이다. 음녀와의 일치운동은 "연합의 죄"이다.

▲교황 베네딕토(Benedict) 16세

2007년 교황 베네딕토(Benedict) 16세는 로마 카톨릭 이외의 기독교 교파들을 "올바르지 못한 교회(not proper churches)"로 규정한 문서를 발표해 해당 교파들을 현저히 모독했다(2007년 7월10일). 교황청은 16쪽 분량의 그 문서를 통해 "(예수) 그리스도는 지구상에 오직 하나의 교회를 세웠고 이는 카톨릭 교회로 존재한다"며 "(개신교·영국성공회·정교회 등) 다른 교파들에 과연 '교회'의 자격이 있는지 알기 어렵다"고 밝혔다.

이 문서는 또 그리스 정교회에 대해 "교황의 권위를 인정하지 않아 결함이 있다(defective)"고 묘사했고, 개신교 등 16세기 종교개혁으로 생겨난 기독교 공동체들(주-로마교는 개혁교회를 '교회'로 인정하지 않기 때문에 '기독교 공동체'라고 부른다)도 "교황의 존재를 시인하기를 거부하고, 성찬식(聖餐式)에 대한 견해를 달리하는 등 올바른 의미에서의 교회라고 볼 수 없다"고 적시했다.

朝鮮日報

서울 흐리고 새벽 한때 비 후 갬 18~27℃ ●3면 A7면

1920년 3월 5일 창간
chosun.com
2007년 7월 12일 목요일

교황 "가톨릭이 진정한 교회"… 개신교 등 반발

교황 베네딕토(Benedict) 16세가 로마 가톨릭 이외의 기독교 교파들을 '올바르지 못한 교회(not proper churches)'로 규정해 해당 교파들이 강력히 반발하고 있다. 교황청은 10일 발표한 16쪽 분량의 문서를 통해 '(예수) 그리스도는 지구상에 오직 하나의 교회를 세웠고 이는 가톨릭 교회로 존재한다'며 '개신교·영국 성공회·정교회 등' 다른 교파들에 과연 '교회'의 자격이 있는지 알기 어렵다"고 밝혔다.

독일 개신교측 "교파간 화합기회 날아가"
한국 교계도 술렁… "다양성 인정해 줘야"

이 문서는 또 그리스 정교회에 대해 '교황의 권위를 인정하지 않아 결함이 있다(defective)"고 묘사했고, 개신교 등 종교개혁으로 생겨난 기독교 공동체들도 '교회의 존재를 시인하기를 거부하고, 성찬식(聖餐式·예수의 수난을 기념해 빵과 포도주를 먹는 의식)에 대한 견해를 달리하는 등 올바른 의미에서의 교회라고 볼 수 없다"고 했다.

와 평화에 가톨릭이 앞장서 온 것이다. 그러나 이번에 교황청 신앙교리성은 제2차 바티칸 공의회의 '잘못되고 애매한' 해석을 바로잡기 위해 이번 문서를 발표했다고 밝혔다. 자칫 가톨릭이 종교간 평화의 주역에서, 갈등을 일으키는 당사자로 입장이 바뀌는 것 아니냐는 우려가 나오는 것도 이 때문이다. 베네딕토 16세는 추기경 시절 신앙교리성의 수장을 지냈고.

교황 베네딕토 16세가 9일 이탈리아 북부의 로렌자고 디 카도레에 도착, 신자들을 향해 두 손을 흔들고 있다. 교황은 10일 로마 가톨릭 이외의 기독교 교파를 '올바르지 못한 교회'로 규정하는 교황청 문서의 공표를 승인했다.

〈교황청 발표 문서 주요 내용〉

● '그리스도는 지구상에 오직 하나의 교회를 세웠고 이는 가톨릭 교회로 존재한다'

● '그리스 정교회는 교황의 권위를 인정하지 않아 결함이 있다'

● '개신교 등은 교회의 존재를 시인하기를 거부하고, 성찬식(聖餐式·예수의 수난을 기념해 빵과 포도주를 먹는 의식에 대한 견해를 달리하는 등 올바른 의미에서의 교회라고 볼 수 없다'

교황청 발표 문서 주요 내용

- "그리스도는 지구상에 오직 하나의 교회를 세웠고 이는 카톨릭 교회로 존재한다."

- "그리스 정교회는 교황의 권위를 인정하지 않아 결함이 있다."

- "개신교 등은 교황의 존재를 시인하기를 거부하고, 성찬식 (예수의 수난을 기념해 빵과 포도주를 먹는 의식)에 대한 견해를 달리하는 등 올바른 의미에서의 교회라고 볼 수 없다."

가위 적반하장이다. 가라지가 알곡을 자처했으니 말이다. 사실상 교황은 전 세계의 개혁교회를 향해 작심하고 선전포고를 한 것이다. 모든 교회를 홀로 지배했던 중세 암흑시대의 위상을 되찾고 싶은 게다. 그러므로 이제 사도적 개혁교회들은 다시 로마를 향해 말씀의 검을 높이 들어야 할 때다.

적그리스도의 영이 가장 무서워하는 것은 진리의 말씀이다. 개혁자들처럼 우리는 계시록의 '짐승'이 교황권이라는 사실을 분명하게 가르치고 고발해야 한다.

천주교회만 구원이 있는 진정한 교회이며, 나머지 교파들은 다들 덜떨어진 '모자라는 교회', 아니 숫제 교회 축에도 끼지 못할, 단순히 '교회적 공동체(ecclesiastical community)'라는 현 교황 베네딕토 16세의 교설은 지난 2000년 요한 바오로 2세 때의 '도미누스 예수스' 선언에서 한 망언과 다름없는 재탕이었다. 전혀 새로운 것이 아니다.

2000년 10월 교황 요한 바오로 2세는 로마 카톨릭이 다른 교파보다 우위에 있으며 기독교 통합의 토대가 돼야 한다고 주장했다. 교황은 이날 성 베드로 광장에서 카톨릭 신도들에게 "로마 카톨릭이 여타 교파에 견주어 우위에 있다는 사실이 기독교 통합의 기초가 되어야 한다"면서 "이 같은 사실을 명확히 하지 않고서는 교파 통합을 위한 대화는 말의 성찬으로 전락할 것"이라고 강조했다. 당시 교황청 신앙교리성 이름으로 발표된 선언문에서 "세상에는 카톨릭 교회에 기반을 둔 유일한 기독교회만이 존재하며, 한 교파가 다른 교파와 같다는 생각은 기독교회 본래의 메시지를 위험에 빠뜨리는 것"이라는 내용이 담겨 있었다.

이렇게 편협한 종교가 천주교이다. 카톨릭의 교리는 온갖 교리들 중 가장 관용이 결여되어 있다. 옹졸함 그 자체인 것이다. 여기서 우리는 로마 카톨릭이 추구하는 '교회일치'라는 게 '로마 카톨릭적 일치'임을 알 수 있다. 결국 일치를 주장하지만, "우리 기준에 맞춘 다음 우리 안으로 들어오라" 또는 "우리 기준에 맞으면 우리 안으로 들어올 자격이 있다"고 말하는 것이다.

그럼에도 불구하고 2009년 1월 18일(일) 오후에 서울 올림픽공원 내 올림픽 홀에서는 개신교와 카톨릭 신도 4천 명 이상이 모여 소위 '그리스도인 일치 기도회'라는 행사를 함께 개최한 바 있다. '그리스도인 일치 기도회'는 세계교회협의회(W.C.C)에 속한 개신교 교회들과 로마 교황청 아래의 교구들이 연합해 진행하는 기독교 일치운동이다.

이 얼마나 위선적인 집회인가? 바티칸은 교황의 존재를 부정하는 개혁교회는 올바른 교회가 아니라고 선언했다. 그리고 그런 망언을 사과한 적도, 취소할 의사도 전혀 없다. 더욱이 존스 박사의 지적처럼 로마 교회는 종교 개혁 당시보다 상태가 더 나빠졌다. 오류들이 더욱 증가했기 때문이다. 이러한 배교 교회와 무슨 일치 기도회를 한단 말인가? 그것은 자기 기만이요, 동시에 세상을 기만하는 것이다.

음녀와 함께 기도하는 것은 하나님의 뜻이 아니다. 이 가증한 기도회에 참가한 기독교인들은 부적절한 연합의 죄를 회개하는 특별 기도회를 조속히 개최해야 할 것이다. "사람이 귀를 돌려 율법을 듣지 아니하면 그의 기도도 가증하니라"(잠 28:9). 음녀와의 연합을 위해 기도하는 '그리스도인 일치 기도회'는 주님이 들으시기에 소음이요 가증한 기도회이다. 누구든지 주님을 바르게 섬기고자 한다면 그러한 거짓된 연합에서 돌이켜 "그들에게서 나와 따로 있고 더러운 것을 만지지 말고" 성별해야만 한다(고후 6:17).

▲그리스도인 일치 기도회 광경

　로마 카톨릭과 일치운동을 하는 자들은 하나님보다 더 관대한 사람들이
다. 하나님은 음녀와 연합하지 말라고 명하셨기 때문이다. 그들은 '관용' 이
라는 우상을 섬기는 자들이다. 이들 때문에 교계에 심각한 폐해가 발생한다.
곧 수많은 성도들이 참된 기독교가 아닌 천주교를 올바른 교회로 오판하게
된다는 것이다. 그리하여 천주교로 개종하는 성도가 생긴다. 그렇다면 바티
칸과 일치운동을 하는 인사들의 죄는 더욱 크다. 어린 양들을 실족시켰기 때
문이다. 그들이 새겨둘 주님의 말씀이 있다.

> "누구든지 나를 믿는 이 작은 자 중 하나를 실족하게 하면
> 차라리 연자 맷돌이 그 목에 달려서 깊은 바다에 빠뜨려지는 것이 나으니라
> 실족하게 하는 일들이 있음으로 말미암아 세상에 화가 있도다
> 실족하게 하는 일이 없을 수는 없으나
> 실족하게 하는 그 사람에게는 화가 있도다"(마 18:6~7).

　가장 편협하면서 무한히 관대한 척 '평화' 와 '일치' 를 꾸준히 외치는 로

마 카톨릭의 속셈은 무엇일까? '화해'와 '일치'라는 슬로건을 내걸고 기독교를 미혹하여 바티칸의 지배 아래로 끌어내려는 데 있는 것이다. 개혁교회는 정신을 차리고 깨어 있어 속지 말아야 한다. 로마는 결코 변하지 않는다.

"우리가 바벨론을 치료하려 하여도 낫지 아니한즉"(렘 51:9). 그러므로 우리는 "관대하지 못하다, 편협하다"는 비난과 오해를 조금도 개의치 말고 로마의 간교한 전략에 넘어가지 않아야 할 것이다. 이에 관해 구영재 선교사는 「자유와 관용이라는 우상」이라는 글에서 다음과 같이 지적했다.

"일반적으로 말한다면 미국인들은 「유럽」인들에 비해 희생적이고 인내심이 많음을 볼 수 있다. 남의 것을 빼앗고 식민지화한 후에 착취를 일삼아 온 「유럽」의 정신에 비하면, 청교도 정신 위에 선 미국은 정신이 자유로운 분위기 속에서 관용을 베풀 줄 아는 사람들이다. 독자는 '자유'와 '관용'이란 두 단어에 유의하기를 바란다. 사탄의 세력이 미국의 자유정신을 유린하는데 사용하는 두 단어가 바로 '자유와 관용'이기 때문이다. 하나님의 말씀을 떠난 '제한 없는' 방종의 자유 위에 서있는 종교의 자유 아래 「사탄」교(敎)까지도 인정한 곳이 미국이다. 미국인들은 '너그럽지 못하다'든지 '편협하다'는 말을 견디지 못하며, 감상적이다 못해 무엇이 참으로 '부정적'인가를 생각할 수 있는 능력을 상실해 가고 있다. 비판과 비난이 구분되지 못하며, 인간의 선과 완전성에 대해 지나칠 정도로 긍정적인 미국인의 정신은 '교조적인(종교적인) 믿음'에 가깝다. 바로 이 두 정신이 미국을 기울게 하고 있다.

1960년 벌어진 미국 선거는 이 사실을 바로 증언하고 있다. 미국의 첫 천주교 대통령 「존 케네디」 대통령이 출마를 하였을 때, 제대로 조직도 정비되지 않았고 「프로테스탄트」를 제압할 다른 방도가 없었던 천주교는 종교를 이용하여 이러한 미국인들의 감상을 이용, '편협함'이라는 간교한 말을 사용하여 미국인들의 입에 재갈을 물림으로써 승리하였다. 편협하다는 비난이 듣기 싫었던 많은 기독교인들이 그에게 표를 던지도록 유인함으로써 「케네디」는 대승하였다. '편협한' 사람에 대한 비난은 「매스미디어」를 통해 곧 자유롭게 대중화되었던 것이다. 기독교의 자유정신 위에 건국된 미국에서 벌인 천주교의 개척은 주효하여, 미국 역사상 첫 로마 카톨릭 대통령을 내었다. 그리하여 미국 건국 200년사에 최대의 비극이라 할 수 있는, 미국 공립학교의 성경 공부가 「케네디」 대통령 재임시에 폐지되는 불운이 일어났다. 오늘날 미국의 가정, 사회, 국가의 정치, 경제 등의 모든 문제는 자유와 관용에 대한 미국인들의 인본적 감상주의의 결과의 한 부분이다. 이 세상에서 가장 편협한 종교인 로마 카톨릭교가 '편협하지 말자'는 「프로파간다」를 가지고 「프로테스탄트」 교회의 담을 무너뜨렸던 것이다."

(구영재, 「에큐메니즘의 이상과 우상」, 안티오크, 2001, p.98)

▲Assisi 에큐메니칼 기도 모임 1986년
교황 요한 바오로 2세가 달라이 라마와 타종교 지도자들과 함께 있다.

카톨릭은 한 편으로는 타종교에도 구원이 있을 수 있다고 어정쩡한 유화 제스처를 해왔다. 1965년 바티칸 공의회 때의 "비 그리스도교 선언"은 충격 자체였다. 그것은 '배교 선언'이었다. 타종교와의 화해라는 명분으로 사실상 다른 종교에서의 구원을 인정했기 때문이다. 그렇다면 자기네만 참 구원이 있다는 말은 뭐고, 타 종교에도 구원이 있을 수 있다는 말은 또 뭔가?

결국 기독교 공동체 내 개신교를 비롯한 타 교파는 일단 '구원 없는 교회'로 따돌려놓고 보겠다는 것이다. 전체 기독교의 대표권, 구원권은 카톨릭이 틀어 쥔 뒤에 타종교도 상대하겠다는 속셈이다. "구원의 전권은 로마 카톨릭 교회에 있으니 타 종교인들도 로마 카톨릭으로만 들어오라. 그럼 구원도 받을 것이다." 이런 식의 설정이다.

그러므로 천주교회에만 구원이 있다는 얘기는 "모든 길은 로마로"란 말대로 세계 종교 통합을 위한 술책에 불과한 것이다. 로마 카톨릭은 기독교뿐만 아니라 모든 종교를 통합하여 세상을 다시 바티칸의 지배 아래 두려는 야심을 품고 있다. 실로 마틴 로이드 존스가 지적한 바처럼 카톨릭의 위장술(僞裝術)에는 끝도 없고, 한계도 없다.

그러므로 우리는 다음과 같이 기도할 뿐이다. "인간으로는 불가능한 것같으나, 하나님에게는 모든 것이 가능하오니, 진리의 성령의 바람이 불어, 말씀의 역사가 일어나고, 적어도 한국 천주교만이라도 개혁운동이 일어나, 우리와 하나 되게 하옵소서!"

▲1983년도 바티칸에서 제작한 세계정복의 야욕이 들어 있는 우표. 지구보다 큰 교황이 십자가 중앙에 서 있고 세계 모든 인류를 치마 폭에 감싸고 있다. 이것은 제수이트들의 세계지배 음모이기도 하다.

한국 카톨릭교를 대표하는 김수환 추기경이 세상을 떠났을 때(2009년 2월 16일) 카톨릭교에서는 그가 선종(善終)했다는 발표와 더불어 곧장 장례에 돌입했다. 그러자 상당수 기독교 단체와 지도자들 역시 그와 동일한 용어를 사용하며 그 대열에 적극적으로 참여했다.

선종(善終)이란 '선생복종(善生福終)' 의 준말이다. '선생복종' 이란 로마교에서 사람이 임종할 때 성사(聖事)를 받아 대죄(大罪)가 없는 상태에서 죽었다는 의미를 지니고 있다. 그 용어는, 기독교인들이 적절한 해석 없이 아무렇게나 입에 올릴 수 있는 말이 아니다.

고 김 추기경은 생전에 음녀 교회의 지도자답게 자신이 종교다원주의자임을 밝혀왔다. 그는 이른 바 종교에 관한 수용 폭이 매우 넓어 예수를 믿지 않으면 지옥에 가게 된다는 정통 기독교의 주장을 부인하던 인물이었다. 구원에 대해 기독교를 독선적이라고 비판했으며 모든 종교는 서로 화합해야 한다는 주장을 폈던 것이다. 김 추기경은 자신의 그러한 사상을 TV방송에 출연해서 표출하기도 했다.

2004년 도올이 진행했던 KBS1 TV의 "도올 논어 특강"은 김수환 추기경과 함께 하는 특별대담 형식으로 편성된 적이 있다. 이 프로그램에서 고 김수환은 말하기를 "불교인이거나 유교인이거나 어떤 종교, 어떤 신앙을 가진 사람일지라도 유교에서 말하는 인(仁)의 삶을 살면, 즉 사람들을 사랑하고 착하게 살면 하나님의 사랑을 받고 구원 얻는 삶을 산다"고 했다. 그러자 김용옥은 김수환 추기경의 말씀은 코페르니쿠스적인 선언이라고 격찬을 했다.

김수환 추기경이 피력한 것은 모든 종교는 다 가치 있는 것이며, 각각의 종교에 속한 개인은 자신이 믿는 믿음에 따라 참되게 살아가기만 한다면 모두 다 그 믿음으로 인하여 구원을 받을 수 있다는 것이었다. 이에 도올은 이러한 김 추기경의 주장에 맞장구치면서 오직 예수를 믿어야만 구원에 이를 수 있다는 전통적인 기독교 신앙은 매우 편협된 것이라며 기독교의 배타성에 대한 극도의 혐오감을 표명했었다.

　　타종교에도 구원이 있다는 사상은 제1계명에 반하는 것이므로 사실상 7계를 범한 죄보다 더욱 크다. 그럼에도 불구하고 기독교계의 여러 단체들에서는 공적으로 고 김 추기경의 사망을 종교적으로 애도했다. 한국기독교총연합회, 한국기독교교회협의회, 한국복음주의협의회 등을 비롯해 소위 한국을 대표한다는 거의 모든 기독교 단체들이 그와 같은 입장을 표명했다. 그리고 소위 유명하다는 기독교 인사들은 앞 다투어 그에 대한 종교적 영웅화를 시도하듯 깊은 아쉬움을 토로했다.

　　고 김 추기경에 대한 기독교 목사들의 평가를 보면 실로 놀랍지 않을 수 없다: '성직자의 표본', '한 치의 흐트러짐 없는 종교지도자로서 모범을 보인 분' '커다란 별을 잃은 슬픔' '예수 그리스도의 가르침을 삶으로 실천해 보이신 분' '위대한 주님의 사도' '한국기독교의 자랑' '천국에 계시는 분' '주님의 품에 안기신 분' '그를 위한 동상을 만들자' … 이는 기독교 단체와 지도자들이 쏟아낸 말들이다.

　　성경보다, 하나님보다 더욱 관대한 일부 교계 인사들의 그러한 행태에 관해 이광호(조예신학연구원) 박사는 다음과 같이 일갈(一喝)했다.

"어리석은 자들은 성경의 진리를 뒤로한 채 현실에 대처하는 방편으로서 관대한 모습을 보여주기에 급급하다. 그런 자들은 사람들이 듣기 좋아하는 말들을 나열하며 그것을 통해 더 큰 것을 얻고자 한다. 그것은 진리 자체가 아니라 타협을 통해 자신의 종교세계를 구축하려는 태도에서 나오는 것이다.

웨스트민스터 신앙고백서에서는 로마 교황을 '적그리스도'로 표현하고 있다(웨신25.6). 해석 여부를 뒤로 한다고 치더라도 명백히 기록되어 있음을 부인할 수 없다. 장로교에서는 웨스트민스터 신앙고백서를 성경과 가장 잘 조화되는 문서로 받아들이고 있다. 그렇다면 우리는 이를 어떻게 이해해야 할 것인가?

필자는 지금 천주교와 고 김 추기경을 비난하려는 것이 아니다. 단지 무분별한 자세를 가진 기독교계와 지도자를 지칭하는 일부를 향해 쓴 소리를 보낼 따름이다. 고 김 추기경의 삶에 대해 최상의 용어들을 아끼지 않는 기독교 지도자들은 악한 세태의 눈치를 보며 자기의 목적을 위해 약삭빠른 행동을 하는 자들에 지나지 않는다.

성경은 '한번 죽는 것은 사람에게 정하신 것이요 그 후에는 심판이 있으리라'(히 9:27)고 말하고 있다. 모든 사람은 죽을 수밖에 없지만 죽음 자체보다 훨씬 더 무서운 것은 그 뒤에 반드시 따르게 될 심판이다. 물론 율법을 기초로 한 그 심판은 하나님의 공의에 의해 엄하게 이루어진다. 그 심판의 날이 두렵지 않은가!"

(「고 김수환 추기경에 대한 기독교의 굴절된 태도」, 2009년 3월 8일자 교회연합신문 3면)

예수님은 요한복음 14장 6절에 "내가 곧 길이요 진리요 생명이니 나로 말미암지 않고는 아버지께로 올 자가 없느니라"고 말씀하셨다. 사도 베드로는 "다른 이로써는 구원을 받을 수 없나니 천하 사람 중에 구원을 받을 만한 다른 이름을 우리에게 주신 일이 없음이라"(행 4:12)고 선언했다.

그러므로 예수를 안 믿어도 구원을 받을 수 있다고 가르치는 자는 그리스도의 종이 아니다(이런 배교자를 교계 인사들이 칭송을 아끼지 아니하며 집단적으로 조문한 것은 신사참배 행위에 비견되는 죄악이다). 그런 악한 사상을 가진 자를 "위대한 주님의 사도"라고 칭송하는 인물도 마찬가지다. 그런 아첨성 발언이 사람의 귀는 즐겁게 해주겠지만 하나님께는 전혀 '아니올시다' 이다. 인기에 영합하는 이런 부류의 목사들은 하나님의 종이라고 할 수 없다. 사도 바울은 이렇게 선포했다.

"이제 내가 사람들에게 좋게 하랴 하나님께 좋게 하랴
사람들에게 기쁨을 구하랴 내가 지금까지 사람들의 기쁨을 구하였다면
그리스도의 종이 아니니라"(갈 1:10).

하나님은 우리가 음녀와 짝하지 말라고 훈계하신다. 그래야만 정결한 처녀로서 신랑 예수를 맞이할 수 있는 휴거 성도, 신부 교회가 될 수 있다.

"내 누이, 내 신부는 잠근 동산이요 덮은 우물이요 봉한 샘이로구나"(아 4:12).

잠근 동산! 덮은 우물! 봉한 샘! 이는 신부의 정절을 뜻한다. 술람미의 사랑은 솔로몬 한 사람에게만 국한 시킨데 있다. 신부의 사랑은 배타성을 갖는다. 이처럼 신부 교회는 순결해야 한다(고후 11:2). 음녀와 더불어 자신을 더럽히는 자는 신부 교회의 일원이 되는 자격을 상실한다.

우리는 성도 개개인이 아닌 공동체적 존재로서의 교회가 예수 그리스도의 신부로 묘사되고 있음에 주의를 기울여야 한다. 주님의 지대한 관심은 그가 피로 값 주고 사신 공동체적 존재인 교회가 정결한 신부로 단장하는 데 있다. 그렇다면 요즈음 유행하는 소위 '신부의 영성' 운동은 자못 취약한 측면이 있다. 왜? 신랑 예수와의 친밀함을 강조하면서 신자 각 사람의 개인적 영성을 고양하는 쪽으로 편향되어 있기 때문이다.

여기에 부정할 수 없는 증거가 있다. 나는 IHOP을 위시해 '신부의 영성' 운동을 하는 그룹들 가운데 교회들을 신부 교회로 단장하고자 '음녀' 곧 로마 카톨릭 교회와 야합하지 말 것을 경고하는 단체를 전혀 보지 못했다. 오히려 그들 중에 천주교의 사제나 수녀를 강단에 세우고 음녀와 교제하는 단체를 목격했을 뿐이다. 그것이 '신부의 영성'이란 말인가? 그것은 언어도단이다! 창녀와 사귀는 자가 어떻게 신부란 말인가? End Time에 대한 바른 계시와 신부의 영성이 있는 순결한 교회는 음녀를 혐오하고 멀리 할 것이다.

◀천주교 수녀를 강사로 초청해 집회를 연다는 한 기독교 단체의 광고.

음녀(배도교회)와의 연합에 앞장서는 이런 단체가 있기 때문에 순진한 성도들이 로마 카톨릭을 참된 기독교로 오인하고 천주교로 개종하는 비극이 발생한다. 천주교 성령쇄신운동 지도자들은 성령을 받은 가장 큰 열매가 "마리아를 향한 신심"이라고 가르친다. 물론 이런 가증한 사상을 가진 신부나 수녀들은 누구보다 모범적으로(?) 마리아를 숭배한다. 이런 자들과 사귀는 것은 주님의 뜻이 아니다. 바울은 다음과 같이 명했다: "우리에게서 받은 전통대로 행하지 아니하는 모든 형제에게서 떠나라"(살후 3:6). 신부 교회는 '연합'만 아니라 '분리'도 중요하다.

공중으로 들림 받아 신랑 예수를 영접할 신부 교회는 음녀와 교제하지 않는다. 하지만 그것만으로는 충분하지 않다. 승리를 위해 검을 높이 들고 전쟁 가운데 나아가야 한다. 전쟁 없이 승리 없다. 우리는 주님의 신부이지만 동시에 주님의 군사이다. 우리는 음녀의 정체를 폭로하고 대적하는 군화 신은 신부가 되어야 한다. 마틴 로이드 존스 박사는 「경보를 발하라(Sound an alarm)」라는 제목의 연설 가운데 다음과 같이 도전하였다.

"로마 카톨릭 교회는 복음주의적인 개신교 입장을 받아들이는 쪽으로 교리적인 변화를 가져오지 않았습니다. 전혀. 그러나 오늘날 사람들은 이 점을 깨닫지 못하는 것 같습니다. 물론 그것은 로마 교회의 공식 대변자들이 전략을 바꾸었기 때문입니다. 그들은 우호적인 태도를 보입니다. 그들은 우리를 분리된 형제라고 부릅니다. 그러나 우리 주님이 이런 종류의 상황을 다루신 일을 기억하십시오. "양의 옷을 입고 너희에게 나오나 속에는 노략질하는 이리라"(마 7:15).

그들이 변장하지 않고 오는 것이 더 좋습니다. 하지만 지금 그들은 양의 옷을 입고 다가오는데 우리의 복음주의자들은 이것을 모르고 로마 카톨릭 교회에 큰 변화가 일어났다고 말하고 있습니다. 에큐메니칼 운동의 가장 위대한 권위자 중의 한 사람인 스티븐 닐 감독은 어떤 점에서는(사회적인 면에서) 로마가 과거 그 어느 때보다도 더욱더 우리에게 가깝다고 말했습니다. 이 말은 그들이 우호적으로 접근한다는 말입니다. 그러나 그는 덧붙여서 사실상 교리적으로는 로마 카톨릭 교회가 종교개혁이 일어나기 전보다 지금 우리와 더 멀리 떨어져 있다고 말합니다. 그가 에큐메니칼 운동과 세계교회협의회를 믿는다 하더라도 그는 상황을 솔직하게 시인하고 있는 것입니다.

여러분도 아시다시피 우리는 이 대 전쟁에 가담했으며 여러분은 이 전쟁에 직면해야 합니다. 여러분은 이 전쟁에서 중립을 지킬 수 있겠습니까? 여러분은 로마 교회와 마리아 숭배라는 이 의심스런 태도에 대해 중립적인 입장을 취할 것입니까? 교황은 10월 한달 동안 특별히 마리아에게 기도하라고 교인들에게 부탁했습니다. 그것이 옳은 일입니까? 그것이 사소한 문제입니까?

우리는 이 전투에 나서야 합니다. 우리는 싸우기를 원치 않습니다. 우리의 일을 계속하는 것이 더욱 좋습니다. 그러나 이런 변화가 일어나고 평신도들이 동요하고 있기 때문에 우리는 일어서서 말하고 실제로 일어나고 있는 것을 사람들에게 알려야 합니다. 그래서 우리는 기독교회의 전반적인 미래를 위해 대전(大戰)에 참여하는 것입니다.

그렇다면 이러한 때에 필요한 것은 무엇입니까? 교회가 무엇입니까? 이 세상은 무엇을 기다리고 있습니까? 제가 날마다, 달마다, 이 글 –"만일 나팔이 분명치 못한 소리를 내면 누가 전쟁을 예비하리요"– 을 읽으면서 여기서 찾아낸 것은 명령입니다. 경보를 발하라! 경보를 발하라! – 너무 늦기 전에! "목소리를 힘차게 높이십시오. 두려워 말고 유다의 성읍들에서 너희 하나님을 보라고 말하십시오."

그 부름은 무엇입니까? "크게 외치라, 크게 외치라" – 분명하게. "주저 말고 나팔처럼 목소리를 높이고 사람들에게 그들의 죄를 보여주고 야곱의 집에 그들의 죄를 보여 주라." 일찍이 그럴 필요가 있었다면, 지금이 그 때입니다. 그리고 여러분이 복음주의를 부인하는 교회에 속해 있으면서 "나는 복음주의자이다. 난 지금 복음의 일을 하고 있다"고 말해봐야 소용없습니다. 나팔이 불분명한 소리를 내면 아무도 전쟁을 준비하지 않습니다.

우리는 함께 이 말을 해야 하며 우리는 죽은 자들을 깨울 수 있는 목소리를 필요로 하기 때문에 우리는 크게 외치고 경보를 발해야 합니다. 이것은 사도들의 영광의 외침이었습니다.

주님에 대한 두려움을 안다면 어찌 나팔 소리를 죽이고 작은 평화와 인기에 영합하여 정반대의 생각을 가진 다른 사람들과 연합할 수 있겠습니까? 그럴 수는 없습니다! 또한 진리를 수정하거나 적들과 연합하는 것이 아닙니다. 일찍이 분명한 나팔 소리가 들려야할 때가 있었다면 지금이 바로 그 때입니다. 우리 모두 함께 협력합시다! 함께 헌신합시다.

그리고 나팔의 분명한 소리가 주 예수 그리스도 안에서의 회개하고 믿음을 가지며 초대교회를 수립하라는 분명한 소리를 모든 사람에게 분명하게 외쳐야만 합니다. 이 악하고 왜곡된 세대들 가운데서 우리는 하나님의 진리를 수호해야만 합니다.

그러면 '누가 우리 주님의 편에 있나요?' 그 사람으로 하여금 이것을 선언하게 하고 그들로 하여금 이것으로 말미암아 고통당할 준비를 하게 합시다. 주님의 편에 누가 서 있나요? 여러분이 어디에 있는 지 살펴보시기 바랍니다. '주님을 하나님으로 모신다면 그분을 따르십시오. 그러나 바알을 섬긴다면 그를 따르십시오.' 여러분이 신약 성경적 교회가 복음주의 교회임을 믿는다면 확고하게 그 입장에 서십시오."

(마틴 로이드 존스, 「진리로 하나」, 목회자료사, 1998, pp.118~119, 126~128)

작은 평화와 인기에 영합하여 음녀를 품에 안고 일치운동을 하는 자들은 신부의 자격을 포기한 자들이다. 순결한 여자만이 주님의 신부이다. 음녀와 더불어 더럽히지 아니한 그들의 이마에 있는 표, 즉 인은 무엇인가? 성경 안에 계시되어 있는 구절을 살펴보도록 하자.

> "그 안에서 너희도 진리의 말씀 곧 너희의 구원의 복음을 듣고
> 그 안에서 또한 믿어 약속의 성령으로 인치심을 받았으니…"(엡 1:13)

> "하나님의 성령을 근심하게 하지 말라 그 안에서 너희가
> 구원의 날까지 인치심을 받았느니라."(엡 4:30).

---

* **여리고 성에 대한 저주의 성취:** 여호수아는 여리고 성을 점령한 다음 여리고 성에 대해 이런 엄중한 저주를 하였다. "이 여리고 성을 재건하는 사람은 여호와의 저주를 받을 것이다. 누구든지 이성의 기초를 쌓는 사람은 맏아들을 잃을 것이며 누구든지 성문을 세우는 자는 막내아들을 잃을 것이다." 그런데 이 저주는 5백 년 후 이스라엘 왕 아합 시대에 그대로 이루어졌다. 그때 벧엘의 '히엘'(Hiel: '하나님은 살아계시다'는 뜻)이라는 사람이 여리고를 재건하다가 그 기초 공사를 할 때 맏아들 아비람을 잃었고 성문을 세울 때 막내아들 스굽을 잃었다. 이것은 여호와께서 눈의 아들 여호수아를 통하여 여리고를 저주하셨기 때문에 일어난 일이었다(수 6:26, 왕상 16:34).

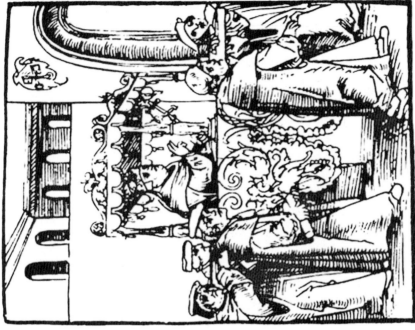

▲16세기 개혁교회가 그림으로 표현한 그리스도와 적그리스도(목판화)

제자들과 함께 걸어 다니신 그리스도 예수와 화려한 가마를 타고 다니는 적그리스도 교황.

제 9 장

종교개혁자들이 밝힌
적그리스도

계시록 13장의 '짐승'과
다니엘 7장의 '작은 뿔'을 드러낸 개혁자들

프로테스탄트 개혁자들은

결코 편견을 지닌 열성분자들이 아니었으며

어리석은 자들이 아니었다.

이 사람들은 성령님을 통해

그 눈이 활짝 열린 사람들이었다.

루터의 눈이 열렸고 칼빈의 눈이 열렸으며 낙스의 눈이 열렸고

모든 개혁자들의 눈이 성령님의 도우심을 힘입어 열렸다.

이 사람들은 눈이 열리면서

성경 속에서 이 끔찍한 괴물을 보았다.

그들은 성경이 이 체제를 저주하며

그것에 경고하는 것을 보았으며

그래서 목숨을 내걸고 일어서서 이 체제에 맞서 항거했다.

　우리는 앞서 다니엘 7장의 '작은 뿔', 계시록 13장의 '짐승', 그리고 데살로니가후서 2장의 '불법의 사람'에 관한 예언이 모두 로마 교황에게서 극명하게 성취되었다는 사실을 확인했다. 종교개혁자들이 교황을 적그리스도라고 규정한 이유가 바로 거기에 있었다. 교황이 적그리스도라는 개혁자들의 논증은 철저히 기록된 계시인 성경에 근거한 객관적 교리였다.

　그것은 일부 우둔한 사람들의 생각처럼 신교와 구교가 대립하던 특수한 시기에 개혁자들이 로마 카톨릭에 대한 반감 때문에 했던 악담과 욕설이 아니었다. 주석학자 H. C. 류폴드는 이러한 생각을 '천박한 견해'라고 아래와 같이 지적했다:

　"우리는 교황이 적그리스도라고 고백한 루터교 신앙고백서가 옳다고 주장한다. 일부 사람들은 이러한 견해를 조소했고 얕잡아 보았다. 이러한 천박한 견해는 개혁자들이 교황을 얼마나 철저히 이해하였는가를 망각한 데서 온 것이다. 오늘날 이런 방면에서의 얕은 이해는 결국 해석의 깊이가 얕게 되는 결과를 초래하는 것이다."

적그리스도에 관한 개혁자들의 견해

종교개혁자들은 예언을 바로 이해했었다. 그들은 예언과 역사가 놀라울 정도로 일치한다는 사실을 교황 조직 안에서 발견했다. 그리하여 개혁자들은 순교의 제물이 될 각오를 하고 로마 교황을 적그리스도라고 담대히 폭로했던 것이다. "교황권을 적그리스도와 동일시하는 것은 종교개혁의 중심을 이루는 사상이었다. 이러한 견해는 루터와 다른 종교개혁자들에게 교황권을 대항할 수 있게 하였던 원동력이 되었다." (Encyclopedia Britanica, 1962 edition, volume 2, p.61)

Martin Luther 마틴 루터 (1483~1546) [루터교회 창시자]

"단지 바벨론 왕국이며 바로 적그리스도의 왕국일 따름이다. 마치 교황은 자신이 하나님인 것처럼 교회 안에 앉아 있으면서 그의 가르침과 의식으로 영혼의 죄와 파멸을 증가시키는데, 누가 죄의 사람이고 누가 멸망의 아들인가? 이러한 모든 상황은 여러 세기동안 교황의 횡포에 의해 이뤄졌다."

(Martin Luther, First Principles, pp.196~197)

"바울이 데살로니가후서 2장 3,4절에서 '하나님이나 숭배받는 자 위에 뛰어나 자존하여 하나님의 성전에 앉아 자기를 보여 하나님이라 하느니라'고 기록하였던 그 존재가 여기 있다. 적그리스도인 '불법의 사람 곧 멸망의 아들'이 있는데… 그는 하나님의 법을 폐지하였으며, 하나님의 계명위에 자신이 만든 계명을 높였다. 우리는 여기서 교황권이 진짜 적그리스도의 권좌에 앉아 있다는 사실을 확신한다."

(LeRoy Froom, The Prophetic Faith of Our Father, Volume 2. p.281)

John Calvin 존 칼빈 (1509~1564) [장로교회 창시자]

"나는 교황이 그리스도의 대리자가 됨을 부인한다. 그는 복음을 맹렬히 핍박하는 가운데 자신이 적그리스도라는 것을 그의 행실을 통해 증명한다. 나는 그가 베드로의 후계자가 되는 것을 인정하지 않는다. 나는 그가 교회의 머리가 되는 것을 부정한다."

(John Calvin, Tracts, Vol. 1, p.219. John Calvin, Institutes.)'

John Wesley 존 웨슬리 (1703~1791) [감리교 창시자]

"죄의 사람은 그가 지나치게 모든 죄의 방법을 증가시킴에 따라 강력한 상황에 있다. 그는 수많은 사람들, 그의 반대자들과 그의 추종자들 모두의 죽음의 원인이기에 멸망의 아들이라 불리는 것이 매우 적합하다... 교황은 신이라 불리는 모든 것 위로 스스로를 높이고, 가장 큰 능력과 가장 높은 영광, 그리고 오직 하나님에게만 속해있는 특권을 주장하며 스스로를 숭배하는 자이다." (Albert Close, Antichrist and His Ten Kingdoms, London: Thynne and Co., 1917, p.110)

King James 킹 제임스 (1566~1625) [흠정역 성경]

"충실한 신도들은 교황의 파멸과 자신들의 해방, 그리고 교황과 그의 추종자들에게 닥치려는 저주를 보며 하나님을 찬미한다." "교황은 그의 면죄부를 이용하여 사람의 영혼을 상품으로 만든다. 그래서 땅과 속세는 교황의 파멸을 슬퍼하지만 하늘과 성도들은 교황의 파멸을 기뻐한다."

(James I, Paraphrase, in Workes, pp.47, 57)

John Wycliffe 존 위클리프 (1324~1384) [처음으로 영어성경번역을 완성함]

"왜 믿음이 없이 다른 적그리스도를 찾는 것이 필요한가? 다니엘 7장에서 적그리스도는 네 번째 왕국 시대에 생긴 뿔에 의해 강력하게 묘사된다. 이것은 우리의 강력한 뿔 사이에서 더 끔찍하고 잔인하며 탐욕스럽게 자랐다. …이 10개의 뿔은 우리의 현세의 지도자 전체이다. 그 뿔은 10개의 뿔에서 생겨났는데, 이것은 눈이 있고 또 입이 있는데, 이 입은 존귀한 자에 대적하여 큰 말을 한다. 또한 지극히 높으신 자의 성도를 지치게 하며, 그가 때와 법을 바꿀 수 있다고 생각한다."(다니엘 7:8, 25에서 인용함)… "따라서 불경스러운 말을 하는 여덟 번째 작은 머리에 대해 말해지는 것처럼 우리들 성직자는 교황을 예견한다."

(Translated from Wycliffe' s, De Veritate Sacrae Scripturae, vol. 3 pp.262, 263)

William Tyndale 윌리엄 틴데일 (1484-1536) [그리스어에서 성경을 번역한 첫 번역가]

"교황의 혼인 금지와 인간이 사용하도록 하기 위해 하나님이 만드신 고

기를 먹는 것을 금하는 것은 바울의 예언에 의하면 마귀의 교리이다(딤전 4:1-3). 그것들은 교황이 틀림없는 적그리스도라는 것을 충분히 보여준다. 그리고 그의 교리는 악에서 싹텄다."

(1 Timothy 4:1~3 Tyndale, An Answer to Sir Thomas More's Dialogue, in Works, vol. 3, p.171 Visit http://www.williamtyndale.com for more information on William Tyndale.)

John Knox 존 낙스 (1505-1572) [스코트랜드의 종교개혁자]

"수 세대에 걸쳐 교회 위에 군림해온 교황권이 바로 바울이 말한 적그리스도요 멸망의 아들이다."

(The Zurich Letters, p.199)

낙스는 로마 카톨릭의 전통과 의식이 "교황이 수 세기 동안 교회에 행하던 횡포"와 함께 없어져야 한다고, 또한 교황은 "바울이 말한 멸망의 아들"로 인정되어야 한다고 설교했다. 공적인 항의에서 그는 다음과 같이 선포했다. "너의 로마 카톨릭 교회에 관해서는, 지금 이것이 부패된 것처럼... 나는 로마 카톨릭 교회가 사탄의 회당이라는 것과 교황이 사도들이 말한 죄의 사람이라는 것을 제외하고 더 이상 아무 의심을 하지 않는다."

(Knox, The Zurich Letters, p.199)

Philipp Melanchthon 멜란히톤 (1497~1560) [마틴 루터의 동료]

"교황과 수도사에게는 혼인이 금지되어 있는 것이 확실하기 때문에, 로마 카톨릭 교황이 그의 모든 명령과 왕국과 함께 완전한 적그리스도라는 것

은 가장 명백하고 의심의 여지도 없는 사실이다. 마
찬가지로 데살로니가후서 2장에서 바울은 명백하게
말한다. 죄의 사람은 하나님을 경배하는 것 이상으로
자신을 높이며 교회 안에서 통치할 것이다."

(Translated from Melanchthon, Disputationes, No. 56, "De Matrimonio", in Opera (Corpus
Reformatorum), vol. 12 col. 535)

Huldreich Zwingli 쯔빙글리 (1484~1531) [스위스의 개혁자, quoted on Dec. 28, 1524]

"나는 사탄 즉 적그리스도의 세력과 권력이 행해
지는 것을 안다... 교황제도는 사라져야만 한다. 다른
수단에 의해서가 아닌 바로 하나님의 말씀에 의해서
만이 교황을 더 완전하게 패주시킬 수 있다(살후 2장). 이
는 세상이 올바른 길에서 하나님의 말씀을 받자마자 강제적이지 않게 교황
에게서 떨어져 나올 것이기 때문이다."(Principle Works of Zwingli, Vol. 7, p.135)

유명한 기독교 교회들의 신조

이상과 같이 종교개혁자들은 모두 교황을 적그리스도라고 선언하였다.
그리하여 교황이 적그리스도라는 이 교리는 초기에 성경이 믿음과 실천에
관한 유일한 규범이라고 주장했던 모든 교회들의 역사적 신조와 신앙고백
에 들어 있다. 이 교리는 성경대로 믿는 교회들이라면 당연히 수호하고 가
르쳐야 할 진리이다.

영국 국교회(성공회)

아일랜드 신앙 신조의 조항들은 아일랜드 국교회의 대감독과 감독들 그리고 대주교구 회의에서 채택되었고, 1615년 총독 정부는 그것을 승인했다.

제79항: 현재 로마 교황이 지상에 있는 모든 그리스도 교회의 최고 머리가 되고 모든 황제와 왕들 위에 군림하기 위해 얻고자 노력하고 있는 권세는, 본래 그의 것이 아니라 빼앗아 강탈한 것이다. 이것은 하나님의 말씀과 초대교회가 보인 모범들과 반대되는 행위이다. 따라서 우리에게는 매우 정당한 이유가 있으며 로마 교황의 권세를 국왕 폐하의 나라와 국왕 폐하의 통치력이 미치는 곳에서 몰아내고 없애야 한다. 제80항: 로마 교황은 결코 전 그리스도 교회의 머리가 아니다. 따라서 그의 행위나 그의 가르침을 통해, 그가 성경에 예언된 '불법의 사람'임이 밝히 드러난다. "주 예수께서 그 입의 기운으로 저를 죽이시고 강림하여 나타내심으로 폐하시리라."

장로교회

웨스터민스터 신앙고백, 25장 6항: 오직 주 예수 그리스도만이 교회의 머리이다. 따라서 로마 교황은 결코 교회의 머리가 될 수 없다. 그는 스스로 높아져 그리스도와 범사에 일컫는 하나님과 그리스도를 대항하는 적그리스도이며, 불법의 사람 곧 멸망의 아들이다.

회중교회*

사보이 선언, 26장 4항: 오직 주 예수 그리스도만이 교회의 머리이다. 로마 교황은 결코 교회의 머리가 될 수 없다. 그는 스스로 높아져 그리스도와 범사에 일컫는 하나님에게 대항할 적그리스도이며 불법의 사람이며 멸망의 아들이다. 주께서 강림하여 나타내심으로 그를 폐하실 것이다.

침례교회

침례교회 신앙고백(1688년), 26장 4항: 주 예수 그리스도가 교회의 머리이다. 하나님 아버지의 언약에 따라, 교회를 부르고 세우며 교회 제도를 정할 모든 권세를 최고 권위로 주 예수 안에 두셨다. 그러므로 로마 교황은 결코 교회의 머리가 될 수 없다. 그는 스스로 높아져 그리스도와 범사에 일컫는 하나님에게 대항할 적그리스도이며 불법의 사람이요, 멸망의 아들이다. 주께서 강림하여 나타내심으로 그를 폐하실 것이다.

감리교회

데살로니가후서 2장 3절에 대한 요한 웨슬리의 주석:

"여러 면에서 볼 때, 교황은 그러한 명칭을 가질 만한 자격이 있다. 그는 바로 불법의 사람이며, 모든 죄를 극도의 형태로 발전시켰다. 또한 그는 멸망의 아들이라는 잘 어울리는 이름으로 불린다. 그는 자신의 추종자와 적을 포함하여 수많은 사람을 죽음에 이르게 하였고, 많은 영혼을 파멸시켰으며 자기 자신도 영원히 멸망시킬 것이다. 합법적인 자신의 군주에게 반기를 든 사람이 바로 로마 교황이다. 범사에 일컫는 하나님이나 숭배함을 받는 자 위에 뛰어나 스스로 높아졌다. 성경에서 신으로 불리는 천사들에게 명령하고, 왕들을 굴복시키고, 자신이 최고 권세를 지닌 최고로 존귀한 존재임을 주장하며, 일찍이 자신을 하나님 또는 하나님의 대리자로 부르도록 하였다. 로마 교황을 부르는 일반적인 호칭 – '가장 거룩한 주(Most Holy Lord)', '가장 거룩한 아버지(Most Holy Father)' – 에는 참으로 중요한 의미가 함축되어 있다. 그는 계시록 11장 1절에 예언된 대로 하나님의 성전에 앉아 숭배를 받는다. 그리고 자신이 하나님이라고 선언하며 오직 하나님께만 속한 특권을 자신의 것이라고 주장한다."

제네바 역본**을 펴낸 번역자들과 흠정역 성경(the Authorized Version)을 출간한 번역자들은 모두 교황이 적그리스도라고 믿었다.

이와 같이 종교개혁자들과 개혁교회들은 기록된 계시인 성경에 근거해 로마 교황을 적그리스도라고 폭로했다. 그런데 19세기 이후에 적그리스도는 무신론자로서 세상 끝에 출현할 한 개인의 세계 독재자라는 공상소설 같은 이론이 나타났다. 로마 교회의 예수회 신학자들이 교황이 적그리스도라는 사실을 은폐하려고 고안해낸 예언의 '미래주의' 해석방식이 개신교의 세대 주의자들에 의해 채용되어 독버섯처럼 확산되었기 때문이다.(부록 1참조)

나는 언젠가 교계의 한 저명한 목사가 16세기의 개혁자들이 교황을 적그리스도라고 규정한 것은 신교와 구교가 대립했던 시기에 시대적 상황이 낳은 이론이라고 설교하는 것을 들은 적이 있다. 종교개혁자들이 천주교에 대한 인간적인 감정때문에 교황을 적그리스도라고 불렀다는 말인가? 그는 그러한 발언으로 성경과 역사에 대한 자신의 무지를 여실히 보여줬다. 그리고 하나님의 백성들을 오류로 인도하고 있었다. 개탄스런 일이다. 이런 무지몽매한 자들이 있을 것이기에 칼빈은 다음과 같이 말하였다.

"우리가 로마 교황을 '적그리스도'라고 부르는 것을 보고, 어떤 이들은 우리가 중상모략과 비방을 늘어놓는다고 생각할 것이다. 그러나 그렇게 생각한다면 그것은 사실상 사도 바울의 말을 무절제한 폭언이라고 비난하는 것과도 같은 것이다. 왜냐하면 우리는 그가 친히 한 말씀을 그대로 받아서 말하는 것이기 때문이다.

다른 사람을 두고 한 바울의 말을 로마 교황을 대적하여 우리가 고의로 왜곡시킨다고 반박하지 못하도록 하기 위해, 나는 그의 말이 다름 아닌 교황을 지칭하는 것으로 이해할 수밖에 없다는 사실을 간단히 입증하고자 한다.

바울은 적그리스도가 하나님의 성전에 앉아 있을 것이라고 기록하고 있다(살후 2:4). 또한 성경의 다른 곳에서는 성령께서 그 적그리스도의 모습을 안티오쿠스(Antiochus)를 통해서 묘사하면서 그의 나라에 하나님을 모독하고 과장하는 것이 가득할 것임을 말씀하고 있다(단 7:25; 계 3:10; 13:5). 그러므로 우리는 이것이 육체보다는 영혼에 대한 폭정(暴政)이요, 신령한 그리스도의 나라를 대적하여 일어나는 것이라고 생각하게 되는 것이다. 둘째로, 이 폭정은 그리스도의 이름과 교회의 이름을 완전히 제거해버리는 것이 아니라, 그리스도를 닮은 것을 악용하며, 교회라는 이름으로 가면을 삼아 그 밑에서 은밀하게 온갖 악행을 저지르는 것이다. 처음부터 일어난 모든 이단들과 분파들이 적그리스도의 왕국에 속하는 것이다.

그러나 바울은 장차 배교(背教, 혹은 배도)하는 일이 일어날 것임을 말하는데(살후 2:3), 이 표현을 통해서 그는 배교가 교회 전체에 다 퍼질 때에 가증스러운 보좌가 부상할 것이며, 그때에 수많은 교회의 지체들이 흩어져 참된 신앙 가운데서 인내하게 될 것임을 의미하는 것이다. 그러나 바울은 덧붙이기를, 그의 시대에 이미 안티오쿠스가 불법의 비밀 속에서 일을 행하기 시작하였는데(살후 2:7) 그 일을 후에 공개적으로 완성할 것이라고 한다. 이로써 우리는 이러한 재난이 한 사람에 의해서 일어나는 것도 아니고, 한 사람에게서 끝나는 것도 아니라는 사실을 알 수 있다.

그런데 그는 하나님의 영광을 빼앗아 자기 스스로 그것을 높이는 것을 적그리스도의 특징으로 명시하고 있다(살후 2:4). 따라서 우리는 적그리스도를 추적하는 데 있어서 이 말을 가장 중요한 표징으로 삼아야 할 것이다. 특히 그런 교만함이 교회를 공적으로 흐트러뜨리는 데에까지 이를 정도로 극심하게 드러나는 경우를 예의 주시하여야 할 것이다. 그러므로 로마 교황이, 오직 하나님께만 속하며 특히 그리스도께 속하는 것을 뻔뻔스럽게도 자기 스스로 취하고 있는 것이 분명하므로, 우리는 그가 불경하고 가증스러운 왕국의 지도자요 기수(旗手)라는 것을 의심해서는 안 될 것이다."(John Calvin, Tracts, Vol. 1, p.220. John Calvin, Institutes.)

---

* 회중교회(Congregationalists) : 개신교회 교파로 이 용어는 영국의 시민전쟁에서 유래되었다. 이 교회는 각 지역교회의 독립, 교회간의 협동적 친교라는 두 가지 기본원리를 지녔으며 17세기 영국에서 브라운의 개혁운동으로 시작되었다.

** 제네바 역본(Genevan Version) : 영국 메리 여왕의 카톨릭 정책으로 제네바에 피신한 신교도들이 1560년에 펴낸 〈제네바 성경〉을 말함.

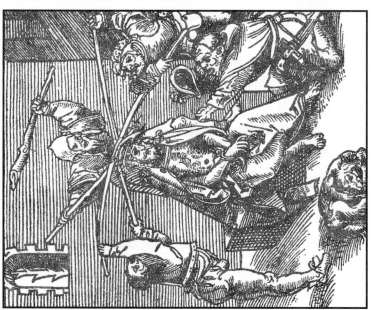

▲16세기 개혁교회가 그림으로 표현한 그리스도와 적그리스도(목판화)
고난의 가시관을 머리에 쓰신 예수와, 화려한 삼중관을 머리에 쓴 교황.

교황은 자신을 "거룩한 아버지"라고 부르게 한다

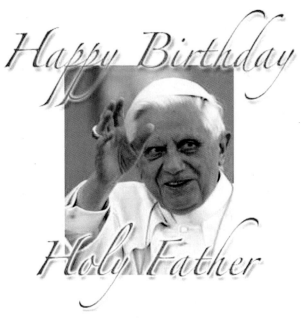

▲교황의 생일을 알리는 천주교 매체의 기사 사진

지혜 있는 성도는 교황을 향한 호칭만 들어도
로마 교황의 적그리스도 된 정체를 알 수 있다.

Holy Father (거룩한 아버지) - 성부 하나님
Head of church (교회의 머리) - 성자 하나님
Vicar of christ (그리스도의 대리자) - 성령 하나님

"거룩한 아버지(Holy Father)"라는 칭호는 하나님의 아들에 의해
하늘에 계신 그의 아버지를 위해 드려졌다.

"나는 세상에 더 있지 아니하오나 그들은 세상에 있사옵고
나는 아버지께로 가옵나니 거룩하신 아버지여
내게 주신 아버지의 이름으로 그들을 보전하사
우리와 같이 그들도 하나가 되게 하옵소서"
-요 17:11-

로마 카톨릭의 가르침과 의식에서 일관되게 교황은
"성하(聖下)"라고 불린다.
그러한 칭호는 오직 하나님께만 적용되는 것이다.
하나님은 그 본성이 거룩한 유일한 존재이시다.

Our Holy Father as a young school boy

◀미국의 한 천주교 사이트에서 스크랩한 사진
"우리 성부(Holy Father)께서 소년이셨을 때"

마태복음 23:9에는 "땅에 있는 사람을 너희 아버지라 부르지 말라"
(call no man your father upon the earth * KJV)고 했는데,
교황과 사제들은 자신들을 '아버지'라 부르게 한다.
그것은 성직자들에 대한 예수 그리스도의 경고를 파괴시킨 것이다.

특히 그들은 로마 교황을 '거룩한 아버지'
즉 성부(Holy Father)라 부르며 극도의 신성모독을 행하고 있다.

이삭 바로우(isaac barrow)는 「교황의 절대권」이라는 책
85페이지에서 다음과 같이 말하고 있다:

"그러므로 누구든지 '교회의 군주, 교회의 머리, 우리 주, 대제사장,
존귀한 박사, 주인, 아버지, 그리스도인의 재판관'이라는 그 명칭들을
인정하거나 받아들이는 태도는 신성모독의 오만한 행위일 것이다.
이 '건방지고, 어리석고, 자긍심에 넘치고, 고집 세고, 사악하고,
신성 모독적인 말들, 독단적이고 의기양양하고 공허하고 불결한 이 이름들'은
매우 불쾌하게 생각되어야 한다. …
이 이름들이 귀속되어야 마땅한 우리 주님의 유일한 영역을
오히려 이 이름들이 침해하고 있기 때문이다."

천국은 교황이 가로막아 폐쇄되고
연옥과 지옥만 열려 있음

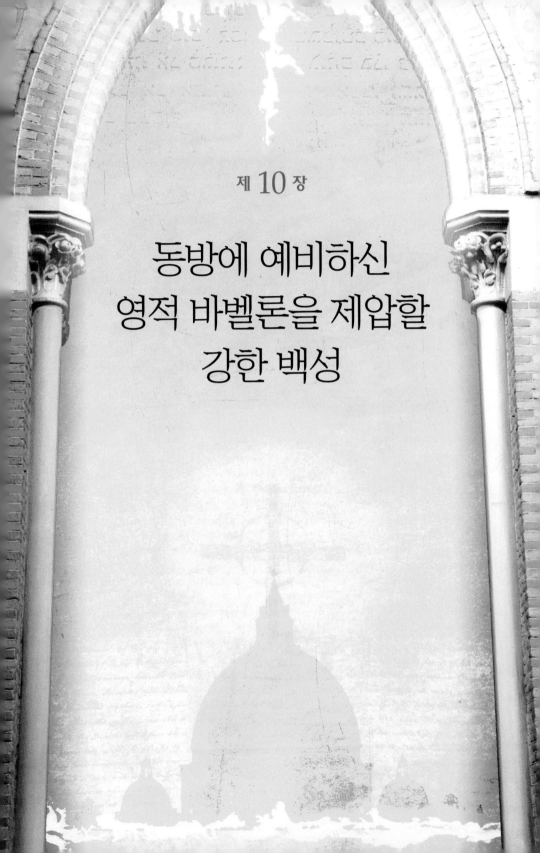

제 10 장

동방에 예비하신 영적 바벨론을 제압할 강한 백성

앞서 우리는 예정된 짐승의 멸망이 두 가지 방식으로 실현된다는 사실을 깨달았다. 그 괴물은 세상 끝까지 우리와 함께 존재하다가 예수님께서 재림하실 때 완전하게 제거될 것이다. "…그의 찬란한 오심으로 제거하시리라"(살후 2:8하반절). 그러나 짐승은 그의 끔찍하고 완전한 종말을 맞이할 때까지 먼저 위축되는 단계를 겪는다. "주께서 자기의 입으로 나오는 영으로 소멸하시고…"(살후 2:8상반절). 여기에서 주님의 입으로 나오는 영이란 '말씀' 을 의미한다. "…내가 너희에게 이른 말은 영이요 생명이라"(요 6:63).

그러므로 그 짐승은 완전히 멸망하기까지 하나님의 말씀으로 인해 소멸되는 과정을 겪는다. 이러한 단계는 종교개혁 이후 사도적 교회가 회복되고 프로테스탄티즘이 확장되면서 구체적으로 실현되어 왔다.

짐승에게 가해지는 이러한 영적 전투는 연합이라는 미명 아래 짐승을 추종하는 배교자들이 있을 것이지만, 하나님께서 선택하신 복음의 나라를 통해 예수님이 재림하실 때까지 지속될 것이다. 주님께서 짐승의 세력을 소멸하시고 프로테스탄티즘을 확산시키기 위해 특별히 예비하신 나라들이 있다.

스페인의 흥망과 로마 카톨릭

▲콜럼버스의 배 산타마리아호(Santa Maria).
이 배는 산토 도밍고(Santo Domingo) 근처에서 1492년 12월 25일 난파되었다.

16세기에 종교개혁이 시작되었다. 하나님은 마틴 루터를 보호하기 위해 독일을 사용하셨다. 루터는 믿음으로 의롭게 됨을 담대히 선포했다. 이 무렵에 스페인이 우세한 세력으로 등장했다. 그것은 스페인이 콜럼버스가 항해할 수 있도록 후원했기 때문이다. 이로 인해 스페인은 아메리카 대륙의 방대한 부분을 차지할 수 있는 권리를 획득했다. 스페인은 심지어 극동까지 세력을 뻗쳤으며 필리핀을 소유했었다.

▲스페인 제국은 대영 제국이 등장할 때까지 세계에서 가장 컸다.

그로 인해 카톨릭의 영향력이 아직까지 도처에 강하다. 스페인의 정복으로 말미암아 브라질을 제외한 중미와 남미의 모든 나라들이 스페인어를 사용하고 있다. 16세기 말까지 스페인은 세계를 지배하였다. 만약 스페인이 계속 정상을 유지했더라면 라틴 아메리카의 경우처럼 온 세계가 큰 음녀 바벨론인 카톨릭의 세력 하에 있게 되었을 것이다.

하나님은 이것을 용납하지 않으셨다. 그리하여 작은 섬나라인 영국을 일으켰으며, 1588년 영국이 외관상으로 훨씬 무장이 잘된 거대한 스페인의 무적함대를 격파함으로써 스페인의 패권에 치명적인 타격을 주었다.

▲격파되는 스페인의 "무적함대(Invincible Armada)" 1588년 7월 29일.
그 때에 영국은 작았고, 하찮은 섬나라였다. 반면에 스페인은 전 세계에서 가장 부유하고 제일 힘 있는 제국이었다.

스페인의 무적함대가 격파된 후 스페인은 쇠퇴했으며 반면에 영국이 흥성해 갔다. 점차적으로 영국은 세계 각 곳에 식민지를 두는 제국이 되어갔고 해가 지지 않는 나라로 불리어졌다. 두 세기 이상동안 식민지들은 영국의 국력에 필요한 물품들을 제공했으며 영국을 부강케 했다.

영국의 국력이 뛰어난 기간 중에 '신교(protestant)' 영향은 모든 대륙에 뻗어나갔다. 과거의 모든 선교사들은 영국인이었다. 복음을 전파하는 데 소요된 자금은 미국의 달러화가 아니고 주로 영국의 파운드화였다. 영국에서 영적으로 뛰어난 인물들이 많이 일어났다.

그러나 2차 대전으로 인하여 대영 제국은 부의 근원이었던 식민지들을 잃게 되었다. 이제 영국은 본토를 정원 대신에 농토로 바꾸어야만 했다. 영국은 하나님과 사람에게 신실하지 못했다. 1차 대전 때 영국은 유대인에게 그들이 독일을 대항하여 싸워준다면 팔레스타인을 그들의 땅으로 만들어 준다고 약속했었다. 영국은 이 약속을 지키지 않았다. 그 결과 2차 대전 기간 동안 유럽 전역의 유대인들이 독일의 히틀러에게 6백만 명이나 학살을 당하는 비극을 겪었다. 영국이 약속을 이행했었다면 그런 대학살은 피할 수 있었다.

영국은 하나님의 목적을 진전시키기 위해 일으킴을 받았다. 영국은 이전에 세계적인 강국이었던 카톨릭의 스페인을 쳐부수기 위해 하나님의 도구로 쓰임을 받았다. 그러나 영국은 약한 민족을 억압하는 오만한 나라였다. 게다가 도움이 절실히 필요한 가련한 유대인들을 축복하지도 않았다. 이것이 대영 제국을 쇠퇴시키는 요인이었다.

신교 확장의 새 중심지 미국

하나님은 2차 대전 당시 수많은 유대인들의 피난처였던 신교 국가 미국으로 촛대를 옮기셨다. 미국이 영국을 이어서 세계적인 강국으로 등장했다. 하나님은 복음 전파를 위한 정세를 조성하기 위해서 로마 제국을 쓰셨다. 종교개혁을 위해서 독일을 사용하셨다. 그리고 주님은 로마 카톨릭주의가 아닌 프로테스탄티즘, 곧 회복된 복음이 세계 전역에 전파되도록 하기 위해 영국을 쓰셨다. 그렇다면 미국을 향한 하나님의 예언적 목적은 무엇인가?

미국은 하나님께서 영국을 계승하여 프로테스탄티즘을 열방에 더 크게 확장시키고자 일으켜 세우신 나라이다. 이러한 목적 때문에 영국의 경건한 청교도들을 북미 대륙으로 보내시어 신교 국가를 건설토록 하신 것이다. 과연 19세기 말 이후 미국으로 인해 더욱 방대한 지역에 참된 복음, 곧 프로테스탄티즘이 확장되었다. 아직까지 선교사를 전 세계에 가장 많이 파송하고 있는 나라도 미국이다.

확실히 미국의 위치와 상태는 우연히 된 것이 아니다. 사도행전 17장 26절에, "저희의 연대를 정하시며 거주의 경계를 한하셨나니"라고 말씀하셨다. 때는 하나님에 의해 정해졌고, 경계선은 그분에 의해 그어졌다. 하나님은 지나간 시대에 로마 제국과 독일 그리고 대영 제국을 예비하신 것처럼 미국을 예비하셨다. 로마 카톨릭주의의 확산을 차단하고 프로테스탄티즘의 확장을 위해! 그래서 우리는 미국을 예비하신 하나님께 감사하는 자세가 필요한 것이다.

복음의 마지막 주자 코리아

미국은 처음부터 프로테스탄트 국가로 시작해서 지난 200년간 하나님의 복을 많이 받고 강대국으로 군림해 왔다. 그러나 지금 미국은 더 이상 프로테스탄트 국가가 아니다. 천주교의 엄청난 교세 확장과 남미인들의 이민 등을 통해 이제 미국은 천주교 국가로 전락해 버렸다. 바로 이것이 하나님께서 미국으로부터 촛대를 옮기실 수밖에 없는 가장 큰 이유이다. 다음의 그림을 참조하기 바란다.

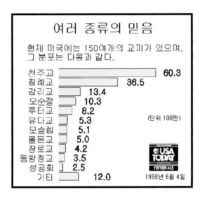

우상을 숭배하는 국가나 민족이나 개인은 저주를 초래한다. 미국의 타락과 프로테스탄트의 감소와 천주교의 득세와는 반드시 영적 함수관계가 있다. 마침내 미국은 9.11테러 이후 다방면에서 한계가 노출되었다.

그렇다면 하나님이 미국 다음으로 예비하신 복음의 나라는 어느 나라인가? 마지막 때에는 동방의 코리아가 미국이 했던 역할을 이어갈 것이다. 알이랑 민족 한국인은 셈의 현손 욕단의 후손으로서 세계선교의 마지막 주자로 쓰시기 위해 선택받은 제2의 선민이기 때문이다. 앞으로 프로테스탄티즘은 주님이 다시 오실 때까지 한국 교회에 의해 수호되고 부단히 확장될 것이다.

이미 오류로 가득한 로마 카톨릭주의는 한국 때문에 커다란 위협을 받고 있다. 한국 교회가 미국 다음으로 개신교 선교사를 많이 파송하고 있기 때문이다. 바티칸이 한국을 주시할 수밖에 없는 이유다. 장차 통일한국은 미국을 추월하고 세계 제1위의 선교 강국이 될 것이다.

하나님은 이러한 날을 준비하시기 위해 홍선 대원군을 사용하시어 1866년 전함을 이끌고 조선을 침공한 로마 카톨릭의 프랑스군를 물리치게 하셨던 것이다. 그 때에 프랑스 함대는 대원군의 강경한 쇄국정책과 서구 열강의 침략에 맞서 민족적 위기를 극복하려는 조선민중의 저항에 부딪혀 철수할 수밖에 없었다. 만약 당시 조선이 프랑스 군대에게 항복했다면 불행하게도 한국은 필리핀처럼 카톨릭 국가가 되었을 것이다.

하나님께서 프로테스탄티즘의 항구적 확산과 마지막 대추수를 위해 예비하신 최후의 국가는 욕단 계열 천손민족의 나라 코리아이다. 바로 이것이 우리나라와 한국 교회를 향하신 하나님의 목적이다. 그러므로 마지막 때에 통일 한국은 영국과 미국처럼 세계적 강대국으로 부상하게 될 것이다.

주님께서 프로테스탄티즘을 확장시키는 도구로 사용하신 나라마다 베풀어 주셨던 은혜가 부국강민(富國强民)이 되게 하신 것이었다. 우리나라도 그렇게 될 것이다.

과거에 하나님은 자기 백성을 속박하던 나라인 바벨론을 동방의 한 나라를 사용하시어 해방시키셨다. 그 나라는 고레스의 파사 제국이었다(사 41:2~4). 마지막 때에 하나님은 영적 바벨론(계시록 17장)의 속박으로부터 그의 백성을 해방시키기 위해 또 한번 동방의 한 나라를 쓰실 것이다. 그 거룩한 나라는 복음의 마지막 주자로 사용하실 동방의 코리아이다.

전능하신 하나님은 바벨론으로부터 이스라엘을 해방시키는 도구로 쓰시려고 파사 제국을 향해 강한 힘과 큰 부를 주셨다(사45:1~3; 13). 이처럼 하나님은 말세에 온 세상에 복음을 전하여 영적 바벨론의 거짓과 속박에서 인류를 자유케 할 도구로 사용하실 나라인 코리아를 향해서도 모든 나라들을 압도

할 부와 힘을 주실 것이다. 그리하여 마지막 때에 코리아는 열방에 정의를 펴며 복음을 전하는 부국강민의 제사장 나라로 떠오를 것이다. 이미 그 위대한 하나님의 역사는 시작되었고 진행 중이다.

무엇보다 하나님은 우리나라가 능히 이 귀한 사명을 감당할 수 있도록 한국 교회에 다시 한 번 큰 부흥의 역사를 허락해 주실 것이다. 그것은 민족의 본질이 변하는 국가적 대부흥이 될 것이다. 이를 위해 주님은 지금 알이랑 민족을 향하신 하나님의 계획에 반응하고 순종하는 부흥의 세대를 조용히 준비시키고 있다. 그들은 장차 대부흥의 한 복판에 있을 것이다. 할렐루야!

고대 바벨론과 상징적 바벨론	
고대, 역사의 바벨론	상징적 바벨론
"많은 물 가에 거하여" (렘 51:13)	"많은 물 위에 앉은" (계 17:1)
"여호와의 수중의 금잔" (렘 51:7)	"금잔을" 가졌는데 (계 17:4)
"바벨론이 파멸되니" (렘 51:8)	"무너졌도다 무너졌도다 바벨론이여" (계 14:8)
"내가 영영히 주모가 되리라…나는 과부로 지내지 아니하며" (사 47:7,8)	"나는 여황으로 앉은 자요 과부가 아니라" (계 18:7)
"나의 백성과 너희는 그 중에서 나와" (렘 51:45)	"내 백성아, 거기서 나와" (계 18:4)
"하늘과 땅이" 바벨론의 멸망을 인하여 "기뻐 노래하리니" (렘 51:48)	"하늘과 성도들과 사도들과 선지자들아" 그 멸망을 인하여 즐거워하라 (계 18:20)
돌과 같이 "바벨론이 침륜하고 다시 일어나지 못하리라" (렘 51:64)	"큰 맷돌 같은 돌이 바다 속에 던지우듯이 바벨론이 몹시 떨어져" (계 18:21)

짐승과 그의 표를 두려워하지 말라

오늘날 많은 그리스도인들이 그릇된 가르침을 받은 결과 무지하여 자신들이 비밀스러운 휴거에 참여할 자격이 있을지 없을지 불안해하고, 심지어 휴거에서 낙오되어 짐승의 지배하에 남겨지지 않을까 하는 두려움과 근심 속에 살아가고 있다.

그들은 우리가 휴거를 통하여 이 세상을 떠날 때에 미래의 인물로서 적그리스도가 출현할 것이라는 가르침을 받아왔다. 형제자매여, 더 이상 기만당하지 말라. 그 짐승은 벌써 왔고, 그의 전성기인 1260일을 보냈으며, 현재 일곱 언덕의 도시 로마에 존재하고 있다.

종교개혁의 선두 주자인 존 위클리프(John Wycliffe)는 「적그리스도의 모습(The Mirror of Anti christ)」에서 로마 교황은 성경 예언의 묘사에 부응하는 인물이라고 분명하게 기록했다. 위클리프에 앞서 1180년, 왈도파 교인들은 "적그리스도에 관한 보고서"를 발표했는데, 그들은 로마 카톨릭 교회를 "바벨론의 음녀"로, 로마 교황을 "불법의 사람"으로 낙인 찍었다.

루터(Luther)가 「교회의 바벨론 유수(The Babylonian Captivity of the church)」를 발표한 때는 1520년 10월 6일이다. 그도 여기에서 로마 교황제도를 "바벨론과 적그리스도의 왕국"으로 발표했다. 유럽 대륙의 국가들은 10월 31일을 종교개혁이 시작한 날로 기념한다. 이날 루터는 비텐베르그(Wittenberg) 시의 성당 정문에 95개항에 달하는 신앙고백을 적은 종이를 못으로 박았다.

▲영화 「루터」에서 비텐베르그 성당 문에 몰래 95개조 항의문을 붙이는 루터

그로부터 3년 후 루터는 비텐베르그 시의 반대편에 있는 타운 게이트(Town Gate) 바로 밖에서, 로마 교황의 교서들을 공개적으로 불태우는 장면을 지켜보고자 한 대학생들과 다른 모든 사람들을 불러 모으고, "로마 카톨릭의 모든 성직과 로마 교황의 왕국 및 로마 교황 자신이 바로 적그리스도이다"고 발표했다.

적그리스도에 대한 성경의 예언을 바로 이해했던 루터는 교황제도 자체가 그리스도에게 대치되는 것이므로 가장 뛰어난 교황까지도 적그리스도라고 주장했다.

종교개혁 신학자 가운데 가장 위대한 인물인 존 칼빈(John Calvin)은 이렇게 선언했다.

"로마 교황은 복음을 심하게 핍박함으로써
그 자신이 적그리스도임을 드러내고 있다."

존 낙스(John Knox)는 1547년 성앤드류(st. Andrew) 교회에서 행한 설교로서 사실상 스코틀랜드에서 종교개혁을 시작했다. 그때 낙스는 다니엘서 7장을 설교하였는데, 로마 교황제도를 "불법의 사람인 적그리스도"라고 규정지었다.

로마 교황을 적그리스도로 간주한 것은 종교개혁자들로 하여금 위대한 일, 오순절 이후 교회 역사상 가장 큰 일을 하도록 고취시킨 견해였는데, 그것은 올바른 예언해석이 토대였다.

결코 기독교와 천주교가 대립하던 시기에 로마 교황을 향한 인간적 적개심 때문에 나타난 터무니없는 이론이 아닌 것이다.

위대한 설교자 찰스 스펄전(사진)도 성경 예언을 정확히 이해했기 때문에 이렇게 선언했다.

"적그리스도가 로마 카톨릭 교회의 교황들이 아니라면 이 세상에서 그 이름으로 부를 수 있는 자는 없다. 적그리스도에 대한 범인 체포령이 내리면, 우리는 로마 카톨릭 교황을 혐의자로 확신해야 한다. 그리고 그들의 모습이 적그리스도에 대한 묘사와 매우 정확하게 일치되기 때문에 혐의를 두고 계속 조사해야 한다."

"로마 카톨릭은 그리스도의 복음과 반대이다. 그것이 적그리스도이다. 그리고 우리는 적그리스도에 대항할 힘을 달라고 기도해야만 한다. 모든 신자들은 적그리스도가 강물에 던져진 맷돌처럼 내동댕이쳐지기를 매일 기도해야 한다. 적그리스도는 그리스도를 공격하고, 그분의 영광을 빼앗고, 그분의 속죄를 성례전의 효력으로 대치하고, 몇 방울의 물을 떨어뜨림으로 성령을 대신하고, 우리들과 똑같이 실수가 있는 사람을 그리스도의 대리자란 위치에 올려놓았기 때문이다."

"우리는 적그리스도가 그리스도를 대적하므로 그에 대항하기 위해 기도해야 한다. 그러나 우리는 그들의 죄는 미워해도 로마 카톨릭 교도들은 사랑한다. 우리는 그들의 교리를 싫어하고 증오하지만 그들의 영혼을 사랑한다. 그리고 기도할 때마다 우리 얼굴이 그리스도를 향함으로 우리의 탄원 소리가 부드러워 질 수 있다."

지금까지 우리는 성경 예언이 역사 속에서 실제로 성취되어 왔음을 확인했다. 그러므로 이제 두려움의 사슬에서 벗어나기 바란다.

"하나님이 우리에게 주신 것은 두려워하는 마음이 아니요
오직 능력과 사랑과 절제하는 마음이니…"(딤후 1:7).

우리의 사명은 두 가지이다. 흑암에서 광명으로, 곧 짐승의 왕국에서 그리스도의 왕국으로 들어가도록 사람들에게 하나님 나라의 복음을 전파하는 것이고, 다음에 그렇게 함으로써 우리 모두가 다음과 같은 무리에 들어갈 수 있도록 짐승의 거짓 교리와 정치적 침해에 저항하는 것이다.

"… 짐승과 그의 우상과 그의 이름의 수를 이기고 벗어난 자들이
유리 바다 가에 서서 하나님의 거문고를 가지고
하나님의 종 모세의 노래, 어린 양의 노래를 불러 이르되
주 하나님 곧 전능하신 이시여 하시는 일이 크고 놀라우시도다
만국의 왕이시여 주의 길이 의롭고 참되시도다"
(계 15:2,3).

부 록

1. 「과거주의」 및 「미래주의」 예언해석 방식의 근원

2. 태양 숭배를 위해 지은 바티칸

3. 환난 · 진노 · 휴거

4. 다니엘의 70이레 예언 해설

▲트렌트 공회의(Tridentine Council)

16세기 중엽, 종교개혁이 일어난 후의 상황에 대응하기 위하여 이탈리아의 트렌트에서 개최된 로마 카톨릭의 종교회의. 이전의 모든 교리들을 재확인하고, 루터와 칼빈 등 개혁자들의 가르침을 저주받을 이단의 교리로 정죄하였다.

「과거주의」및 「미래주의」
예언해석 방식의 근원

오늘날 수많은 그리스도인들이 적그리스도는 무신론자로서 세상 끝에 나타나 3년 반 동안 하나님을 모독하고 성도를 박해할 개인적 인물의 세계 독재자라고 상상하고 있다. 이 공상소설 같은 이론은 대체 언제부터 어떻게 발생해서 이렇게 성도들을 기만하고 있는 것일까? 놀랍게도 성경이 예언하고 있는 종말론적 적그리스도의 정체가 로마 교황이라는 사실을 은폐하려는 바티칸의 궤계에 그 뿌리가 있다.

개혁자들에 의해 폭로된 적그리스도

인류의 구원을 훼방하기 위해 그리스도의 교회 가운데 가라지를 뿌려(마 13:24-30) 거짓 교회를 세운 사단은, 자신의 걸작품인 그 교회가 음녀 즉 배도 타락 교회라는 사실을 은폐할 필요가 있었다. 그러므로 사단은 인류로 하여금 하나님의 말씀 곧 성경에 대하여 일절 무지하게 만들어야 했으니 평신도들의 성경 읽기 및 공부를 조금도 장려한 적이 없던 로마 교회는 마침내

1229년 톨로사 종교 회의에서 성경을 금서 목록에 포함시켜 모든 평신도들의 성경 읽기를 물리적으로 금지하는 법령을 공포하였다.

그리하여 성경의 개인 소장이 금지되었고, 집안에 성경이 한 권이라도 있으면 그것만으로도 충분히 화형이나 참수형이나 무기징역의 이유가 되었으며, 또한 성경을 자국어로 번역하거나 전달하는 행위 일체도 역시 그와 같은 중벌의 사유가 되었다.

그러나 12세기, 알프스를 중심으로 일어난 개혁자들인 왈덴스인들(the Waldensians)과 14세기 영국의 개혁자 위클리프(John Wycliffe), 16세기 독일의 루터(Martin Luther)와 영국의 틴데일(William Tyndale) 등 목숨을 내건 개혁자들의 희생으로 마침내 성경이 영어, 독일어 등 자국어로 번역되어 읽혀지면서 종교 개혁의 불길이 세차게 번졌다.

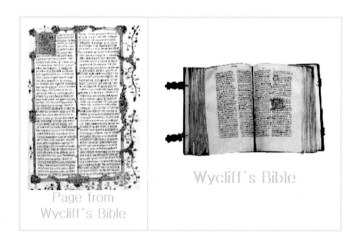

Page from
Wycliff's Bible

Wycliff's Bible

깊어진 성경 연구를 통해 영적인 시력을 회복하게 된 개혁자들은 로마 교회의 온갖 교리와 행습들 -타락한 성직제도, 면죄부 제도, 고백성사와 고행(苦行)에 의한 속죄, 공덕(功德)에 의한 구원, 예배를 대신한 제사인 미사, 유물숭배와 성상(聖像)예배, 마리아의 중보, 연옥 교리와 죽은 사람을 위한 기도, 성자숭배, 성찬에서의 미신적인 화체설, 잔인무도한 종교 재판 등- 이 성경에 비추어 결코 용납될 수 없는 반기독교적인 것임을 확인했다.

▲축일을 위한 성 베드로 광장의 행렬 **1860년 빅토리노티로니**(Vittorino Tironi)의 유화. 비오 9세가 가마를 타고 운반되고 있다.

종교 개혁자들은 이러한 배도(背道)를 주도한 교황권(Papacy)이 다니엘서(7장, 8장, 11장)와 요한계시록(12장, 13장, 17장), 사도 바울의 데살로니가후서(2장)에 일찍이 예언된 적그리스도의 세력이라고 폭로하고 철저한 회개와 개혁을 촉구하였다. 위클리프를 비롯하여 루터의 동료 개혁자요 성경학자인 멜란히톤(Melanchthon), 프라하대학 총장으로 화형당한 후스(John Huss), 로마 카톨릭 사제로

서 역시 화형당한 사보나롤라(Savonarola), 스코틀랜드의 개혁자 낙스(John Knox),

그리고 칼빈(John Calvin)도 교황권을 적그리스도라고 규정했다. 최초로 원어에

서 영어로 성경을 번역하여 배포한 죄로 화형을 당한 옥스퍼드 출신의 학자

틴데일(William Tyndale, 1494~1536)도 "로마의 적그리스도를 그들은 교황이라고 부

른다"고 썼다. 같은 때의 캠브리지 출신의 학자인 바안스(Robert Barnes, 1495~1540)

는 교황권을 성경에 예언된 적그리스도라고 선언하다가 두 동료와 함께 화

형에 처해졌다.

위클리프(Wycliffe), 존 후스(John Huss), 루터(Luther), 칼빈(Calvin), 틴데일(Tyndale),
번얀(Bunyan), 찰스 피니(C. Finney), 무디(D. L. Moody), 허드슨 테일러(Hudson Taylor),
스펄전(Spurgeon), 그리고 캠벨 몰간(Campbell Morgan) 등,
이 위대한 하나님의 사람들은 교황을 적그리스도라고 믿었고 그렇게 가르쳤다.

이렇게 중세 교황권을 성경에 예언된 적그리스도라고 선언하는 데 제일

앞장 선 사람은 역시 루터였다. 1534년에 출판된《루터 성경》(The Luther Bible)에

는 요한계시록 17장에 나오는 짐승을 탄 음녀에게 교황의 삼중관을 씌워 적

그리스도의 정체를 삽화로 드러냈다. 성경 예언의 손가락은 로마 교황을 지

적하고 있음이 개혁자들에 의해 변명할 여지가 없는 논증으로서 폭로가 되

고 만 것이다.

▲1534년 판 루터 성경은 계시록의 짐승을 탄 음녀에게 교황의 삼중관을 씌워 적그리스도의 정체를 삽화로 폭로했다. **왕들과 주교들이 삼중관을 쓴 여자**(교황권) **앞에 엎드려 경배하고 있다.** '바티칸은 바벨론의 매춘부' -루터-

로마 교회의 대응

예언적 손가락은 바로 교황을 향했다. 그러자 궁지에 몰리게 된 로마 교회는 대응책을 마련해야 했다. 그리하여 1545년 트렌트 종교회의(The Council of Trent)를 열어 18년간 세 차례의 회기를 가지면서 면죄부 제도와 연옥의 교리를 비롯한 이전의 모든 교리를 그대로 옹호할 것을 재천명하고, 믿음으로 말미암는 의를 비롯한 루터와 칼빈 등 개혁자들의 가르침을 저주받을 이단의 교리로 정죄하였다.

그리고 교황의 권위에 도전하는 모든 이단자들을 징벌하기 위해 1542년

악명 높은 종교 재판을 부활시켰으며, 1564년에는 종교문서 출판과 독자적인 성경 연구를 철저히 통제하기 위해 강화된 금서목록(Tridentine Index)을 제정했고, 로마 교회가 인정하는 성경 해석 외에는 일체 허용하지 않기로 재확인했다.

그러나 이러한 물리적인 대응만으로는 활로를 찾기에 충분하지 못했다. 다니엘서와 요한계시록의 예언에 의거하여 교황권을 적그리스도로 선언한 개혁자들의 논증은 변명할 여지가 없었기 때문이었다. 따라서 그들은 근본적인 대책으로서 교황권을 예언에 명시된 적그리스도라고 끈질기게 적용하는 개혁자들의 일치된 논증을 침묵시키거나 전복시킬 방안을 찾아야만 했다.

이 작업은 예수회 신학자들에게 맡겨졌으며, 곧이어 두 가지 대안이 제출되었다. 그것이 바로 현대 교회들의 예언 해석을 주도하고 있는 과거주의(Preterist)와 미래주의(Futurist) 예언 해석의 기원이며, 여기에 7년 대환난 및 비밀 휴거 사상을 탄생시킨 세대주의(世代主義)의 뿌리가 숨겨져 있다는 놀라운 사실이다.

예언 해석의 과거주의와 미래주의

다니엘서와 요한계시록의 예언에 의거, 개혁자들에 의해 일치하게 적그리스도로 지명된 로마 교황권은 교황에 대한 그 압력을 제거하는 방법을 고안해 내도록 예수회 신학자들을 임명했던 바, 마침내 두 예수회 사제 리베라(Ribera)와 알카자(Alcazar)는 로마 교황에 대한 다니엘서와 요한계시록의 예리한 집중 공격을 쉽게 피하거나 깨뜨릴 수 있는 아주 효과적인 방안을 내놓았다. 그것은 이전에 존재했던 사상들을 참고하고 집대성하여 새롭게 창출한 과거주의(Preterist)와 미래주의(Futurist)라는 예언 해석법이었다.

알카자(Alcazar)의 과거주의

스페인 출신의 예수회 신부 알카자(Luis de Alcazar: 1554-1613)는 40년에 걸친 연구 끝에 9백 페이지 분량의 요한계시록 주석책을 썼다. 그는 이 책에서 계시록의 전반부는 유대인의 메시아 거절과 예루살렘 멸망에 관한 것으로, 후반부는 이교 로마의 멸망과 기독교로의 개종에 관한 것으로 돌리면서 적그리스도는 '네로 황제'라고 못을 박아 중세 로마 교회와는 상관없는 예언으로 만들었다.

요한계시록의 1,260일(11, 12장)은 과거에 유대인이 그리스도인을 핍박한 기간으로, 다니엘서의 같은 기간인 "한 때, 두 때, 반 때"(7:25)는 과거에 시리아 왕 안티오커스(Antiochus Epiphanes)가 유대인을 핍박한 기간으로 돌려 교황권이 다니엘서와 요한계시록의 적그리스도로 해석될 시간적 소지를 없앴다. 이것이 오늘날 대부분의 다니엘서 주석에서 발견되는 과거주의 해석의 기원이다.

리베라(Ribera)의 미래주의

또 다른 스페인 출신의 예수회 사제 리베라 (Francisci Ribera: 1537-1591)는 1580년 5백 페이지나 되는 요한계시록 주석책을 출판하여 계시록의 적그리스도가 교황권이라는 사실을 극구 부인했다. 그는 계시록의 첫 부분은 요한 당시에 해당되는 예언이지만, 나머지는 재림 직전에 나타나 성도를 핍박하고 하나님을 모독할 무신론적 인물인  적그리스도가 나타나서 활동하는 3년 반 동안 이루어질 일이라고 설명했다. 이 기간 동안 그는 하나님처럼 행세하고 세상을 다스리며 예루살렘에 성전이 재건될 것이라고 주장했다.

이것이 바로 오늘날 7년 대환난과 비밀 휴거설을 핵심으로 하는 세대주의자들의 미래주의 해석의 기원인 것이다. 리베라는 이와 같은 미래주의 예언 해석 원리를 제시함으로써 하나님을 모독하며 수많은 성도들을 학살하는 진짜 적그리스도인 로마 교황을 적그리스도가 아니라고 은폐시켰던 것이다(그의 책은 1585년에 출판됐는데 로마 교회에 의해 10만 명의 그리스도인들이 참혹히 살해당한 프랑스의 바돌로메의 날 대학살은 1572년에 있었다).

▲알카자의 과거주의 주석책 표지

▲리베라의 미래주의 주석책 표지

과거주의 해석학파의 설립자 알카자와 미래주의 해석학파의 설립자 리베라는 참으로 로마 교황을 옹호하기 위한 과업에 충성을 다해 헌신한 인물이었다. 이들의 활동에 대해 19세기 말의 주석학자인 요셉 태너(Joshep Tanner)는 그의 저서《다니엘과 계시록》(Daniel and Revelation) 16쪽에서 아래와 같이 기술하고 있다.

"16세기 말에 이르러 이러한 과업에 자신을 바친(로마 카톨릭의) 저명한 두 학자가 나타났는데, 이들은 적그리스도에 관한 예언들이 교황 제도에서 성취되었다는 인식으로부터 사람들의 마음을 돌이키기 위하여 각자 목적은 같지만 방법이 다른 시도들을 위해 노력을 기울였다. 제수이트 학자인 알카자(Alcazar)는 과거주의 해석 방법을 드러내는 일에 자신을 바쳤는데… 이로써 그는 적그리스도에 대한 예언들은 교황이 로마를 다스리기 이전에 이미 이루어진 것이므로 교황권에 적용할 수 없다는 것을 보이려고 애썼다. 한편 다른 제수이트 학자 리베라(Ribera)는 미래주의 해석 방법을 끌어들여 교황권에 관한 예언의 적용을 빗나가게 하려고 시도했다. 미래주의 해석은 이러한(적그리스도에 관한) 예언들이 교황권의 행적에 관한 것이 아니라 미래의 어떤 초자연적인 개인이 할 일이며 아직 나타나지 않았지만 나타나면 3년 반 동안 권세를 쓸 것이라고 주장한다… 그러므로 1580년경에 나타난 제수이트인 리베라는 현대의 미래주의 해석법의 창시자로 간주된다."[*]

오늘날 카톨릭 신학자들이 미래주의 해석에 지지를 보내면서 적그리스도란 한 개인일 것이라는 리베라의 주장에 동조하고 있는 것은 결코 이상한 일이 아니다. 그러나 카톨릭 교회가 교황의 고충을 덜기 위해 만들어 낸 이 미래 신학이 개혁교회 안에 세대주의로 분장하고 들어와 가르쳐지고 있으니 이 얼마나 통탄할 일인가!

세대주의로 분장한 미래주의

예수회 학자들이 교황권을 옹호하기 위해 창출한 과거주의 예언 해석과 미래주의 예언 해석으로 인해 성경 예언의 실제적인 교훈이 끊임없이 도전을 받으며 17세기와 18세기를 경과했다. 19세기에 이르러 개혁 교회 신학계에는 성경의 영감을 부인하는 자유주의 신학이 대두되었으며, 자유주의 신학자들은 대부분 과거주의(Preterist)로 돌아섰다. 그리고 보수적 복음주의 학자들마저도 미래주의(Futurist)에 관심을 고조시켰다.

이러한 조류 가운데 영국 성공회 성직자였던 다비(John Nelson Darby: 1800-1892)라는 인물이 미래주의의 영향을 크게 받고, 1827년 성공회를 떠나 이른바 "플리머스 형제단"(Plymouth Brethren)으로 알려진 작은 기독교인 집단의 지도자가 되어 개신교식 미래주의를 발전시켰다.

세대주의(Dispensationalism)란 다비와 그의 추종자들에 의해 개혁교회 가운데 등장한 새로운 성경 해석 체계로, 그들은 인류의 역사를 일곱 개의 기간 또는 세대(世代)로 구분하여, 그 시대마다 구속의 경륜(經綸)이 다르다고 간주하면서, 그 때마다 각각 다른 구원의 조건이 있다고 이해한다.

특히 이스라엘과 교회를 예리하게 분리하여, 구약의 모든 예언들은 오직 이스라엘에 대한 것으로서, 신약의 교회는 구약의 선지자들에게 전혀 알려지지 않은 신비라고 하며, 신약의 교회시대란 예수님을 거부한 유대인들이 마지막 때 회심하여 그들의 본래의 세대로 돌아오기까지 막간(幕間)을 채우는 이질적인 세대로 간주한다.

즉 세대주의란 하나님께서 인간을 구원하시기 위해 세우신 은혜의 언약(계약: Covenant)이 당연히 지니고 있는 일관된 통일성을 무시하는 아주 그릇된 성경해석 체계인 것이다.

이와 같은 세대주의자들의 경륜에 의하면, 유대인들이 그리스도를 십자가에 못 박아 죽임으로써 일시 끊어진 다니엘서 9장(24-27절)의 69번째 이레가, 세상 끝이 거의 되어 교회 세대가 마치게 되는 때, 마지막 남은 한 이레인 70번째 이레와 다시 연결되어, 예언상으로 7일에 해당하는 7년간의 역사가 유대인을 위주로 마친다는 것이다.

세대주의자들이 69번째 이레와 70번째 사이에 긴 공백기를 두는 것은 전혀 인정할 수 없는 것이다.** 어쨌든 이렇게 구약의 이스라엘 세대에게 할당된 70이레 가운데 69번째 이레와 70번째 이레 사이에 끼어들어 거의 1천9백년 이상을 지낸 이방인 위주의 신약 교회가, 유대인들에게 자리를 내어주기 위해 역사의 무대에서 조용히 퇴장하는 방법을 고안해 낸 것이 비밀 휴거(Secret Rapture)라는 기발한 발상인 것이다.

결국 세대주의자들은 세상 끝의 마지막 한 이레인 7년 동안, 다니엘서와 요한계시록에 기록된 적그리스도에 관한 여러 예언들이 문자적인 이스라엘을 중심으로 성취된다고 가르침으로서, 중세기 1260년간의 영적 암흑시대를 주도한 중세 로마 교황권의 역사와 행적은 예언에서 흔적도 없이 말소된 것이다.

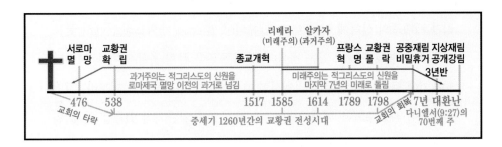

THE REIGN OF ANTICHRIST

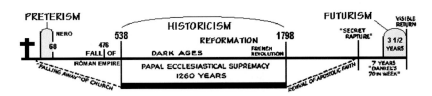

ANTICHRIST IS MOVED EITHER FORWARD OR BACKWARD IN TIME

참으로 개혁자들에 의해 적그리스도인 사실이 폭로되어 곤궁에 빠져 고민하던 중세 교황권이, 적그리스도의 신분을 은폐하기 위해 파놓은 신학적 함정에 개혁교회가 여지없이 빠진 것이다. 오늘날 인기 있게 팔리고 있는 흥미 위주의 종말론 서적들은 거의 다가 이 세대주의 신학의 종말론인 것이다. 하나같이 7년 대환난과 비밀 휴거 및 후 3년 반 동안 세계를 통치할 개인적 인물의 적그리스도에 대한 내용으로 일관되어 있다.

그리하여 이 마지막 때에 수많은 그리스도인들이 철저히 속고 있는 것이다. 눈 뜬 소경이 되어 있다. 이미 와 있는 진짜 적그리스도를 보지 못하고 세상 끝에 등장해서 고작 3년 반 동안 활동할 엉뚱한 가짜 적그리스도(단일유럽 대통령)만을 상상하고 있는 것이다. 실로 로마 교황에 대한 압력을 제거하기 위한 방안으로 예수회 사제 리베라에 의해 뿌려진 예언 해석의 미래주의 원리가 세대주의 신학에 의해 채택, 합류되어 현금(現今) 개혁교회 안에서 꽃을 피우고 그 열매를 맺고 있는 것이다. 실로 통탄을 금치 못할 일이다. 적어도 20세기에 들어서 발간된 다니엘서와 요한계시록 주석들을 살펴보라. 거의 하나같이 과거주의나 미래주의(세대주의) 해석으로 일관되어 있음을 알게 될 것이다. 그리고 그것들을 종교개혁 전후의 주석 책들과 비교해보라. 어떤 일이 개신교 신앙에 일어났는지 깨닫게 될 것이다. 앞서 소개한 19세기 말의 주석학자 태너(John Tanner)는 다음과 같이 개탄했다.

"오늘날 미래주의 성경 해석법을 고수하고 옹호하는 사람들의 대부분이 개신교도들로서, 로마 교회의 손에 이용되어 교황권이 적그리스도로 탄로되는 것을 막아 주는 일을 돕고 있다는 것은 참으로 유감스러운 일이 아닐 수 없다. '미래주의는 성령께서 교황권에 찍어 놓은 낙인을 말소시키는 일을 시중들고 있다' 는 말은 매우 적절한 표현이다."(앞의 책, p.17)

현대 미국 개신교계 신약학을 대표하는 학자인 풀러 신학교의 래드(G. E. Ladd) 교수도, 세대주의와 비밀 휴거를 19세기에 발생한 비성경적 가르침으로 비평하는 책 《복된 소망》(The Blessed Hope)을 써서 신학계의 정평을 받았다. 그는 이 책에서, 스페인의 예수회 학자인 리베라가 중세 교황권을 적그리스도라고 확인하는 개혁자들의 예언 해석에 대항하기 위해 고대의 미래주의를 끌어들인 첫 번째 학자라는 사실을 알게 될 때, 현대의 많은 미래주의자(세대주의자)들은 '충격을 받게 될 것' 이라고 토로했다.

"…미래주의적 예언 해석이 일찍이 로마 카톨릭 교회 안에서 회복되었다는 것을 주의해야 한다. 비교적 현대에, 교부의 미래주의적 해석에 회귀한 최초의 학자가 스페인 예수회(Spanish Jesuit)의 리베라(Ribera)라는 사람이었다고 말한다면, 아마도 많은 현대 미래주의자들에게 충격적인 사실이 될 것이다. 1580년에 리베라는 교황을 적그리스도와 동일시하는 신교도 사이에 퍼져 있는 견해에 대한 반대 해석(counter-interpretation)으로서 요한계시록 주석을 발행했다. 리베라는 처음 장들을 제외하고는 요한계시록의 모두를 교회 역사에 보다는 마지막 때에 적용시켰다."

(G. E. 래드, 「축복된 소망」, 이태훈 역, 서울: 정음출판사, 1984, p.37)

　　이러한 역사적 뿌리와 사연을 가진 세대주의 종말론 -7년 대환난 · 비밀 휴거- 이 성경적 재림 신앙을 대신하여 온 땅에 난무(亂舞)하고 있는 것이다. 그리하여 수많은 성도들이 세상 끝에 나타나 고작 3년 반 동안 세계를 호령할 정체불명의 적그리스도만을 상상하고 있다. 그리고 그 무서운 세계 독재자가 나타나기 전에 환난을 피해 휴거되기만을 소망하는 아주 나약한 신앙인들이 되어 있다. 환난도피사상은 성경의 교훈이 아니다. 그들은 기만당하고 있는 것이다. 그리고 그렇게 수많은 사람들이 속고 있는 동안 진짜 계시록의 짐승은 그들의 어깨 너머로 바라보면서 회심의 미소를 짓고 있다.

　　형제여, 요한계시록은 결코 신약 시대가 다 지나간 후, 재림 직전 3년 반 동안에 일어날 사건에 대한 계시가 아니다. 계시록 1:1을 보라.

　　　　"예수 그리스도의 계시라 이는 하나님이 그에게 주사
　　　　반드시 속히 될 일을 그 종들에게 보이시려고…"

사도 요한은 그가 받은 계시가 '먼 후일' 에 될 일이 아닌 '반드시 속히 될 일' 에 대한 계시라고 전제했다. 요한계시록은 '반드시 속히 될 일' 을 그 종들에게 보이시려는 계시이다. 즉 요한계시록은 사도 요한이 A.D. 95년경 밧모 섬에서 계시를 받은 때부터 신약 시대가 다 지난 후 재림 직전의 3년 반 동안 일어날 사건에 대한 계시가 아니라, 그가 계시를 받은 때부터 '반드시 속히' 전개될 사건에 대한 계시인 것이다.

▲밧모섬의 사도 요한

만약 미래주의자들의 주장이 옳다면, 요한계시록은 결코 '반드시 속히 될 일' 이 아니며, '아주 천천히 될 일' 일 수밖에 없다. 그렇지 않은가? 왜냐하면 그들은 요한계시록에 기록된 예언이 이 신약 시대가 다 지나간 후 주님의 재림 직전 3년 반 동안에 성취될 사건이라고 해석하기 때문이다.

개혁교회 성도들은 요한계시록에 대한 미래주의 해석 체계를 더 이상 용납해서는 안 된다. 그것은 로마 교회가 교황에 대한 압력을 제거하기 위해 만들어 낸 함정인 것이다. 근본적으로 요한계시록은 1:1의 서론처럼 '반드시 속히 될 일'에 대한 예언이지, '먼 후일'에 될 일에 대한 계시가 아니라는 사실을 꼭 기억해야 한다.

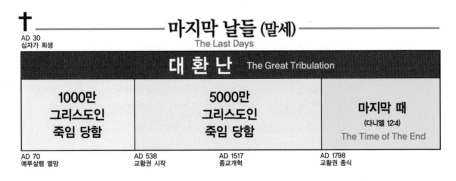

예수님의 초림부터 마지막 때이며 신약시대 전 기간은
크고 작은 박해가 계속되는 큰 환난의 기간이다.

◆ 「어두움이 빛을 이기지 못하더라」 pp.314~322에서 발췌한 글에 일부 내용을 추가했음 ◆

---

* Joseph Tanner, Daniel and Revelation(London : Hodder and Stoughton, 1898), pp.16, 17.

** 마 24:15~20과 눅 20:20~24에서 예수님이 단 9:24~27의 예언을 해석하셨다. 예수님은 다니엘이 예언한 9:27의 사건은 A. D. 70년 예루살렘이 함락되어 성전이 파괴될 때 발생할 일임을 두 복음서를 통하여 명확하게 증언하시고 있다. 마태의 기록만 보면 불확실하지만 누가의 기록까지 보면 해석의 여지가 없이 명확하다. 그러므로 마지막 한 이레를 69번째 이레에서 분리시켜 그 사이에 긴 공백기를 두고서, 그 마지막 한 이레가 재림 직전에 유대인을 위주로 전개될 7년 환난기라는 세대주의자들의 이론은 전적으로 잘못 되었다.

적그리스도를 대적하여 모든 그리스도인들이 기도해야하는 것은
그들의 가장 필수적인 의무이다.
그가 어떠한 존재인가 하는 것에 대해서는
제정신을 가진 사람이라면 의문의 여지가 없다.
만약 로마 교회의 교황이 아니라면,
이 세상에서 그 이름으로 (적그리스도) 불리울 자는 단 하나도 없다.

그는 그리스도를 상하게 하는 자요,
그리스도의 영광을 도둑질하는 자요,
그리스도의 구속(救贖)의 자리에 성례들을 대신 앉혀놓은 자이며,
구세주 대신에 한 조각의 떡을 드는 (숭배하는) 자이다.

우리가 만약 그를 대적하여 기도하면,
우리는 그의 오류는 미워하지만 사람들은 사랑하게 된다.
우리는 그들의 교리는 혐오하고 가증하게 여기지만,
그들의 영혼은 사랑해야 한다.

- Charles Haddon Spurgeon -

달이 태양으로부터 그 빛을 받듯이 국가의 왕권도
그 위엄의 빛을 교황의 권세로부터 받는다.
세계의 국가는 교황의 권세를 위해
우리들의 근면과 관심을 쏟음으로 회복될 것이며
왕권은 이 목적을 만족케 한다.

모든 사제는 교황에게 복종할 것이며,
비록 악한 것을 명령할 지라도 복종하라.
이는 아무도 교황을 판단할 수 없기 때문이다.

- 교황 인노센트 3세(1198~1216) -

교황은 아무에게도 판단을 받지 않는다.
오직 로마 교황만이 국가의 최고 통치자들을 심판할 권리를 갖는다.
로마 교황의 결정이나 선포에 대한 항소나 혹은 보상의 청구는 있을 수 없다.

- 교회법 조례 -

태양 숭배를 위해 지은 바티칸

태양을 기둥형태로 세워 숭배하는
것은 고대 태양숭배자들의 관습이었
다. 이집트는 태양 숭배가 성행했으므
로 태양기둥(오벨리스크)들이 많이 있었다.

고대 이집트에서는 으레 옆 사진처
럼 오벨리스크가 신전 앞마당에 서있
었는데, 로마 카톨릭은 저 이집트산 진
짜 오벨리스크를 로마 바티칸 앞마당
에 세워 놓았다. 이것은 로마 카톨릭이 태양숭배교라는 것을 입증해 주는
것이다.

앞 사진에서 보는 바처럼 바티칸 앞마당에 진짜 오벨리스크를 세워놓았다. 로마 카톨릭은 여기서 핑계를 대는데, 바티칸에 진짜 오벨리스크를 세운 것은 오벨리스크를 섬기는 이교를 정복했음을 나타내기 위해서라는 것이다. 그리고 그 정복을 나타내는 의미로 오벨리스크 꼭대기에 로마 카톨릭 상징물을 올려놓았다고 한다. 아래의 바티칸 오벨리스크 꼭대기를 보라.

바티칸 오벨리스크 꼭대기에는 로마 카톨릭의 상징인 성광과 십자가가 있다. 그러나 저것은 로마 카톨릭의 변명처럼 오벨리스크를 정복했다는 의미가 아니다. 원래 오벨리스크는 태양기둥이므로 고대 태양기둥의 꼭대기에는 태양을 의미하는 성광이 있었다. 성경을 보면 구약시대 이스라엘 백성이 바알을 섬겼는데 바알이 바로 태양신이며 태양기둥이었다. 아래의 이스라엘의 태양 숭배 행태를 보라.

오른쪽 그림에 보면 태양기둥이 있고 태양기둥 위에 태양이 있다. 로마 카톨릭의 오벨리스크 꼭대기의 성광은 바로 태양인 것이다. 이스라엘이 바알을 숭배할 때 저렇듯 으레 태양기둥 위에는 성광, 곧 태양이 있었던 것이다. 성광뿐 아니라 십자가 역시 태양의 표식이므로 오벨리스크 꼭대기의 십자가는 태양

기둥 위의 태양의 상징일 뿐, 그것이 태양숭배주의를 타파하는 의미가 될 수 없다. 아래의 고대 바벨론과 앗시리아의 태양 표식을 보라.

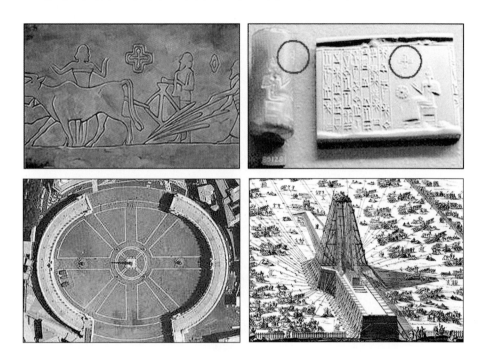

사진에서 확인할 수 있듯이 태양이 십자가 형태로 표시된다. 그러므로 로마 카톨릭이 바티칸 앞마당에 거금을 들여 이집트의 진짜 태양기둥을 갖다 놓고 그 태양기둥 위에 성광과 십자가를 올려놓은 것은 태양숭배를 타파하는 것이 아니라 로마 카톨릭이 태양을 숭배하는 태양숭배 종교라는 점을 강조하고자 한 것이다.

로마 카톨릭이 태양 숭배를 타파했다는 것을 강조하려고 오벨리스크를 갖다 놓은 것이 아니라는 사실은, 오벨리스크를 갖다 놓은 바티칸 광장의 모양 자체로도 입증된다.

광장이 동그라미 안에 + 와 × 가 겹쳐진 형태인데, 그 유명한 바벨론의 태양신 쉐메쉬 (shamash)가 바로 저것과 똑같이 생겼다. 그러므로 오벨리스크를 갖다 놓은 바티칸 광장의 형태부터가 아예 바벨론의 태양신인 쉐메쉬 (shamash) 형태를 그대로 카피해 설계된 것이다.

위 사진에서 오른쪽 것이 바벨론의 태양신인 '쉐메쉬' 인데, 아래에서 바티칸 광장과 비교해 보라. 완전히 똑같다는 것을 알 수가 있다. 심지어 내부에 원이 한개 더 있는 것까지도 똑같다.

▲ 쉐메쉬 심벌(shamash-symbol)

'쉐메쉬'는 일종의 수레바퀴이기도 하다. 왜냐하면 고대 태양 숭배의 또 다른 형태는 태양을 수레바퀴로 상징화하기 때문인데, 이는 태양신은 말이 끄는 수레를 타고 다닌다고 여겨지고 태양은 바퀴로 여겨졌기 때문이다.

"또 유다 열왕이 태양을 위하여 드린 말들을 제하여 버렸으니
이 말들은 여호와의 전으로 들어가는 곳의 근처 시종 나단멜렉의 집 곁에
있던 것이며 또 태양 수레를 불사르고"(왕하 23:11).

바티칸 광장은 이 태양수레바퀴 형태이기도 하다. 바티칸 광장의 가운데 오벨리스크가 바퀴축이고 광장이 수레바퀴가 되는 것이다.

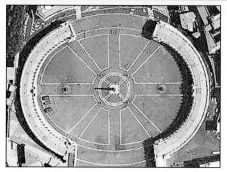

그러므로 바티칸 광장은 태양수레바퀴 형태를 취하고 있음을 알 수 있다. 바티칸 광장까지 보고도 로마 카톨릭이 여전히 변명을 한다면 또 다른 증거를 제시할 수 있다. 바티칸을 페르시아의 미트라교의 태양 우상과 비교해 보자.

위에서 미트라 제사장이 왕에게 건네는 형상이 바로 페르시아의 미트라 교의 태양 우상이다. 바티칸 앞마당 전체 모양이 바로 미트라의 태양신 형상인 것이다.

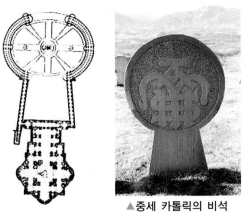

▲중세 카톨릭의 비석

그러니 이스라엘의 바알신, 바벨론의 쉐메쉬, 페르시아의 미트라 우상의 형태를 본따서 만들고, 게다가 이집트의 태양기둥의 진품을 광장 한가운데 갖다 놓은 것이다. 이처럼 지중해 연안의 온갖 태양신의 형태를 카피해 설계된 것이 교황청, 곧 바티칸인 것이다. 이래놓고도 로마 카톨릭은 태양숭배를 타파하기 위해 바티칸 앞마당에 오벨리스크를 갖다 놓았다고 사람들을 속이고 있는 것이다.

오벨리스크의 꼭대기에 있는 것과 같은 로마 카톨릭의 성광과 십자가는 천주교 모든 성당의 미사에서 섬김을 받는다. 미사에서 천주교는 성광에 빵을 끼워 절하고 십자가에게도 절하고 기도하고 분향하고 있다. 그러므로 로마 카톨릭이 태양신을 섬기는 종교라는 것은 의심의 여지가 없다.

로마 카톨릭의 태양신 숭배 형태

앞서 지적했듯이 바티칸 오벨리스크 위의 성광과 십자가는 카톨릭 미사에서 항상 쓰인다. 로마 카톨릭은 십자가에게 절을 하고 기도하고 분향할 뿐 아니라, 성광 위에 십자가를 달고 성광의 가운데에 태양 모양의 빵을 끼워서 거기에 무릎 꿇어 경배한다.

　　원래 이교도들이 섬기던 태양신이 저 성광이 된 것이다. 아래의 태양신 아폴로를 새긴 모습을 보라. 아폴로신이 방사형으로 빛살을 내뿜는 형태를 그대로 카피해 만든 것이 로마 카톨릭의 성광인 것이다.

　　게다가 그 성광 한가운데에 빵을 끼워서 빵에게 경배하는데, 성광은 아폴로의 방사형 빛살이요, 빵은 아폴로의 얼굴에 해당하는 것이다. 로마 카톨릭은 그 성광 가운데에 끼우는 빵을 소위 화체설에 의거해 예수님이라고 주장하고 있다.

　그러나 빵의 형태가 둥글고 특히 빵의 외곽에 화염이 있는 것이 명백히 태양을 의미한다. 태양신이므로 태양 모양으로 만들고 섬기고 있는 것이다. 둥근 빵을 신에게 바치고 그 둥근 빵을 태양신으로 여기는 것은 이교의 태양숭배에서 늘 있던 것이다.

　특히 이집트의 오시리스 숭배에서 두드러지는데, 오시리스는 명계의 왕이자 태양신 호러스의 아버지로서 태양신의 의미를 지니고 있다. 참고로 고대종교에서 으레 태양신 숭배는 또한 남근숭배와 연결된다. 그러므로 바티칸 앞마당의 오시리스의 오벨리스크는 자체로 태양기둥임과 동시에 오시리스의 남근이기도 한 것이다.

위의 벽화를 보면 오시리스에게 바쳐진 빵이 둥근 모양이다. 오시리스에게 바친 빵이 일종의 남근의 의미도 갖고 있음을 알 수 있다. 흔히 이집트에서는 태양 숭배 풍속이 널리 퍼져 있었기 때문에, 어떤 신에게 빵을 바칠 때는 둥근 빵이 바쳐지고, 또 둥근 빵은 태양과 남근의 귀두를 의미하게 된다. 또한 로마 카톨릭처럼 이집트인들도 오시리스에게 바쳐진 빵이 그들의 신인 오시리스 자체라고 여겼다.

이렇게 이집트에서 태양신에게 둥근 빵을 바치는 풍속은 로마의 미트라 숭배에서 계승되었고, 이 로마의 미트라 숭배의 관습이 로마 카톨릭으로 전수되어 로마 교회는 태양 모양의 둥근 빵을 바치고 그 빵에게 절하고 있는 것이다. 로마 카톨릭은 빵이 태양신이 아니라고 주장하지만, 태양 모양의 빵을 신으로 여기고 절하는 행태는 태양 숭배 종교와 다름이 없고, 더구나 로마교가 빵에 새겨놓은 표식도 명백히 태양신의 표식이다.

위의 왼쪽 빵이 로마 카톨릭의 빵이고 오른쪽 빵이 오소덕스의 빵이다. 약간 다르긴 하지만 둘 다 원 안에 십자가가 있는 표식이다. 앞서 지적했듯이 십자가가 태양신의 표식일 뿐 아니라, 특히 원 안의 십자가 표식은 구약시대 이스라엘 백성이 숭배했던 바알신의 표식이었다. 이스라엘이 이 바알을 섬겨서 그토록 하나님을 진노케 했던 것이다.

위의 표식들이 바알의 표식으로서 가나안에서 출토된 것이다. 원래 십자가가 어느 지역에서든 태양의 표식이었을 뿐 아니라, 특히 원 안에 십자가가 든 형태는 바로 이스라엘의 바알의 표식이었던 것이다. 오늘날 로마 카톨릭 신부는 둥근 원 안에 십자가가 그려진 그 빵에게 무수히 무릎을 꿇어 배례할 뿐 아니라, 로마 카톨릭 교도들도 그 빵에게 무릎 꿇어 경배하고 입으로 그 빵을 받는다. 구약시대의 이스라엘의 우상 숭배 행태가 바로 태양신에게 무릎 꿇고 입 맞추는 것이었다.

> "그러나 내가 이스라엘 가운데에 칠천 명을 남기리니 다 바알에게 무릎을
> 꿇지 아니하고 다 바알에게 입맞추지 아니한 자니라"(왕상 19:18).

그러므로 로마 카톨릭의 빵이 구약시대의 이스라엘의 태양신의 표식과 같은 것일 뿐 아니라, 구약성경의 이스라엘의 태양신 숭배의 행태와도 완전히 일치하는 것이다.

　위의 왼쪽 그림이 보여주는 것같이 수도사들부터가 저렇게 빵에게 무릎 꿇어 경배하고 빵을 혀로 받는다. 하물며 일반 로마 가톨릭 교도들은 빵이 자기 앞에 당도하기 전부터 저렇듯 무릎 꿇고 기다리는 것이다. 또한 빵을 신부가 로마 가톨릭 교도들의 입에 넣어주는 추악한 작태가 천주교의 전통이 되어왔는데, 이는 이집트에서 태양신이 태양과 남근을 의미하는 표식을 신도들의 입에 대주는 것에서 유래한 것이다.

　위의 사진을 보면 이집트의 태양신들인 호러스와 오시리스(또는 아문라)가 앵크 십자가 꼭대기의 원을 신도들의 입에 대고 있다. 앵크 십자가의 둥근 원은 태양과 남근을 상징하는 것이다. 이런 행태를 로마 카톨릭이 답습하여

신을 자처하는 신부가 사람들의 입에 둥근 원, 곧 로마 카톨릭의 태양 모양의 빵을 넣어주는 것이다. 또한 둥근 빵을 나눠주기 전에 로마교 신부가 들어서 바친다. 아래의 그림을 보라.

이처럼 신부가 제단에서 빵을 들어서 바치는데, 저런 제사방식을 로마 카톨릭은 거양이라고 한다. 그런데 아래 그림인 가나안의 하솔에서 출토된 몰렉(암몬의 태양신) 숭배의 조각에서 나타나듯이(주: 이스라엘은 바알, 몰렉, 그모스 등 주변 이방 나라들의 태양신을 모조리 섬겼다), 둥근 태양을 두 손으로 들어서 숭배하는 것은 태양 숭배의 관습이다.

이것은 이집트에서도 나타나는데 태양 숭배자들이 태양을 두 손으로 떠받든다. 아래 사진이 보여주듯이 태양을 양손으로 들어서 숭배하는데, 그때에 좌우에 보좌관이 위치한다는 것도 똑같다. 로마 카톨릭이 저 빵을 들어서 누구에게 바치는가 하면 하나님께 바친다는 것이 그들의 주장이다.

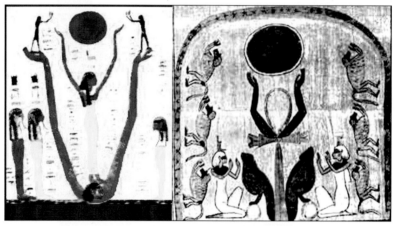

그래서 일반인 눈에는 신부가 십자가에 달린 예수 인형에게 그 빵을 바치는 것으로 보인다. 그러나 앞서 지적했듯이 십자가와 예수 인형은 태양신의 형상이다. 그러므로 태양신에게 태양 모양의 빵을 높이 들어서 바치고 있는 것인데, 이는 이교 로마제국의 태양숭배자들의 행태와 똑같은 것이다.

신부가 빵을 바치는 제단 위쪽에는 십자가나 예수 인형뿐 아니라, 아예 대놓고 태양 형상이 걸려 있는 경우가 많다. 그들이 태양신에게 그 빵을 바치고 있다는 것을 이교도들에게 확실히 어필하기 위해서다. 그럼으로써 태양신 숭배자들을 쉽게 끌어 들일 수가 있었던 것이다.

　위의 성당들의 제단 위에 보시면 모두 둥근 천정이 있는데, 저 둥근 천정들에 태양 형상이 매달려 있다. 둥근 천정은 천구, 곧 하늘을 의미하고 태양 형상은 태양을 의미한다(태양숭배는 남근숭배를 의미하기도 하므로 둥근 천장과 태양은 둘 다 남근의 귀두를 의미하기도 한다). 제단 위쪽에 태양을 달아 놓는 것은 이집트 태양 숭배 풍속에서도 나타나는 것이다.

이처럼 이교도들의 태양 숭배 행태(아래 그림)를 따라서 신부가 제단에서 제단 위쪽의 태양신에게 빵을 바치고 있는데, 제단 위에 태양이 있는 것은, 로마 카톨릭의 본부인 바티칸부터가 그렇다. 아래 사진은 바티칸 베드로 성당의 제단, 곧 대제단이다.

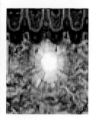

둥근 천정의 십자가 밑에 공 같은 태양이 위치해 있도록 설계되어 있고, 보다시피 대제단 위쪽에 누렇고 빛나는 진짜 태양 광채가 보이도록 설계가 되어 있다.

저렇듯이 누렇게 빛나는 것이 태양이 아니면 무엇이 태양일까? 로마 카톨릭이 바티칸 제단에서 제물을 바칠 때 저것에게 바치는데, 이는 태양신에게 제물을 바치는 것이다. 로마 카톨릭이 여기에 대해 변명하는 것은 저것이 성령이라는 것이다. 저 광채에 가까이 가보면 다음의 그림처럼 비둘기가 그 안에 그려져 있기 때문이라는 것이다.

비둘기가 그려져 있으니 성령으로 봐야 한다는 것인데, 비가견적 존재이신 성령을 형상으로 만들어서 거기다 제물을 바치는 것 자체가 우상숭배이거니와, 게다가 애초 저것은 성령을 표시하고자 제작한 것도 아니기에 태양신임이 명백하다. 왜냐하면 고대 태양 종교에서 태양은 새로 표현되기 때문이다.

위 그림의 왼쪽이 태양이고 오른쪽이 달인데 그림에서 보는 바처럼 태양이 날개 달린 새로 표현되었다. 그러므로 로마 카톨릭의 날개 달린 태양 역시 명백히 태양신이었던 것이다.

바티칸은 카톨릭의 본부이므로 바티칸의 대제단에서는 신부만 제물을 바칠 뿐 아니라 교황도 제물을 바친다. 이때 교황이 태양에게 제물을 바친다. 아래 그림을 보라.

　위 왼쪽 그림처럼 바티칸에서 미사가 열릴 때, 교황이 대제단에 올라가게 된다. 신부가 성당의 제단에서 빵을 들어서 바치듯이 교황이 저 바티칸의 대제단에서 빵과 잔을 바치는데, 위 오른쪽 그림은 교황이 바티칸 대제단에서 잔을 바치는 모습이다. 교황이 잔을 높이 들어서 위를 향해 바치고 있다. 즉, 주제단이 아닌 대제단에서 바칠 때는 천정 쪽의 위에 있는 무엇인가에게 바치는 것이다. 위에 뭐가 있냐하면 대제단 뚜껑(천개)이 있는데, 대제단 뚜껑에 역시 태양신이 있다. 아래는 위의 사진 오른쪽 상단 사진을 클로즈업한 것이다.

사진이 보여주는 바처럼 역시 태양 형상이 있고 그 안에 새가 그려져 있다. 이렇듯 바티칸 대제단의 뚜껑(천개)에 아까 보신 태양광채 안의 새 같은 그림이 그려져 있는데, 로마 카톨릭은 저것을 여전히 성령이라고 주장하지만, 저것은 이교의 날개 달린 태양신일 뿐 아니라 다른 천주교 성당의 천개에 그려진 광채와 비교해 보더라도, 태양신이라는 것이 명백한 것이다.

보다시피 천개에 그려져 있는 것이 바로 태양신인 것이다. 그러므로 바티칸의 대제단 위의 천개에 그려져 있는 그림이 태양신이라는 것은 의심의 여지가 없다. 떡과 잔을 새 모양 그림에게 바치는 것은 성령에게 바치는 것이 아니라 태양신에게 바치는 것이다.

미사에서 가톨릭 신부가 제단에서 빵을 바치고 로마 카톨릭교도들이 그 빵에 절을 하고 받아먹는 것은 성당 내에서 이루어지지만, 로마 카톨릭 신부는 특정한 날이 되면 그 빵을 성광에 끼워서 밖으로까지 들고 나간다. 이것을 성체행렬이라고 한다.

▲ 성체 행렬

성당에서 신부가 빵을 예수님으로 만드는 거짓 기적을 행한 후, 그 빵을 성광에 끼워 얼굴을 가리고 거리로까지 들고 나아가며 '이 빵이 예수님이시다' 라고 선전하고 다니는 것이다. 그러면 충성된 로마 카톨릭 교도는 길에서 그 빵에다가 절을 올린다. 이렇듯 로마 카톨릭은 성당 안에서든 밖에서든 저 빵을 들고 "이것이 그리스도다, 예수 그리스도가 여기 있다"고 사람들을 미혹하여 수많은 사람들로 하여금 우상을 숭배하게 만드는 것이다.

> "그 때에 사람이 너희에게 말하되 보라 그리스도가 여기 있다 혹은
> 저기 있다 하여도 믿지 말라. 거짓 그리스도들과 거짓 선지자들이 일어나
> 큰 표적과 기사를 보여 할 수만 있으면 택하신 자들도 미혹하리라
> 보라 내가 너희에게 미리 말하였노라"(마 24:23~25).

하나님은 이러한 로마교의 행습들을 음행의 더러운 것이며 가증한 것이라고 말씀하신다. 이교도들의 태양 숭배에서 카피해온 비성경적 전통이기 때문이다. 이처럼 복음을 변개한 로마 카톨릭이 바로 예수님께서 예언하시고 사도들이 예언했던 신약시대에 올 그 적그리스도 체제이다.

◆ 부록2에 수록한 글을 작성해주신 박춘훈님을 축복합니다. ◆

환난 · 진노 · 휴거

신약시대 전체는 하나님의 백성들이 환난 받는 큰 환난의 기간이다. 즉 예수님이 재림하실 때까지 이 땅의 성도들은 시대적 상황에 따라 빈도와 강도에 차이가 있을 뿐 언제나 환난을 받는 것이다. 그리스도인들에게 환난이란 일상적인 것이며, 교회는 근본적인 성격에 있어서 항상 순교적인 교회라는 것이 성경의 일관된 교훈이다(행 14:22; 요 16:33; 롬 8:35; 살후 1:6~10; 요 15:20; 살전 1:6~10; 마 10:28,39; 눅 21:16~18; 계 13:7~10,15; 14:12).*

그러므로 세대주의자들이 고안해 놓은 이른바 '7년 대환난'이라는 성경에 없는 기간을 놓고 '환난 전 휴거'냐 '환난 중간 휴거'냐 '환난 후 휴거'냐라는 문제로 논쟁을 하는 것은 일고의 가치도 없는 시간 낭비에 불과하다.

예수 그리스도의 재림과 휴거는 끊임없이 크고 작은 환난으로 이어져 온 이 신약시대가 다 지난 후 역사의 끝에 이르러 단 한 번에 동시에 발생하는 것이다. 이른바 '7년 대환난'이나 '환난 전 휴거'는 성경에 없는 다른 교훈이요 다른 복음이다. 성경은 재림과 휴거가 언제 어떻게 발생한다고 가르치고 있는가?

"주께서 호령과 천사장의 소리와 하나님의 나팔 소리로 친히 하늘로부터
강림하시리니 그리스도 안에서 죽은 자들이 먼저 일어나고 그 후에 우리
살아 남은 자들도 그들과 함께 구름 속으로 끌어 올려 공중에서 주를
영접하게 하시리니 그리하여 우리가 항상 주와 함께 있으리라"(살전 4:16∼17).

위의 성구가 밝힌 대로 교회의 휴거는 예수님이 공중에 재림하실 때 단
한 번 일어난다. 그런데 그 휴거의 발생 시기를 예수님은 다음과 같이 말씀
하셨다.

"그 날 환난 후에 즉시 해가 어두워지며 달이 빛을 내지 아니하며
별들이 하늘에서 떨어지며 하늘의 권능들이 흔들리리라
그 때에(즉 환난 후) 인자의 징조가 하늘에서 보이겠고
그 때에(즉 환난 후) 땅의 모든 족속들이 통곡하며
그들이 인자가 구름을 타고 능력과 큰 영광으로 오는 것을 보리라
그가 큰 나팔소리와 함께 천사들을 보내리니 그들이 그의 택하신 자들을
하늘 이 끝에서 저 끝까지 사방에서 모으리라(즉 휴거)"(마 24:29∼31).

예수님은 '환난 전 휴거'를 가르치셨는가? 그렇지 않다. 예수님은 '환난
후'라고 하셨지, 환난 전에 택하신 자들을 모으신다고 하지 않았다. 예수님
이 말씀하신 휴거는 '환난 전'의 것이 아니라 '환난 후'의 것이다. 마가도
이러한 계시를 분명히 기록했다.

"그 때에 그 환난 후 해가 어두워지며 달이 빛을 내지 아니하며
별들이 하늘에서 떨어지며 하늘에 있는 권능들이 흔들리리라
그 때에(즉 환난 후) 인자가 구름을 타고 큰 권능과 영광으로 오는 것을
사람들이 보리라 또 그 때에(즉 환난 후) 그가 천사들을 보내어
자기가 택하신 자들을 땅 끝으로부터 하늘 끝까지
사방에서 모으리라(즉 휴거)"(막 13:24~27).

세대주의자들이 예수님의 재림을 이른바 7년 대환난을 전후로 공중 재림과 지상 재림으로 구분해 놓고서 환난 전 휴거를 주장하고 있으나 그것은 인간이 고안해 낸 픽션일 뿐 전혀 성경적 교훈이 아니다. 성경은 오직 환난 후의 단 1회적 재림만을 말하고 있으며, 휴거는 그 때 동시에 발생하는 것이다.

그런데 주님의 재림은 '호령'(shout)과 '천사장의 소리'(Voice)와 '하나님의 나팔'(trumpet)을 수반할 것이므로 휴거는 세대주의자들의 말처럼 은밀한 것이 아니라 극도로 '떠들썩한' 승천이 될 것이다. 세대주의자들이 비밀 공중 재림과 비밀 휴거의 근거로 삼고 있는 데살로니가전서 4장 15~17절에는 비밀이 있을 여지가 없다. 래드(Ladd)의 말대로,

"살전 4:15~17. 이 성경구절에서 그리스도의 비밀 재림을 발견하는 것

은 매우 어렵다. 그리스도의 재림은 '호령'(shout)과 '천사장의 소리'(voice)와 '하나님의 나팔'(trumpet)을 수반할 것이다. 어떤 사람의 말처럼 그 호령과 나팔 소리는 죽은 사람도 깨울 만큼 큰 소리일 것이다."

(G. E. Ladd, 「The Blessed Hope」, Grand Rapids: W. B. Eerdmans Publishing Co., 1979, p.63)

들리지 않는 호령은 호령이 아니고 소리 나지 않는 나팔은 나팔이 아니다(마 24:31). 죽은 의인들이 부활하고 살아있는 성도들이 변화되어 승천하는 일은 비밀리에 소리 없이 이루어질 일이 아니고 "나팔 소리"가 날 때 일어날 일들이다. 비밀 강림이 아니라 극도로 "떠들썩한" 재림이 될 것이며 비밀 휴거가 아니라 가장 떠들썩한 승천이 될 것이다.

뿐만 아니라, "번개가 동편에서 나서 서편까지 번쩍임같이 인자의 임함(파루시아)도 그러하리라"(마 24:27)는 예수님의 말씀처럼, 그리스도의 강림(파루시아)은 온 세상이 목도할 수 있는 공개적인 사건이기 때문에, 휴거 역시 결코 은밀한 휴거(Secret Rapture)가 아니라 온 세상이 볼 수 있도록 공개적으로 당당히 이루어질 사건임이 분명한 것이다.

비밀 휴거를 주장하는 사람들은 예수께서 "밤에 도적같이"(살전 5:2; 눅 12:39) 오신다는 말씀을 비밀 재림과 비밀 휴거의 표현으로 강조한다. 그러나 "주의 날이 도적같이 오리니 그날에는 하늘이 큰 소리로 떠나가고"(벧후 3:10)라고 표현된 말씀에서 "도적같이"의 뜻이 "소리 없이" "아무도 모르게"의 뜻이 아니라 "갑자기"라는 뜻인 것을 알게 된다. "만일 집 주인이 도적이 어느 경점에 올 줄 알았다면"(마 24:43)이라는 그리스도의 말씀에서도 그것이 시간에 관계된 표현임을 재차 확인하게 된다. 성경에는 도적이 오는 것처럼 때를 알 수 없는 갑작스러운 재림은 강조되었어도 소리 없이 이루어지는 비밀 재림이나 비밀 휴거는 언급된 적이 전혀 없다.

그리고 들림을 받아 공중에서 주님을 영접한 후엔 예수님과 성도들은 함께 곧바로 지상으로 강림하는 것이지 7년씩이나 허공에서 체류하지 않는다.

그래야 할 이유가 없다. 부활하신 예수님께서 감람산에서 승천하실 때 그 광경을 자세히 쳐다보고 있는 제자들을 향하여 흰옷 입은 두 사람이 그들 곁에서 다음과 같이 말했다.

"너희를 떠나 하늘로 들려올라 가신 이 예수는 너희가 하늘로 가심을 본 그대로 오시리라" (행 1:11 하반절. KJV).

HE WILL COME THE SAME WAY THAT HE LEFT

당시 하늘로 들려올라 가신 예수님은 하나님의 보좌 우편으로 가시기까지 공중에서 7년간 체류하신 적이 없다. 그는 곧바로 아버지 곁으로 가셨다. 그러므로 주님은 "하늘로 가심을 본 그대로" 오시기 때문에 재림하실 때도 들림 받은 성도들의 영접을 공중에서 받으신 후 곧장 지상으로 오시는 것이지 아무 것도 없는 공중에 절대로 7년씩이나 체류하지 않는다.

그러나 '7년 대환난'과 환난 전의 '은밀한 휴거'를 주장하는 세대주의자들은 여러 가지 성경을 인용하면서 그들의 환난 전 휴거설을 뒷받침하고 있으며 여기에 많은 그리스도인들이 미혹되어 있다. 그들이 '환난 전 휴거설'을 옹호하기 위해 제시하고 있는 그 성경 구절들은 참으로 그들의 이론을 지지하는 구절인가? 결코 그렇지 않다.

이제 세대주의자들이 '환난 전 휴거설'을 뒷받침하기 위해 애용하고 있는 주요 구절들을 하나하나 살펴보면서 그 구절의 실제적인 의미가 무엇인지를 알아보자.

1. 요한계시록 3:10

> "네가 나의 인내의 말씀을 지켰은즉
> 내가 또한 너를 지켜 시험의 때를 면하게 하리니
> 이는 장차 온 세상에 임하여 땅에 거하는 자들을 시험할 때라."

이 말씀은 성도가 환난에서 면제된다는 의미가 아니고 '환난 중에서 보호하심'을 뜻하는 말이다. '면하게 하리니'의 원문은 '~으로부터 지키리니'로서, '~으로부터'는 어떤 사물의 통과를 뜻하는 '에크'(ek: from, out of)란 전치사로 되어 있고, 면제를 뜻하는 '아포'(apo)로 되어 있지 않다. 그리하여 영어성경 NIV(New International Version)는 아래와 같이 번역하였다.

*"Since you have keep(ετυρησας) my command to endure patiently, I will also **keep**(τηρησω) you from the hour of trial…"*

흠정역 역시 "… will **keep** thee from the hour of temptation"(시험의 때에 너를 지키리니)이라고 했다. 희랍어 표준 원문에서 직역한 한글 새성경 신약전서도 다음과 같이 번역하였다.

> "네가 나의 인내의 말을 지켰기 때문에 나도 시험의 때에 너를 **지키리니**,
> 이는 전 세계에 임하여 땅 위에 사는 사람들을 시험하는 때라."

그리고 표준 신약전서도 역시 아래와 같이 번역하였다.

> "네가 내 인내의 도리를 지켰으므로 나도 땅 위에 살고 있는 자들을
> 시험하려고, 온 세계에 닥칠 시험의 때에 너를 **지킬 것이다**."

또한 공동번역 성경도 이렇게 번역하였다.

> "참고 견디라는 내 명령을 너는 잘 지켰다.
> 그러므로 이 세상에 사는 사람들을 시험하기 위해서
> 앞으로 세계에 환난이 닥쳐 올 때에 너를 **보호해 주겠다.**"

즉 본문은 우리가 환난을 피하도록 해주시겠다는 약속이 아니라 환난에서 견딜 수 있게 지켜주심을 말하는 것이다. 이 약속을 우리가 하나님의 말씀을 지키는 것과 대조하여 말씀하신 것이다.

2. 누가복음 21:34~36

> "너희가 스스로 조심하라 그렇지 않으면… 그 날이 덫과 같이
> 너희에게 임하리라 이 날은 온 지구상에 거하는 모든 사람에게 임하리라
> 이러므로 너희는 장차 올 이 모든 일을 능히 피하고 인자 앞에 서도록
> 항상 기도하며 깨어 있으라 하시니라."

"장차 올 이 모든 일을 능히 피하고"라는 말씀은 성도들이 적그리스도와 그의 추종자들로부터 당하는 모든 환난을 '피하라'는 말이 아니다. 그리스도의 재림 시에 행하여질 '심판들'을 피하라는 말씀이다. 그것은 26절의 사람들을 기절시킬 '세상에 임할 일', 즉 그리스도의 심판을 피하라는 말씀이다. 주님의 심판은 온 세상에 임하며(26, 35절) 덫과 같이 임하는 것이다(34절).

3. 데살로니가전서 1:10; 5:9

"또 죽은 자들 가운데서 다시 살리신 그의 아들이 하늘로부터
강림하실 것을 너희가 어떻게 기다리는지를 말하니 이는
장래의 노하심에서 우리를 건지시는 예수시니라"(살전 1:10).

"하나님이 우리를 세우심은 노하심에 이르게 하심이 아니요 오직
우리 주 예수 그리스도로 말미암아 구원을 받게 하심이라"(살전 5:9).

"장래 노하심에서 건져 주신다"는 말씀이나 "노하심에 이르게 하심이
아니요"란 말씀은 휴거나 대환난과 관계된 것이 아니고 하나님의 최후 심
판(진노)과 관련된 말씀이다. 즉 성도는 장차 하나님의 심판에서 구원을 받는
다는 것이다.

'환난'과 '진노'는 다르다. 환난은 성도들도 받지만 진노는 성도가 받지
않는다. 왜냐하면 구원받은 성도는 그들이 마땅히 받아야 할 진노를 예수 그
리스도께서 이미 십자가상에서 대신 받으셨기 때문이다. 그러나 환난은 성
도들도 받는 것이다. 성도가 받는 환난은 구원의 목적에서 주어지나(연단의 차원
에서), 불신자가 받는 환난은 심판의 목적에서(형벌의 차원에서) 주어지는 것이다.

세대주의자들은 이 '환난'과 '진노'를 구분하지 않고 노아가 홍수 때에
방주에 들어간 것까지 성도가 환난을 당할 수 없음을 보여 주는 '환난 전 휴
거의 모형'이라고 주장한다. 즉 노아가 홍수 때에 방주에 올라가 환난을 피
했으니, 그와 같이 마지막 때에도 성도들은 들려올라가 환난을 피한다는 것
이다.

그러나 이와 같은 적용은 대단히 잘못된 것이다. 노아의 홍수는 하나님께서 내리신 진노 즉 심판인 것이지, 세상이 성도들에게 주는 환난이 아니기 때문이다. 노아는 방주를 짓기까지 120년간이나 전 인류의 끊임없는 조롱과 비웃음과 핍박과 환난을 당했음을 그들은 간과하고 있는 것이다.

노아가 피한 것은 하나님의 진노였지, 세상 사람들이 그에게 주는 환난이 아니었다. 40주야의 홍수 기간은 환난 기간이 아니고 진노와 심판의 기간이었던 것이다. 노아는 환난과 박해를 면한 것이 아니고 하나님의 진노와 심판을 피한 것이다.

롯의 때도 역시 마찬가지다. 세대주의자들은 소돔 성에 불심판이 내리기 전에 롯이 소알 성으로 피신한 것을 '환난 전 휴거의 모형' 으로 해석하고 있다. 그러나 성경은 다음과 같이 말한다. "무법한 자의 음란한 행실을 인하

여 고통하는 의로운 롯을 건지셨으니"(벧후 2:7). 의로운 사람 롯은 악인들로 가
득 찬 음란한 소돔 성에서 큰 환난을 당했던 것이다(창 19:9). 즉 롯은 환난을 피
한 것이 아니고 하나님의 진노(심판)를 피한 것이다.

환난과 박해는 이 땅에서 성도가 겪어야 하는 일상적인 것이다. 하나님의
구원은 환난에서 피신하게 하는 구원이 아니라 환난 중에서 승리하게 하시
는 구원이다. 환난을 면하게 하는 구원이 아니라 이겨나가게 해주시는 구원
인 것이다. 환난도피사상은 마귀로부터 온 사상이다. 환난과 진노는 다르다.

4. 마태복음 24:40~41

> "그 때에 두 사람이 밭에 있으매 하나는 데려감을 당하고
> 하나는 버려둠을 당할 것이요 두 여자가 맷돌질을 하고 있으매
> 한 사람은 데려가고 한 사람은 버려둠을 당할 것이니라."

이 말씀이 의미하는 바는 두 사람이 함께 있다가 한 사람이 상대방도 모
르게 비밀리에 사라진다는 뜻이 결코 아니다. 예수님께서 재림하시기 직전
까지는 외적으로 드러나는 아무 구분 없이 한데 어울려 살지만 홀연히 재림
하실 때에는 준비 여부에 따라 운명을 달리하는 영원한 분리가 이루어짐을
강조한 것이다.

이러한 사실은 이 말씀의 문맥이 시작되는 바로 앞 성경 구절과 끝난 다
음의 성경 구절에서 그 뜻이 분명해진다. "노아의 때와 같이 인자의 임함도

그러하리라 홍수 전에 노아가 방주에 들어가던 날까지… 홍수가 나서 그들을 다 멸하기까지 깨닫지 못하였으니 인자의 임함도 이와 같으리라"(37~39절). (40, 41절 본문) "그러므로 깨어 있으라 어느 날에 너희 주가 임할는지 너희가 알지 못함이니라"(42, 43절).

이 모든 표현이 그리스도의 재림과 노아 홍수의 유사점을 직접 비교하는 문맥에서 쓰였음을 쉽게 알게 된다. 믿음으로 준비되어 방주에 들어간 사람은 홍수에서 구원받았듯이, 믿음으로 재림을 준비한 사람도 마지막 파멸에서 구원을 받을 것이다. 그리하여 준비 여부에 따라 주님의 재림 때에 운명을 달리하는 영원한 분리가 이루어진다는 것이 이 구절의 교훈인 것이다.

5. 요한계시록

> "요한계시록 2장과 3장에서는 교회라는 말이 있으나
> 4장 이후에는 한 번도 없으니, 4장 이전에 교회는 휴거되고
> 4장 이후에 발견되는 성도는 이삭줍기에 해당하는 성도들이다."

그러나 계시록 4장 1절에서는 교회가 휴거하지 않았다. 단지 사도 요한 개인이 성령의 감동으로 육체는 밧모 섬에 그대로 있는 상태에서, 그의 영으로 계시를 받기 위하여 '공중'이 아닌 '하늘 보좌' 곁으로 올라간 것뿐이다. 그러므로 4장 이후에 나타나는 성도는 이른바 '이삭줍기' 성도가 아니라 교회의 성도인 것이다. 4장 이후에는 교회가 없는 것이 아니라 교회 이름이 없는 것뿐이다.

그리고 무엇보다 '이삭줍기 구원'이라는 개념 자체가 성경의 교훈과 상충하는 그릇된 발상이다. 노아의 때(창세기 6장)와 롯의 때(창세기 19장)에 그리고 예수님의 열 처녀의 비유(마태복음 25장) 중에 이삭줍기 구원이라는 것이 있는가? 없다! 노아의 홍수 때에 닫혔던 방주 문이 다시 열려 노아의 가족 외에 이른바 '이삭줍기'로 구원을 받은 사람은 단 한 사람도 없었다. 롯의 때에도 소돔 성 사람들 중에 롯의 가족 외에 '이삭줍기'로 구원받은 사람은 아무도 없었다.

구원의 기회는 단 한 번뿐이요, 천국문은 한 번 닫히면 절대로 다시 열리지 않는 것이다. 그리고 이것은 이방인이나 유대인이나 차별이 없다(롬 1:16; 3:22). 지금이 은혜의 때요 구원의 날이며 이 은혜의 때에 전파되고 있는 복음으로 구원을 받지 않으면 유대인들도 이방인과 마찬가지로 더 이상 아무런 소망이 없다.

▲한번 닫힌 방주의 문은 다시 열리지 않았다.

"그들이 사러 간 사이에 신랑이 오므로 준비하였던 자들은 함께
혼인 잔치에 들어가고 문은 닫힌지라 그 후에 남은 처녀들이 와서 이르되
주여 주여 우리에게 열어 주소서 대답하여 이르되
진실로 너희에게 이르노니 내가 너희를 알지 못하노라"(마 25:10~12).

"거룩하고 진실하사 다윗의 열쇠를 가지신 이 곧 열면 닫을 사람이 없고
닫으면 열 사람이 없는 그가 이르시되"(계 3:7).

"그가 헐으신즉 다시 세울 수 없고 사람을 가두신즉 놓이지 못하느니라"
(욥 12:14).

재림 후에 '이삭줍기'에 해당하는 두 번째 구원의 기회는 없다. 재차 구
원을 준비할 수 있는 기회는 주어지지 않는다. 그리스도께서 다시 오실 때
에는 하나님을 모르는 자들과 우리 주 예수의 복음을 복종하지 않는 자들에
게 형벌을 내리시기 위하여 불꽃 중에 임하실 것이기 때문이다(살후 1:8). 재림

후에 적어도 7년간은 구원받을 수 있는 은혜의 집행유예가 계속된다는 가르침은 성경에 전혀 근거가 없는 철저한 거짓이다(고후 6:1,2).

'7년 대환난' 이란 없다. 따라서 예수님의 재림은 7년 환난 전 공중 재림과 7년 환난 후 지상 재림 같은 이중 재림이 아니며, 7년 환난 전의 이른바 '은밀한 휴거(Secret Rapture)' 따위도 없는 것이다. 성도의 휴거는 세상 끝에 주님이 단 한번 강림하실 때 단 1회적으로 그 재림과 함께 동시에 공개적으로 발생하고 종결되는 것이다.

주님의 초림 탄생도 1회
십자가의 죽으심도 1회
부활하심도 1회
승천하심도 1회
주님의 재림도 1회가 되리니
성도의 휴거도 오직 1회로 끝날 것이다.
떠들썩하게!
공개적으로!

결 어

이상과 같이 살펴본 바대로, 세대주의자들이 그들의 '환난 전 휴거설'을 뒷받침하기 위해 사용하는 구절들은 한결같이 해석이 그릇되었고 잘못 적용된 것이다. 환난 전 휴거설은 성경의 교훈과 상충하는 전혀 다른 복음이다. '7년 환난'을 주장하는 세대주의자들의 최대의 관심사는 환난을 당하지 않는 휴거인 것인 바 그것은 성경의 메시지와 정반대인 것이다.

성경의 최대의 관심사는 환난을 당하는 성도들에게 주어지고 있다. 요한계시록이나 다니엘의 종말론의 핵심 주제는 "성도들의 환난 및 예수 그리스도의 승리"이다. 그러므로 특히 요한계시록에는 성도들을 위로하고 격려하는 말씀들로 가득 차 있는 것이다(1:7; 2:7,11,17,26; 3:5,12,21; 2:10; 5:5; 7:17; 21:4; 8:4; 14:13; 20:4).

이제 우리는 성경에서가 아닌 사람의 머리에서 나온 기발한 아이디어로 구성해 놓은 세대주의 종말론의 독소를 말끔히 씻어버리고, 성경적 종말론으로 무장하여 미혹당한 수많은 성도들을 바로 이끌어 주자.

---

* 다니엘서와 요한계시록에는 '한 때, 두 때, 반 때', '1260일', '42개월'이라는 용어로 묘사된 특정한 환난의 기간이 있는데, 그것은 '작은 뿔' 혹은 '짐승'이 성도들을 박해하는 기간으로서, 곧 중세 암흑시대 1260년간의 교황권에 의한 환난의 때를 말한다.

** 20세기 말엽 한국교회는 1992년 시한부 종말론으로 인해 몸살을 앓았는데, 무릇 '7년 대환난'을 신봉하고 가르치는 모든 자들은 시한부 종말론자들이다. 왜냐하면 그들의 이론에 따르면 7년 대환난 시작점부터 정확히 7년 만에 재림과 종말이 임하기 때문이다. 따라서 그들은 사실상 7년 시한부 종말론자들인 것이다. 그러나 성경은 그리스도인들이 어느 역사적 시점에 서 있든지 주님의 재림과 종말의 때는 알 수 없다고 가르치고 있다.

다니엘의 70이레 예언 해설

비밀 휴거를 주장하는 세대주의자들은 7년 환란을 너무나 자주 언급하고 있기 때문에, 많은 그리스도인들은 성경이 그 기간을 매우 자주 언급하고 있다고 생각하는 듯하다. 그러나 그렇지 않다. 성경의 단 한 구절도 7년이라는 기간을 세상 끝이나 그리스도의 재림에 관련하여 말하고 있지 않다.

A 그리스도의 초림에 관한 70주 예언: 성경을 깊이 연구한 사람이라면, 비밀 휴거를 가르치는 세대주의자들이 7년이라는 기간을 증명하기 위해서, 다니엘 9장 24~27절을 문맥을 무시하고 해석하는 것에 대해서 놀랄 것이다. 세대주의자들은 다니엘 9:24~27을 잘못 해석하게 되는 가장 근본적인 이유는, 하나님께서 가브리엘 천사를 통해 다니엘에게 보내준 그 소식을 그리스도의 재림에 적용하기 때문이다. 그 성경 구절은 재림이 아니라, 메시아의 초림에 관한 예언임을 이해해야만 한다.

다니엘 9:23에는, 다니엘이 예언을 깨닫게 해달라고 기도하는 장면이 나온다. 다니엘이 기도하고 있는 동안, 가브리엘 천사는 그의 기도에 대한 답을 들고서 하늘로부터 내려왔다. "네가 기도를 시작할 즈음에 명령이 내렸으므로 이제 네게 알리러 왔느니라 너는 크게 은총을 입은 자라 그런즉 너는 이 일을 생각하고 그 환상을 깨달을지니라."

B 유대인들을 위한 70주의 은혜의 기간: 가브리엘 천사는 즉시로 예언에 대한 설명을 시작하였다. "네 백성과 네 거룩한 성을 위하여 일흔 이레(70 week, 70주일)를 기한으로 정하였나니 허물이 그치며 죄가 끝나며 죄악이 용서되며 영원한 의가 드러나며 환상과 예언이 응하며 또 지극히 거룩한 이가 기름 부음을 받으리라"(단 9:24). 바로 여기에 나오는 70주에 관한 예언은 비밀 휴거를 주장하는 세대주의자들이 종말의 시간표를 작성한 기초를 이루고 있다. 이 예언을 올바르고 정확하게 이해해야만 비밀 휴거론자들의 문제점을 분명하게 포착할 수 있다.

이 예언에 나오는 70이레 기간은 70년간의 바벨론 포로 생활(렘 29:10)에서 돌아온 유대인들에게 다시 한번 허락된 마지막 은혜의 기간을 의미한다. "네 백성과 네 거룩한 성을 위하여 70이레로 기한을 정하였나니." 하나님께서 이스라엘 백성들에게 허락하신 70주일이라는 예언적 기간은, 그들이 메시아의 오심을 잘 준비할 수 있도록 하기 위한 은혜의 기간이었다.

C 70주 예언의 계산법: 기간적인 예언을 해석할 때에는 하나님의 계산법을 따라야 한다. 마치 건축기사들이 청사진을 만들 때, 1인치를 1피트로 계산하는 것처럼, 하나님께서 주신 기간적인 예언을 해석할 때에는, 그분께서 지정하신 계산법을 따라야 하는데, 그것은 에스겔 4:6과 민수기 14:34에 기록되어 있는 바와 같이 "1일은 1년이니라"라는 법칙이다. 따라서 70이레

즉, 70주일은 70 x 7 = 490일인데, 490일은 예언의 해석법칙에 따라서 490년으로 환산된다.

그런데 490년이 시작되는 시점은 언제인가? 계속해서 나오는 가브리엘 천사의 설명을 들어보자. "그러므로 너는 깨달아 알지니라 예루살렘을 중건하라는 영이 날 때부터 기름 부음을 받은 자 곧 왕이 일어나기까지 일곱 이레(7 week)와 예순두 이레(62 week)가 지날 것이요 그 곤란한 동안에 성이 중건되어 광장과 거리가 세워질 것이며"(25절). 자, 이제 모든 것이 분명해졌다. 70주일 즉, 490년의 시작점은 예루살렘 성을 중건하라는 명령이 내려질 때이며, 그때부터 시작해서 7주일과 62주일 즉, 69주일(69 x 7 = 483일, 즉 483년)이 지나면, 기름부음을 받은 자 곧, 메시아가 나타날 것이라는 것이 가브리엘 천사의 설명이다. 누가 감히 천사가 설명하는 예언 해석을 부인할 수 있는가?

그런데, 70주일 예언이 시작점인 "예루살렘을 중건하라는 영이" 내려진 해가 언제인가? 예루살렘을 중건하라는 마지막 명령이 언제 포고되었는가? 에스라 7:7,13에서 우리는 예루살렘 성의 중건령을 볼 수 있다. "아닥사스다 왕 7년에 ... 조서하노니." 중건령이 내려졌던 아닥사스다왕 7년은 역사적으로 확립된 해이다. 성경의 관주에 나오는 해석을 보아도, 중건령이 내려진 해는 B.C. 457년임을 확인할 수 있다. 그러므로 70주일 예언의 시작점은 B.C. 457년이다. 예루살렘성의 중건령의 조서가 그 효력을 발휘하는 B.C. 457년 가을부터 시작해서 483년을 내려가면, 역사의 연대표에서 가장 영광스러운 사건이 일어나는 해를 만나게 되는데, 그 해는 바로 그리스도께서 침례를 받으셨던 해와 일치한다.

D 기름부음을 받은 자에 대한 예언의 성취: 누가복음 3:1에서, 우리는 예수께서 침례를 받은 해에 관한 매우 결정적인 정보를 얻을 수 있다. "디베료 가이사 즉위 열다섯 해, 유대의 총독으로 헤롯이 갈릴리 분봉왕으로." 역사는 가이사가 즉위한 해가 A.D. 12년이라고 말하고 있다. 그렇다면 디베료 가이사 즉위 15년은 A.D. 12년에 15년을 더한 해, 곧 A.D. 27년이 된다. A.D. 27년에 무슨 사건이 일어났는가? 같은 장 21절에 나와 있다. "백성이 다 침례를 받을 새 예수도 침례를 받으시고 ... 성령이 비둘기 같이 그의 위에 강림" 하셨으며, "성령과 능력을 기름붓듯 하심"으로서, 다니엘 9장에 나오는 "기름부음을 받은 자 곧 메시아"라는 예언을 성취시키셨다.

예수께서는 바로 이러한 예언을 근거로 당신의 지상 사업을 시작하셨기 때문에, 다음과 같은 말씀을 마가복음 1:14~15에 하셨던 것이다. "하나님의 복음을 전파하여 가라사대 때가 찼고(The time is fulfilled, 때가 성취되었고)." 무슨 때가 찼다는 것인가? 다니엘 9장에 예언되어 있는 69주일(483년)의 예언의 때가 찼던 서기 27년에, 예수께서는 침례를 받으셨으며, 성령으로 기름부음을 받은 후, 공중전도를 시작하셨다.

E 그리스도의 죽음과 그 의미에 대한 예언의 성취: 70주일 중에 마지막 남은 1주일(70주일-69주일=1주일)인 7년 동안에는 무슨 일이 이루어질 것인가? 마지막 남은 한 이레에 대하여, 가브리엘 천사가 하는 설명을 들어보자. "예순 두 이레 후에 기름 부음을 받은 자가 끊어져 없어질 것이며"(26절). 가브리엘 천사는 62이레 후, 즉 서기 27년 이후에 예수 그리스도께서 "끊어져 없어질" 것이라는 사실을 언급한 후에, 예수께서 메시아로서 하실 일에 대해서 자세한 설명을 다음과 같이 덧붙이고 있다. "그가 장차 많은 사람들과 더불어 한 이레 동안의 언약을 굳게 맺고 그가 그 이레(week)의 절반에 제사와 예물을 금지할 것이며"(27절). (여기서 "이레〈week〉의 절반"은 7년의 반이므로 3.5년 즉, 3년 반이 됨)

그렇다면 예수께서 침례를 받으시고 공생애를 시작하신 서기 27년 가을부터 3년 반 후인 서기 31년 봄에는 어떤 일이 일어났는가? 인간이 범죄한 이래 장차 오실 것으로 약속된 메시아의 죽음을 상징하여 드려온 "제사와 예물을 금지하"게 만드는 사건이 일어났다.

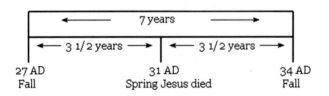

참으로 오랜 세월 동안, 유대인들은 양을 성소의 번제단 위에서 태움으로써 죄의 용서를 받아왔으며, 동시에 장차 오실 메시아에 대한 믿음을 나타냈다. 그러나 예수 그리스도께서 속죄양이 되셔서 십자가에서 죽으심으로서, 더 이상 양을 잡아서 태워 죽이는 제사 제도는 필요 없게 되었다.

"하나님이 제사와 예물을 원하지 아니하시고 오직 나를 위하여
한 몸을 예비하셨도다 이에 내가 말하기를 하나님이여 보시옵소서
두루마리 책에 나를 가리켜 기록된 것과 같이
하나님의 뜻을 행하러 왔나이다"(히 10:5~7).

또한 "이 (구약 시대의) 제사는 언제든지 죄를 없게 하지 못하거니와 오직 그
리스도는 죄를 위하여 한 영원한 제사를 드리심"으로서, "다시 죄를 위하여
제사드릴 것이 없느니라"(히 10:18), 얼마나 분명한 예언의 성취인가?

그리스도의 지상 봉사가 3년 반 동안 이루어졌으며, 서기 31년 봄에 십자
가에서 돌아가셨을 때, 성소 안에 있던 성전 휘장이 갑자기 찢어짐으로서("예
수께서 다시 크게 소리 지르시고 영혼이 떠나시자, 이에 휘장이 위로부터 아래로 찢어져 둘이 되고." 마 27:50), 모
세가 제사 제도에 대해서 기록하였던 의문의 율법이 더 이상 필요 없음을
보여주셨다. "우리를 거스르고 불리하게 하는 법조문으로 쓴 증서를 지우시
고 제하여 버리사 십자가에 못 박으시고"(골 2:14).

그러나 비밀 휴거론자들은 그리스도의 생애와 죽으심에 관한 예언인 다니엘 9:24~27을 적그리스도의 행적으로 해석하는 엄청난 착오를 일으켰다. 그들은 "이레의 절반에 제사와 예물을 금"하셨던 구세주 예수 그리스도를 적그리스도로 해석함으로서, 그리스도의 생애의 목적에 대한 예언을 완전히 왜곡시켰는데, 이것이야말로 비밀 휴거론이 만든 최대의 비극이라고 말할 수 있겠다.

F **유대인들을 위한 은혜의 시간의 종결**: 이제, 마지막 1주일인 7년 중에서 나머지 3년 반이 지나면, 하나님께서 유대인들에게 허락하신 70주간의 전체 예언이 완전히 종결된다. 나머지 3년 반 동안 제자들은 주로 유대인들의 구원을 위해서 끝까지 일했다. 예수께서 돌아가신지 3년 반 후인 서기 34년, 새 언약의 복음을 끝까지 거절하는 유대인 지도자들을 향하여 경고와 호소의 설교를 하던 스데반에게 산헤드린 공회가 돌로 쳐서 죽이는 판결을 내림에 따라, 스데반은 그리스도 교회의 첫 번째 순교자가 되었으며(행 7:51~60), 이로서 유대인들을 위한 70주일(490년)의 유예 기간은 완전히 끝났으며, 곧 이어서 일어난 핍박과 함께 이방인들에게 복음이 전파되기 시작하였다(행 8:1~). "하나님의 말씀을 마땅히 먼저 너희에게 전할 것이로되 너희가 버리고 영생 얻기에 합당치 않은 자로 자처하기로 우리가 이방인에게로 향하노라"(행 13:46).

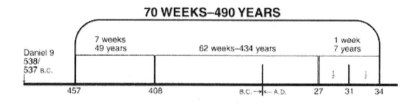

서기 70년, 다니엘 9:26~27에 예언된 대로 "한 왕의 백성이 와서 그 성읍과 성소를 훼파하는" 사건이 일어났다. 로마제국의 군대들에 의하여, 성전은 불타서 잿더미가 되었으며, 110만 명 이상의 유대인들이 포위된 채 예루살렘성 안에 갇혀서 참혹한 최후를 맞이하였다. "돌 하나도 돌 위에 남지 않고 다 무너뜨려지리라"(마 24:1~2)라는 예수님의 말씀뿐만 아니라, 다니엘서에 기록된 여러 예언들이 일시에 성취되었다.

▲로마에 세워진 타이터스 장군의 개선문에 부조된 옮겨지는 예루살렘 성전의 기구들
서기 70년 예루살렘을 포위 함락시킨 후 성전의 금 촛대, 진설병 떡상, 나팔 등을 전리품으로 가져간 것을 개선문에 부조한 것이다.

서기 34년부터 그들은 이방인의 충만한 수가 하나님의 나라 안으로 들어올 때까지(롬 11:25,26) 이방인들처럼 개인 단위로 구원을 받을 수밖에 없게 되었다. 한 민족으로서 하나님의 총애 받는 기간에 일단 종지부를 찍게 된 것이다. 유대인들의 은혜의 시간이 끝난 것에 대해서 신약 성경은 무엇이라고 이야기 하고 있는가?

"하나님의 나라를 너희는 빼앗기고"(마 21:43).

"길 가에서 한 무화과나무를 보시고 그리로 가사
잎사귀 밖에 아무 것도 찾지 못하시고 나무에게 이르시되
이제부터 영원토록 네가 열매를 맺지 못하리라 하시니 무화과나무가
곧 마른지라(무화과 나무는 유대 국가를 상징함)"(마 21:19).

"하나님의 말씀을 마땅히 먼저 너희에게 전할 것이로되
너희가 그것을 버리고 영생을 얻기에 합당하지 않은 자로 자처하기로
우리가 이방인에게로 향하노라"(행 13:46).

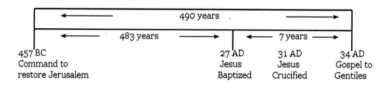

G **결론**: 이제 우리는 비밀 휴거론자들이 어떻게 7년이라는 환란 기간을 만들어 냈는지 알 수 있다. 그들은 다니엘의 70주 예언에서 마지막 7년을 역사의 중간으로부터 뚝 떼어서 저 멀리 미래, 즉 세상 끝으로 가져갔다. 그들은 마지막 70번째 주일은 말세에 그리스도께서 오셔서 의인들을 비밀리에 휴거시킨 후에야 성취될 것이라고 해석한다.

그들은 자신들이 주장하는 7년 환란설을 뒷받침하기 위해서는 어떤 성경절을 붙잡아야만 했다. 그래서 그들은 다니엘 9:25의 69주일이 그리스도의 초림에 대한 예언이라는 사실에는 동의하지만, 69주와 70번째 주 사이에 2000년이라는 시간의 간격을 집어넣었다.

즉, 예언의 시간표를 69주(483년)+거의 2000년에 이르는 그리스도 교회시대+1주(7년)로 만들었다. 70번째 주인 마지막 7년을 "7년 대환란"이라고 이름 붙인 후, 7년 환란기의 앞과 뒤에 비밀 공중휴거와 공개 지상강림이 있을 것이라는 2단계의 재림설을 만들어 낸 휴거론이야말로 너무나 허구에 찬 인간의 상상인 것이다.

이 글은 한국의 총신대학과 미국의 웨스트민스터신학교의 교수를 역임하신 Harvie M. Conn(한국명: 간하배) 박사가 출간한 「다니엘서의 메시야 예언」(개혁주의신행협회 간)에 수록된 "칠십 이레"(p.179)에 대한 해석과 그 내용이 일치하는 것으로서 월간지 "살아남는 이들"(제9호)에서 발췌하여 재편집한 것입니다.

밝혀진적그리스도의정체

초판 1쇄 발행 2009년 12월 10일
초판 4쇄 발행 2022년 03월 20일

지은이   유석근
펴낸이   박성숙
펴낸곳   도서출판 예루살렘
주 소   10252 경기도 고양시 일산동구 고봉로 776-92
전 화   031-976-8970
팩 스   031-976-8971
이메일   jerusalem80@naver.com
등 록   1980년 5월 24일(제16-75호)
ISBN   978-89-7210-497-1(03230)
책값   뒤표지에있습니다.

도서출판 예루살렘은 말씀과 성령 안에서 기도로 시작하며
영혼이 풍요로워지는 책을 만드는 데 힘쓰고 있으며
문서선교 사역의 현장에서 하나님 나라의 비전을 넓혀가겠습니다.

나의 힘이신 여호와여 내가 주를 사랑하나이다(시 18:1)